卞尺丹几乙し丹卞と
Translated Language Learning

Siddhartha

An Indian Poem
Intialainen Runo

Hermann Hesse

English / Suomi

Copyright © 2024 Tranzlaty
All rights reserved
Published by Tranzlaty
Siddhartha – Eine Indische Dichtung
ISBN: 978-1-83566-683-8
Original text by Hermann Hesse
First published in German in 1922
www.tranzlaty.com

The Son of the Brahman
Brahmanin Poika

In the shade of the house
Talon varjossa
in the sunshine of the riverbank
joenrannan auringonpaisteessa
near the boats
veneiden lähellä
in the shade of the Sal-wood forest
Sal-wood metsän varjossa
in the shade of the fig tree
viikunapuun varjossa
this is where Siddhartha grew up
täällä Siddhartha varttui
he was the handsome son of a Brahman, the young falcon
hän oli brahmanin, nuoren haukan, komea poika
he grew up with his friend Govinda
hän varttui ystävänsä Govindan kanssa
Govinda was also the son of a Brahman
Govinda oli myös brahmanin poika
by the banks of the river the sun tanned his light shoulders
joen rannoilla aurinko rusketti hänen vaaleat olkapäänsä
bathing, performing the sacred ablutions, making sacred offerings
kylpeminen, pyhien peseytymien suorittaminen, pyhien uhrien tekeminen
In the mango garden, shade poured into his black eyes
Mangopuutarhassa varjo valui hänen mustiin silmiinsä
when playing as a boy, when his mother sang
kun soitti poikana, kun hänen äitinsä lauloi
when the sacred offerings were made
kun pyhät uhrit suoritettiin
when his father, the scholar, taught him
kun hänen isänsä, tutkija, opetti häntä
when the wise men talked

kun viisaat puhuivat
For a long time, Siddhartha had been partaking in the discussions of the wise men
Siddhartha oli jo pitkään osallistunut viisaiden keskusteluihin
he practiced debating with Govinda
hän harjoitteli keskustelua Govindan kanssa
he practiced the art of reflection with Govinda
hän harjoitti pohdinnan taitoa Govindan kanssa
and he practiced meditation
ja hän harjoitti meditaatiota
He already knew how to speak the Om silently
Hän tiesi jo puhua Om hiljaa
he knew the word of words
hän tiesi sanojen sanat
he spoke it silently into himself while inhaling
hän puhui sen hiljaa itsekseen hengittäessään
he spoke it silently out of himself while exhaling
hän puhui sen hiljaa itsestään uloshengittäessä
he did this with all the concentration of his soul
hän teki tämän koko sielunsa keskittymällä
his forehead was surrounded by the glow of the clear-thinking spirit
hänen otsaansa ympäröi selkeästi ajattelevan hengen hehku
He already knew how to feel Atman in the depths of his being
Hän tiesi jo tuntea Atmanin olemuksensa syvyyksissä
he could feel the indestructible
hän saattoi tuntea tuhoutumattoman
he knew what it was to be at one with the universe
hän tiesi, mitä on olla yhtä maailmankaikkeuden kanssa
Joy leapt in his father's heart
Ilo hyppäsi isänsä sydämeen
because his son was quick to learn
koska hänen poikansa oppi nopeasti
he was thirsty for knowledge
hän janoi tietoa

his father could see him growing up to become a great wise man
hänen isänsä näki hänen kasvavan suureksi viisaaksi mieheksi
he could see him becoming a priest
hän saattoi nähdä hänen tulossa papiksi
he could see him becoming a prince among the Brahmans
hän saattoi nähdä hänen tulossa prinssiksi brahmanien joukossa
Bliss leapt in his mother's breast when she saw him walking
Bliss hyppäsi äitinsä rintaan, kun tämä näki tämän kävelevän
Bliss leapt in her heart when she saw him sit down and get up
Bliss hyppäsi hänen sydämeensä, kun hän näki hänen istuvan ja nousevan
Siddhartha was strong and handsome
Siddhartha oli vahva ja komea
he, who was walking on slender legs
hän, joka käveli hoikkailla jaloilla
he greeted her with perfect respect
hän tervehti häntä täydellä kunnioituksella
Love touched the hearts of the Brahmans' young daughters
Rakkaus kosketti brahmanien nuorten tyttärien sydämiä
they were charmed when Siddhartha walked through the lanes of the town
he hurmautuivat, kun Siddhartha käveli kaupungin kaduilla
his luminous forehead, his eyes of a king, his slim hips
hänen kirkas otsansa, hänen kuninkaan silmänsä, hänen ohuet lantionsa
But most of all he was loved by Govinda
Mutta ennen kaikkea Govinda rakasti häntä
Govinda, his friend, the son of a Brahman
Govinda, hänen ystävänsä, Brahmanin poika
He loved Siddhartha's eye and sweet voice
Hän rakasti Siddharthan silmää ja suloista ääntä
he loved the way he walked
hän rakasti tapaansa kävellä

and he loved the perfect decency of his movements
ja hän rakasti liikkeidensä täydellistä säädyllisyyttä
he loved everything Siddhartha did and said
hän rakasti kaikkea, mitä Siddhartha teki ja sanoi
but what he loved most was his spirit
mutta hän rakasti eniten hänen henkeään
he loved his transcendent, fiery thoughts
hän rakasti transsendenttisia, palavia ajatuksiaan
he loved his ardent will and high calling
hän rakasti palavaa tahtoaan ja korkeaa kutsumustaan
Govinda knew he would not become a common Brahman
Govinda tiesi, ettei hänestä tulisi tavallista brahmania
no, he would not become a lazy official
ei, hänestä ei tulisi laiska virkamies
no, he would not become a greedy merchant
ei, hänestä ei tulisi ahne kauppias
not a vain, vacuous speaker
ei turha, tyhjä kaiutin
nor a mean, deceitful priest
eikä ilkeä, petollinen pappi
and he also would not become a decent, stupid sheep
eikä hänestäkään tulisi kunnollinen, tyhmä lammas
a sheep in the herd of the many
lammas monien laumassa
and he did not want to become one of those things
eikä hän halunnut tulla yhdeksi niistä asioista
he did not want to be one of those tens of thousands of Brahmans
hän ei halunnut olla yksi niistä kymmenistä tuhansista brahmaneista
He wanted to follow Siddhartha; the beloved, the splendid
Hän halusi seurata Siddhartaa; rakas, upea
in days to come, when Siddhartha would become a god, he would be there
tulevina päivinä, kun Siddharthasta tulisi jumala, hän olisi siellä

when he would join the glorious, he would be there
kun hän liittyisi loistokkaisiin, hän olisi siellä
Govinda wanted to follow him as his friend
Govinda halusi seurata häntä ystäväkseen
he was his companion and his servant
hän oli hänen kumppaninsa ja palvelijansa
he was his spear-carrier and his shadow
hän oli hänen keihäänkantajansa ja hänen varjonsa
Siddhartha was loved by everyone
Kaikki rakastivat Siddharthaa
He was a source of joy for everybody
Hän oli ilon lähde kaikille
he was a delight for them all
hän oli ilo heille kaikille
But he, Siddhartha, was not a source of joy for himself
Mutta hän, Siddhartha, ei ollut ilon lähde itselleen
he found no delight in himself
hän ei löytänyt iloa itsestään
he walked the rosy paths of the fig tree garden
hän käveli viikunapuutarhan ruusuisia polkuja
he sat in the bluish shade in the garden of contemplation
hän istui sinertävässä varjossa mietiskelyn puutarhassa
he washed his limbs daily in the bath of repentance
hän pesi jäsenensä päivittäin parannuksen kylvyssä
he made sacrifices in the dim shade of the mango forest
hän teki uhrauksia mangometsän hämärässä
his gestures were of perfect decency
hänen eleensä olivat täydellistä
he was everyone's love and joy
hän oli kaikkien rakkaus ja ilo
but he still lacked all joy in his heart
mutta silti häneltä puuttui kaikki ilo sydämestään
Dreams and restless thoughts came into his mind
Unet ja levottomat ajatukset tulivat hänen mieleensä
his dreams flowed from the water of the river
hänen unelmansa virtasivat joen vedestä

his dreams sparked from the stars of the night
hänen unelmansa syttyivät yön tähdistä
his dreams melted from the beams of the sun
hänen unelmansa sulaivat auringon säteistä
dreams came to him, and a restlessness of the soul came to him
unet tulivat hänelle ja sielun levottomuus tuli häneen
his soul was fuming from the sacrifices
hänen sielunsa huusi uhrauksista
he breathed forth from the verses of the Rig-Veda
hän hengitti Rig-Vedan säkeistä
the verses were infused into him, drop by drop
säkeet tunkeutuivat häneen pisara pisaralta
the verses from the teachings of the old Brahmans
säkeet vanhojen brahmanien opetuksista
Siddhartha had started to nurse discontent in himself
Siddhartha oli alkanut imettää tyytymättömyyttä itsessään
he had started to feel doubt about the love of his father
hän oli alkanut epäillä isänsä rakkautta
he doubted the love of his mother
hän epäili äitinsä rakkautta
and he doubted the love of his friend, Govinda
ja hän epäili ystävänsä Govindan rakkautta
he doubted if their love could bring him joy forever and ever
hän epäili, voisiko heidän rakkautensa tuoda hänelle iloa aina ja ikuisesti
their love could not nurse him
heidän rakkautensa ei voinut hoitaa häntä
their love could not feed him
heidän rakkautensa ei voinut ruokkia häntä
their love could not satisfy him
heidän rakkautensa ei voinut tyydyttää häntä
he had started to suspect his father's teachings
hän oli alkanut epäillä isänsä opetuksia
perhaps he had shown him everything he knew

ehkä hän oli näyttänyt hänelle kaiken, mitä tiesi
there were his other teachers, the wise Brahmans
siellä oli hänen muita opettajiaan, viisaita brahmanit
perhaps they had already revealed to him the best of their wisdom
ehkä he olivat jo paljastaneet hänelle parhaan viisautensa
he feared that they had already filled his expecting vessel
hän pelkäsi, että he olivat jo täyttäneet hänen odottavan astiansa
despite the richness of their teachings, the vessel was not full
huolimatta heidän opetustensa rikkaudesta, astia ei ollut täynnä
the spirit was not content
henki ei ollut tyytyväinen
the soul was not calm
sielu ei ollut rauhallinen
the heart was not satisfied
sydän ei ollut tyytyväinen
the ablutions were good, but they were water
pesut olivat hyviä, mutta ne olivat vettä
the ablutions did not wash off the sin
pesut eivät pestä pois syntiä
they did not heal the spirit's thirst
he eivät parantaneet hengen janoa
they did not relieve the fear in his heart
ne eivät poistaneet pelkoa hänen sydämessään
The sacrifices and the invocation of the gods were excellent
Uhrit ja jumalien kutsuminen olivat erinomaisia
but was that all there was?
mutta oliko siinä kaikki?
did the sacrifices give a happy fortune?
toivatko uhraukset onnellisen onnen?
and what about the gods?
ja entä jumalat?
Was it really Prajapati who had created the world?

Oliko Prajapati todellakin luonut maailman?
Was it not the Atman who had created the world?
Eikö se ollut Atman, joka oli luonut maailman?
Atman, the only one, the singular one
Atman, ainoa, yksittäinen
Were the gods not creations?
Eivätkö jumalat olleet luomuksia?
were they not created like me and you?
eikö heitä luotu kuten minä ja sinä?
were the Gods not subject to time?
eivätkö jumalat olleet ajan alaisia?
were the Gods mortal? Was it good?
olivatko jumalat kuolevaisia? Oliko hyvä?
was it right? was it meaningful?
oliko oikein? oliko se merkityksellistä?
was it the highest occupation to make offerings to the gods?
oliko se korkein ammatti tehdä uhreja jumalille?
For whom else were offerings to be made?
Kenen muun puolesta uhrattiin?
who else was to be worshipped?
ketä muuta piti palvoa?
who else was there, but Him?
Kuka muu siellä oli kuin Hän?
The only one, the Atman
Ainoa, Atman
And where was Atman to be found?
Ja mistä Atman löytyi?
where did He reside?
missä Hän asui?
where did His eternal heart beat?
missä hänen ikuinen sydämensä löi?
where else but in one's own self?
missä muualla kuin omassa itsessä?
in its innermost indestructible part
sen sisimmässä tuhoutumattomassa osassa
could he be that which everyone had in himself?

voisiko hän olla se, mikä jokaisella oli?
But where was this self?
Mutta missä tämä itse oli?
where was this innermost part?
missä tämä sisin osa oli?
where was this ultimate part?
missä tämä viimeinen osa oli?
It was not flesh and bone
Se ei ollut lihaa ja luuta
it was neither thought nor consciousness
se ei ollut ajatus eikä tietoisuus
this is what the wisest ones taught
näin ovat viisaimmat opettaneet
So where was it?
Joten missä se oli?
the self, myself, the Atman
minä, minä, Atman
To reach this place, there was another way
Tähän paikkaan pääsemiseksi oli toinen tapa
was this other way worth looking for?
oliko tämä toinen tapa etsimisen arvoinen?
Alas, nobody showed him this way
Valitettavasti kukaan ei näyttänyt hänelle tätä tietä
nobody knew this other way
kukaan ei tiennyt tätä toisin
his father did not know it
hänen isänsä ei tiennyt sitä
and the teachers and wise men did not know it
eivätkä opettajat ja viisaat tienneet sitä
They knew everything, the Brahmans
He tiesivät kaiken, brahmanit
and their holy books knew everything
ja heidän pyhät kirjansa tiesivät kaiken
they had taken care of everything
he olivat huolehtineet kaikesta
they took care of the creation of the world

he huolehtivat maailman luomisesta
they described origin of speech, food, inhaling, exhaling
he kuvasivat puheen alkuperää, ruokaa, sisään- ja uloshengitystä
they described the arrangement of the senses
he kuvasivat aistien järjestystä
they described the acts of the gods
he kuvasivat jumalien tekoja
their books knew infinitely much
heidän kirjansa tiesivät äärettömän paljon
but was it valuable to know all of this?
mutta oliko arvokasta tietää tämä kaikki?
was there not only one thing to be known?
eikö ollut vain yksi asia tiedossa?
was there still not the most important thing to know?
eikö silti ollut tärkeintä tietää?
many verses of the holy books spoke of this innermost, ultimate thing
monet pyhien kirjojen jakeet puhuivat tästä sisimmästä, perimmäisestä asiasta
it was spoken of particularly in the Upanishades of Samaveda
siitä puhuttiin erityisesti Samavedan upanishadeissa
they were wonderful verses
ne olivat upeita säkeitä
"Your soul is the whole world", this was written there
"Sinusi on koko maailma", tämä oli siellä kirjoitettu
and it was written that man in deep sleep would meet with his innermost part
ja kirjoitettiin, että syvässä unessa oleva ihminen tapaisi sisimmän osansa
and he would reside in the Atman
ja hän asuisi Atmanissa
Marvellous wisdom was in these verses
Näissä jakeissa oli ihmeellistä viisautta

all knowledge of the wisest ones had been collected here in magic words
kaikki viisaimpien tieto oli koottu tänne taikasanoihin
it was as pure as honey collected by bees
se oli puhdasta kuin mehiläisten keräämä hunaja
No, the verses were not to be looked down upon
Ei, säkeitä ei saanut halveksia
they contained tremendous amounts of enlightenment
ne sisälsivät valtavia määriä valaistumista
they contained wisdom which lay collected and preserved
ne sisälsivät viisautta, joka oli kerätty ja säilytetty
wisdom collected by innumerable generations of wise Brahmans
lukemattomien viisaiden brahmanien sukupolvien keräämää viisautta
But where were the Brahmans?
Mutta missä brahmanit olivat?
where were the priests?
missä papit olivat?
where the wise men or penitents?
missä viisaat tai katuvaiset?
where were those that had succeeded?
missä ne onnistuivat?
where were those who knew more than deepest of all knowledge?
missä olivat ne, jotka tiesivät enemmän kuin syvimmän tiedon?
where were those that also lived out the enlightened wisdom?
missä olivat ne, jotka myös elivät valaistuneen viisauden?
Where was the knowledgeable one who brought Atman out of his sleep?
Missä oli se tietävä, joka toi Atmanin unestaan?
who had brought this knowledge into the day?
kuka oli tuonut tämän tiedon päivään?
who had taken this knowledge into their life?

kuka oli ottanut tämän tiedon elämäänsä?
who carried this knowledge with every step they took?
kuka kantoi tätä tietoa jokaisella askelellaan?
who had married their words with their deeds?
kuka oli yhdistänyt sanansa tekoihinsa?
Siddhartha knew many venerable Brahmans
Siddhartha tunsi monia kunnioitettavia brahmaneita
his father, the pure one
hänen isänsä, puhdas
the scholar, the most venerable one
tutkija, arvostetuin
His father was worthy of admiration
Hänen isänsä oli ihailun arvoinen
quiet and noble were his manners
Hänen käytöksensä olivat hiljaiset ja jalot
pure was his life, wise were his words
puhdas oli hänen elämänsä, viisaat olivat hänen sanansa
delicate and noble thoughts lived behind his brow
hänen otsansa takana asuivat herkät ja jalot ajatukset
but even though he knew so much, did he live in blissfulness?
mutta vaikka hän tiesi niin paljon, elikö hän autuaana?
despite all his knowledge, did he have peace?
kaikesta tiedosta huolimatta, oliko hänellä rauha?
was he not also just a searching man?
eikö hän ollut myös vain etsivä mies?
was he still not a thirsty man?
eikö hän vieläkään ollut janoinen mies?
Did he not have to drink from holy sources again and again?
Eikö hänen tarvinnut juoda pyhistä lähteistä yhä uudelleen ja uudelleen?
did he not drink from the offerings?
eikö hän juonut uhreista?
did he not drink from the books?
eikö hän juonut kirjoista?
did he not drink from the disputes of the Brahmans?

eikö hän juonut brahmanien kiistoista?
Why did he have to wash off sins every day?
Miksi hänen täytyi pestä pois synnit joka päivä?
must he strive for a cleansing every day?
täytyykö hänen pyrkiä puhdistukseen joka päivä?
over and over again, every day
uudestaan ja uudestaan, joka päivä
Was Atman not in him?
Eikö Atman ollut hänessä?
did not the pristine source spring from his heart?
eikö koskematon lähde noussut hänen sydämestään?
the pristine source had to be found in one's own self
alkuperäinen lähde oli löydettävä omasta itsestään
the pristine source had to be possessed!
turmeltumaton lähde oli oltava hallussa!
doing anything else else was searching
tekemässä mitään muuta oli etsimistä
taking any other pass is a detour
minkä tahansa muun passin ottaminen on kiertotie
going any other way leads to getting lost
muulla tavalla kulkeminen johtaa eksymiseen
These were Siddhartha's thoughts
Nämä olivat Siddharthan ajatuksia
this was his thirst, and this was his suffering
tämä oli hänen janonsa ja tämä oli hänen kärsimyksensä
Often he spoke to himself from a Chandogya-Upanishad:
Usein hän puhui itselleen Chandogya-Upanishadista:
"Truly, the name of the Brahman is Satyam"
"Totisesti, Brahmanin nimi on Satyam"
"he who knows such a thing, will enter the heavenly world every day"
"joka tietää sellaisen, tulee joka päivä taivaalliseen maailmaan"
Often the heavenly world seemed near
Usein taivaallinen maailma näytti olevan lähellä
but he had never reached the heavenly world completely

mutta hän ei ollut koskaan saavuttanut taivaallista maailmaa kokonaan
he had never quenched the ultimate thirst
hän ei ollut koskaan sammuttanut lopullista janoa
And among all the wise and wisest men, none had reached it
Ja kaikkien viisaiden ja viisaimpien miesten joukossa kukaan ei ollut saavuttanut sitä
he received instructions from them
hän sai heiltä ohjeita
but they hadn't completely reached the heavenly world
mutta he eivät olleet täysin saavuttaneet taivaallista maailmaa
they hadn't completely quenched their thirst
he eivät olleet täysin sammuttaneet janoaan
because this thirst is an eternal thirst
koska tämä jano on ikuinen jano

"Govinda" Siddhartha spoke to his friend
"Govinda" Siddhartha puhui ystävälleen
"Govinda, my dear, come with me under the Banyan tree"
"Govinda, kultaseni, tule kanssani Banyan-puun alle"
"let's practise meditation"
"harjoitetaan meditaatiota"
They went to the Banyan tree
He menivät Banyan-puun luo
under the Banyan tree they sat down
Banyan-puun alle he istuivat
Siddhartha was right here
Siddhartha oli täällä
Govinda was twenty paces away
Govinda oli kahdenkymmenen askeleen päässä
Siddhartha seated himself and he repeated murmuring the verse
Siddhartha istuutui ja toisti nuriseen säkeen
Om is the bow, the arrow is the soul
Om on jousi, nuoli on sielu
The Brahman is the arrow's target

Brahman on nuolen kohde
the target that one should incessantly hit
kohde, johon pitäisi lakkaamatta osua
the usual time of the exercise in meditation had passed
tavallinen meditaatioharjoituksen aika oli kulunut
Govinda got up, the evening had come
Govinda nousi, ilta oli tullut
it was time to perform the evening's ablution
oli aika suorittaa iltapesu
He called Siddhartha's name, but Siddhartha did not answer
Hän kutsui Siddharthan nimeä, mutta Siddhartha ei vastannut
Siddhartha sat there, lost in thought
Siddhartha istui siinä ajatuksiinsa vaipuneena
his eyes were rigidly focused towards a very distant target
hänen silmänsä olivat tiukasti keskittyneet hyvin kaukaiseen kohteeseen
the tip of his tongue was protruding a little between the teeth
hänen kielensä kärki työntyi hieman hampaiden väliin
he seemed not to breathe
hän ei näyttänyt hengittävän
Thus sat he, wrapped up in contemplation
Näin hän istui mietiskelyyn kietoutuneena
he was deep in thought of the Om
hän oli syvästi ajatuksissaan Omista
his soul sent after the Brahman like an arrow
hänen sielunsa lähetti Brahmanin perään kuin nuoli
Once, Samanas had travelled through Siddhartha's town
Kerran Samanas oli matkustanut Siddharthan kaupungin läpi
they were ascetics on a pilgrimage
he olivat askeetteja pyhiinvaelluksella
three skinny, withered men, neither old nor young
kolme laihaa, kuihtunutta miestä, ei vanhaa eikä nuorta
dusty and bloody were their shoulders
pölyiset ja veriset olivat heidän olkapäänsä

almost naked, scorched by the sun, surrounded by loneliness
melkein alasti, auringon polttamana, yksinäisyyden ympäröimänä
strangers and enemies to the world
vieraita ja maailman vihollisia
strangers and jackals in the realm of humans
muukalaiset ja sakaalit ihmisten valtakunnassa
Behind them blew a hot scent of quiet passion
Heidän takanaan puhalsi hiljaisen intohimon kuuma tuoksu
a scent of destructive service
tuhoisan palvelun tuoksu
a scent of merciless self-denial
armottoman itsensä kieltämisen tuoksu
the evening had come
ilta oli tullut
after the hour of contemplation, Siddhartha spoke to Govinda
mietiskelyn tunnin jälkeen Siddhartha puhui Govindalle
"Early tomorrow morning, my friend, Siddhartha will go to the Samanas"
"Varhain huomenna aamulla, ystäväni, Siddhartha menee Samanasille"
"He will become a Samana"
"Hänestä tulee Samana"
Govinda turned pale when he heard these words
Govinda kalpeni kuultuaan nämä sanat
and he read the decision in the motionless face of his friend
ja hän luki päätöksen ystävänsä liikkumattomilta kasvoilta
the determination was unstoppable, like the arrow shot from the bow
päättäväisyys oli pysäyttämätön, kuin jousesta ammuttu nuoli
Govinda realized at first glance; now it is beginning
Govinda tajusi ensi silmäyksellä; nyt se alkaa
now Siddhartha is taking his own way
nyt Siddhartha kulkee omaa tietä

now his fate is beginning to sprout
nyt hänen kohtalonsa alkaa itää
and because of Siddhartha, Govinda's fate is sprouting too
ja Siddharthan takia myös Govindan kohtalo on itäämässä
he turned pale like a dry banana-skin
hän muuttui kalpeaksi kuin kuiva banaaninkuori
"Oh Siddhartha," he exclaimed
"Voi Siddhartha", hän huudahti
"will your father permit you to do that?"
"Salliko isäsi sinun tehdä sen?"
Siddhartha looked over as if he was just waking up
Siddhartha katsoi ikään kuin hän olisi vasta heräämässä
like an Arrow he read Govinda's soul
kuin nuoli, hän luki Govindan sielun
he could read the fear and the submission in him
hän saattoi lukea hänestä pelon ja alistumuksen
"Oh Govinda," he spoke quietly, "let's not waste words"
"Voi Govinda", hän sanoi hiljaa, "älkäämme tuhlaako sanoja"
"Tomorrow at daybreak I will begin the life of the Samanas"
"Huomenna aamulla aloitan Samanan elämän"
"let us speak no more of it"
"Älkäämme puhuko siitä enempää"

Siddhartha entered the chamber where his father was sitting
Siddhartha astui kammioon, jossa hänen isänsä istui
his father was was on a mat of bast
hänen isänsä oli matolla
Siddhartha stepped behind his father
Siddhartha astui isänsä taakse
and he remained standing behind him
ja hän jäi seisomaan hänen takanaan
he stood until his father felt that someone was standing behind him
hän seisoi, kunnes hänen isänsä tunsi jonkun seisovan hänen takanaan
Spoke the Brahman: "Is that you, Siddhartha?"

Brahman puhui: "Oletko se sinä, Siddhartha?"
"Then say what you came to say"
"Sano sitten mitä tulit sanomaan"
Spoke Siddhartha: "With your permission, my father"
Siddhartha puhui: "Sinun luvallasi, isäni"
"I came to tell you that it is my longing to leave your house tomorrow"
"Tulin kertomaan teille, että kaipaan huomenna lähteä talostasi"
"I wish to go to the ascetics"
"Haluan mennä askeettien luo"
"My desire is to become a Samana"
"Haluan tulla Samanaksi"
"May my father not oppose this"
"Älköön isäni vastustako tätä"
The Brahman fell silent, and he remained so for long
Brahman vaikeni, ja hän pysyi hiljaa pitkään
the stars in the small window wandered
tähdet pienessä ikkunassa vaelsivat
and they changed their relative positions
ja he muuttivat suhteellista asemaansa
Silent and motionless stood the son with his arms folded
Poika seisoi hiljaa ja liikkumattomana kädet ristissä
silent and motionless sat the father on the mat
hiljaa ja liikkumatta istui isä matolle
and the stars traced their paths in the sky
ja tähdet seurasivat polkujaan taivaalla
Then spoke the father
Sitten isä puhui
"it is not proper for a Brahman to speak harsh and angry words"
"Brahmanin ei ole sopivaa puhua kovia ja vihaisia sanoja"
"But indignation is in my heart"
"Mutta suuttumus on sydämessäni"
"I wish not to hear this request for a second time"
"En halua kuulla tätä pyyntöä toista kertaa"

Slowly, the Brahman rose
Hitaasti Brahman nousi
Siddhartha stood silently, his arms folded
Siddhartha seisoi hiljaa kädet ristissä
"What are you waiting for?" asked the father
"Mitä sinä odotat?" kysyi isä
Spoke Siddhartha, "You know what I'm waiting for"
Siddhartha puhui: "Tiedät mitä odotan"
Indignant, the father left the chamber
Isä lähti suuttuneena kammiosta
indignant, he went to his bed and lay down
suuttuneena hän meni sänkyynsä ja meni makuulle
an hour passed, but no sleep had come over his eyes
tunti kului, mutta uni ei tullut hänen silmiinsä
the Brahman stood up and he paced to and fro
Brahman nousi seisomaan ja käveli edestakaisin
and he left the house in the night
ja hän lähti kotoa yöllä
Through the small window of the chamber he looked back inside
Kammion pienestä ikkunasta hän katsoi takaisin sisään
and there he saw Siddhartha standing
ja siellä hän näki Siddhartan seisovan
his arms were folded and he had not moved from his spot
hänen kätensä olivat ristissä eikä hän ollut liikkunut paikaltaan
Pale shimmered his bright robe
Kalpea kimmelsi kirkkaan viittansa
With anxiety in his heart, the father returned to his bed
Ahdistus sydämessään isä palasi sänkyynsä
another sleepless hour passed
toinen uneton tunti kului
since no sleep had come over his eyes, the Brahman stood up again
koska uni ei ollut tullut hänen silmiinsä, Brahman nousi jälleen seisomaan

he paced to and fro, and he walked out of the house
hän käveli edestakaisin ja käveli ulos talosta
and he saw that the moon had risen
ja hän näki kuun nousseen
Through the window of the chamber he looked back inside
Kammion ikkunasta hän katsoi takaisin sisään
there stood Siddhartha, unmoved from his spot
siellä seisoi Siddhartha liikkumattomana paikaltaan
his arms were folded, as they had been
hänen kätensä olivat ristissä, kuten ne olivat olleet
moonlight was reflecting from his bare shins
kuunvalo heijastui hänen paljaista sääristään
With worry in his heart, the father went back to bed
Huoli sydämessään isä meni takaisin sänkyyn
he came back after an hour
hän palasi tunnin kuluttua
and he came back again after two hours
ja hän tuli takaisin kahden tunnin kuluttua
he looked through the small window
hän katsoi pienestä ikkunasta
he saw Siddhartha standing in the moon light
hän näki Siddharthan seisovan kuun valossa
he stood by the light of the stars in the darkness
hän seisoi tähtien valossa pimeydessä
And he came back hour after hour
Ja hän palasi tunti toisensa jälkeen
silently, he looked into the chamber
hiljaa hän katsoi kammioon
he saw him standing in the same place
hän näki hänen seisovan samassa paikassa
it filled his heart with anger
se täytti hänen sydämensä vihalla
it filled his heart with unrest
se täytti hänen sydämensä levottomuudella
it filled his heart with anguish
se täytti hänen sydämensä tuskilla

it filled his heart with sadness
se täytti hänen sydämensä surulla
the night's last hour had come
yön viimeinen tunti oli tullut
his father returned and stepped into the room
hänen isänsä palasi ja astui huoneeseen
he saw the young man standing there
hän näki nuoren miehen seisovan siellä
he seemed tall and like a stranger to him
hän vaikutti pitkältä ja vieraalta mieheltä
"Siddhartha," he spoke, "what are you waiting for?"
"Siddhartha", hän puhui, "mitä sinä odotat?"
"You know what I'm waiting for"
"Tiedät mitä odotan"
"Will you always stand that way and wait?
"Seisotko aina tuolla tavalla ja odotatko?"
"I will always stand and wait"
"Seison aina ja odotan"
"will you wait until it becomes morning, noon, and evening?"
"Odotatko, kunnes tulee aamu, keskipäivä ja ilta?"
"I will wait until it become morning, noon, and evening"
"Odotan, kunnes tulee aamu, keskipäivä ja ilta"
"You will become tired, Siddhartha"
"Sinusta tulee väsynyt, Siddhartha"
"I will become tired"
"Minusta tulee väsynyt"
"You will fall asleep, Siddhartha"
"Sinä nukahdat, Siddhartha"
"I will not fall asleep"
"en nukahda"
"You will die, Siddhartha"
"Sinä kuolet, Siddhartha"
"I will die," answered Siddhartha
"Minä kuolen", vastasi Siddhartha
"And would you rather die, than obey your father?"

"Ja haluaisitko mieluummin kuolla kuin totella isääsi?"
"Siddhartha has always obeyed his father"
"Siddhartha on aina totellut isäänsä"
"So will you abandon your plan?"
"Joten hylkäätkö suunnitelmasi?"
"Siddhartha will do what his father will tell him to do"
"Siddhartha tekee mitä hänen isänsä käskee hänen tehdä"
The first light of day shone into the room
Päivän ensimmäinen valo loisti huoneeseen
The Brahman saw that Siddhartha knees were softly trembling
Brahman näki, että Siddharthan polvet vapisivat pehmeästi
In Siddhartha's face he saw no trembling
Siddharthan kasvoissa hän ei nähnyt vapinaa
his eyes were fixed on a distant spot
hänen silmänsä oli kiinnitetty kaukaiseen paikkaan
This was when his father realized
Silloin hänen isänsä tajusi
even now Siddhartha no longer dwelt with him in his home
vieläkään Siddhartha ei enää asunut hänen kanssaan hänen kodissaan
he saw that he had already left him
hän näki, että oli jo jättänyt hänet
The Father touched Siddhartha's shoulder
Isä kosketti Siddharthan olkapäätä
"You will," he spoke, "go into the forest and be a Samana"
"Sinä tulet", hän sanoi, "mennä metsään ja ole Samana"
"When you find blissfulness in the forest, come back"
"Kun löydät autuuden metsästä, tule takaisin"
"come back and teach me to be blissful"
"Tule takaisin ja opeta minut olemaan autuas"
"If you find disappointment, then return"
"Jos löydät pettymyksen, palaa takaisin"
"return and let us make offerings to the gods together, again"
"Palaa ja uhrataan yhdessä jumalille, jälleen"
"Go now and kiss your mother"

"Mene nyt ja suutele äitiäsi"
"tell her where you are going"
"kerro hänelle minne olet menossa"
"But for me it is time to go to the river"
"Mutta minulle on aika mennä joelle"
"it is my time to perform the first ablution"
"on aikani suorittaa ensimmäinen pesu"
He took his hand from the shoulder of his son, and went outside
Hän otti kätensä poikansa olkapäältä ja meni ulos
Siddhartha wavered to the side as he tried to walk
Siddhartha horjui sivulle yrittäessään kävellä
He put his limbs back under control and bowed to his father
Hän sai raajansa takaisin hallintaansa ja kumarsi isälleen
he went to his mother to do as his father had said
hän meni äitinsä luo tekemään niin kuin isä oli käskenyt
As he slowly left on stiff legs a shadow rose near the last hut
Kun hän hitaasti poistui jäykillä jaloilla, varjo nousi viimeisen majan lähelle
who had crouched there, and joined the pilgrim?
kuka oli kyykistynyt sinne ja liittynyt pyhiinvaeltajaan?
"Govinda, you have come" said Siddhartha and smiled
"Govinda, olet tullut", sanoi Siddhartha ja hymyili
"I have come," said Govinda
"Olen tullut", sanoi Govinda

With the Samanas
Samanan kanssa

In the evening of this day they caught up with the ascetics
Tämän päivän illalla he tavoittivat askeetit
the ascetics; the skinny Samanas
askeetit; laiha Samanas
they offered them their companionship and obedience
he tarjosivat heille kumppanuuttaan ja kuuliaisuuttaan
Their companionship and obedience were accepted
Heidän kumppanuutensa ja kuuliaisuutensa hyväksyttiin
Siddhartha gave his garments to a poor Brahman in the street
Siddhartha antoi vaatteensa köyhälle Brahmanille kadulla
He wore nothing more than a loincloth and earth-coloured, unsown cloak
Hänellä ei ollut mitään muuta kuin lantio ja maanvärinen kylvämätön viitta
He ate only once a day, and never anything cooked
Hän söi vain kerran päivässä, eikä koskaan mitään keitetty
He fasted for fifteen days, he fasted for twenty-eight days
Hän paastosi viisitoista päivää, hän paastosi kaksikymmentäkahdeksan päivää
The flesh waned from his thighs and cheeks
Liha haihtui hänen reisistään ja poskiltaan
Feverish dreams flickered from his enlarged eyes
Kuumeiset unet välkkyivät hänen laajentuneista silmistään
long nails grew slowly on his parched fingers
pitkät kynnet kasvoivat hitaasti hänen kuivuneille sormilleen
and a dry, shaggy beard grew on his chin
ja hänen leukaansa kasvoi kuiva, takkuinen parta
His glance turned to ice when he encountered women
Hänen katseensa muuttui jääksi, kun hän kohtasi naisia
he walked through a city of nicely dressed people
hän käveli kauniisti pukeutuneiden ihmisten kaupungin läpi
his mouth twitched with contempt for them

hänen suunsa nypisteli halveksunnasta heitä kohtaan
He saw merchants trading and princes hunting
Hän näki kauppiaiden käyvän kauppaa ja prinssejä
metsästämässä
he saw mourners wailing for their dead
hän näki surejien itkevän kuolleitaan
and he saw whores offering themselves
ja hän näki huorat uhrautumassa
physicians trying to help the sick
lääkärit yrittävät auttaa sairaita
priests determining the most suitable day for seeding
papit määrittelevät kylvölle sopivimman päivän
lovers loving and mothers nursing their children
rakastajat rakastavat ja äidit imettävät lapsiaan
and all of this was not worthy of one look from his eyes
ja kaikki tämä ei ollut yhdenkään katseen arvoinen hänen
silmistään
it all lied, it all stank, it all stank of lies
se kaikki valehteli, se kaikki haisi, se kaikki haisi valheelta
it all pretended to be meaningful and joyful and beautiful
se kaikki teeskenteli olevan merkityksellistä, iloista ja kaunista
and it all was just concealed putrefaction
ja kaikki oli vain piilotettua mädäntymistä
the world tasted bitter; life was torture
maailma maistui katkeralta; elämä oli kidutusta

A single goal stood before Siddhartha
Yksi maali seisoi Siddharthan edessä
his goal was to become empty
hänen tavoitteenaan oli tulla tyhjäksi
his goal was to be empty of thirst
hänen tavoitteenaan oli olla tyhjä jano
empty of wishing and empty of dreams
tyhjä toiveista ja tyhjä unelmista
empty of joy and sorrow
tyhjä ilosta ja surusta

his goal was to be dead to himself
hänen tavoitteenaan oli olla kuollut itselleen
his goal was not to be a self any more
hänen tavoitteensa ei ollut olla enää oma itsensä
his goal was to find tranquillity with an emptied heart
hänen tavoitteenaan oli löytää rauhallisuus tyhjällä sydämellä
his goal was to be open to miracles in unselfish thoughts
hänen tavoitteenaan oli olla avoin ihmeille epäitsekkäissä ajatuksissa
to achieve this was his goal
tämän saavuttaminen oli hänen tavoitteensa
when all of his self was overcome and had died
kun hänen itsensä oli voitettu ja kuollut
when every desire and every urge was silent in the heart
kun jokainen halu ja halu vaikenivat sydämessä
then the ultimate part of him had to awake
sitten hänen perimmäisen osan piti herätä
the innermost of his being, which is no longer his self
olemuksensa sisin, joka ei ole enää hänen itsensä
this was the great secret
tämä oli suuri salaisuus

Silently, Siddhartha exposed himself to the burning rays of the sun
Hiljaisesti Siddhartha altistui auringon polttaville säteille
he was glowing with pain and he was glowing with thirst
hän hehkui kivusta ja hän hehkui janosta
and he stood there until he neither felt pain nor thirst
ja hän seisoi siellä, kunnes hän ei tuntenut kipua eikä janoa
Silently, he stood there in the rainy season
Hiljaa hän seisoi siellä sadekaudella
from his hair the water was dripping over freezing shoulders
hänen hiuksistaan vesi tippui jäätyvien hartioiden yli
the water was dripping over his freezing hips and legs
vesi tippui hänen jäätyvien lantionsa ja jalkojensa yli

and the penitent stood there
ja katuva seisoi siellä
he stood there until he could not feel the cold any more
hän seisoi siellä, kunnes hän ei enää tuntenut kylmää
he stood there until his body was silent
hän seisoi siellä, kunnes hänen ruumiinsa oli hiljaa
he stood there until his body was quiet
hän seisoi siellä, kunnes hänen ruumiinsa oli hiljaa
Silently, he cowered in the thorny bushes
Hiljaa hän vaipui piikkipensaisiin
blood dripped from the burning skin
palavasta ihosta valui verta
blood dripped from festering wounds
verta valui mätäneistä haavoista
and Siddhartha stayed rigid and motionless
ja Siddhartha pysyi jäykkänä ja liikkumattomana
he stood until no blood flowed any more
hän seisoi, kunnes verta ei enää vuotanut
he stood until nothing stung any more
hän seisoi, kunnes mikään ei enää pistely
he stood until nothing burned any more
hän seisoi, kunnes mikään ei enää palanut
Siddhartha sat upright and learned to breathe sparingly
Siddhartha istui pystyssä ja oppi hengittämään säästeliäästi
he learned to get along with few breaths
hän oppi tulemaan toimeen muutamalla hengityksellä
he learned to stop breathing
hän oppi lopettamaan hengityksen
He learned, beginning with the breath, to calm the beating of his heart
Hän oppi hengityksestä alkaen rauhoittamaan sydämensä lyöntejä
he learned to reduce the beats of his heart
hän oppi hillitsemään sydämensä lyöntejä
he meditated until his heartbeats were only a few

hän meditoi, kunnes hänen sydämensälyöntejään oli vain muutama
and then his heartbeats were almost none
ja sitten hänen sydämensä ei lyönyt melkein yhtään
Instructed by the oldest of the Samanas, Siddhartha practised self-denial
Samanan vanhimman ohjaamana Siddhartha harjoitti itsensä kieltämistä
he practised meditation, according to the new Samana rules
hän harjoitti meditaatiota uusien Samana-sääntöjen mukaisesti
A heron flew over the bamboo forest
Haikara lensi bambumetsän yli
Siddhartha accepted the heron into his soul
Siddhartha hyväksyi haikakaran sieluunsa
he flew over forest and mountains
hän lensi metsän ja vuorten yli
he was a heron, he ate fish
hän oli haikara, hän söi kalaa
he felt the pangs of a heron's hunger
hän tunsi haikaran nälän tussit
he spoke the heron's croak
hän puhui haikaran huutoa
he died a heron's death
hän kuoli haikaran kuoleman
A dead jackal was lying on the sandy bank
Kuollut sakaali makasi hiekkarannalla
Siddhartha's soul slipped inside the body of the dead jackal
Siddharthan sielu liukastui kuolleen sakaalin ruumiiseen
he was the dead jackal laying on the banks and bloated
hän oli kuollut sakaali, joka makasi rannoilla ja turvonnut
he stank and decayed and was dismembered by hyenas
hän haisi ja rapistui, ja hyeenat paloivat hänet
he was skinned by vultures and turned into a skeleton
korppikotkat nyljettiin ja muuttuivat luurangoksi
he was turned to dust and blown across the fields
hänet muutettiin tomuksi ja puhallettiin peltojen poikki

And Siddhartha's soul returned
Ja Siddharthan sielu palasi
it had died, decayed, and was scattered as dust
se oli kuollut, hajonnut ja levinnyt pölyksi
it had tasted the gloomy intoxication of the cycle
se oli maistanut syklin synkkää päihtymystä
it awaited with a new thirst, like a hunter in the gap
se odotti uudella janolla, kuin metsästäjä välissä
in the gap where he could escape from the cycle
aukkoon, josta hän voisi paeta pyörästä
in the gap where an eternity without suffering began
aukossa, josta ikuisuus ilman kärsimystä alkoi
he killed his senses and his memory
hän tappoi aistinsa ja muistinsa
he slipped out of his self into thousands of other forms
hän liukastui itsestään tuhansiin muihin muotoihin
he was an animal, a carrion, a stone
hän oli eläin, raato, kivi
he was wood and water
hän oli puuta ja vettä
and he awoke every time to find his old self again
ja hän heräsi joka kerta löytääkseen vanhan itsensä uudelleen
whether sun or moon, he was his self again
olipa aurinko tai kuu, hän oli taas oma itsensä
he turned round in the cycle
hän kääntyi kierrossa
he felt thirst, overcame the thirst, felt new thirst
hän tunsi janoa, voitti janon, tunsi uutta janoa

Siddhartha learned a lot when he was with the Samanas
Siddhartha oppi paljon ollessaan Samanan kanssa
he learned many ways leading away from the self
hän oppi monia tapoja johtaa pois itsestään
he learned how to let go
hän oppi päästämään irti
He went the way of self-denial by means of pain

Hän kulki itsensä kieltämisen tien kivun avulla
he learned self-denial through voluntarily suffering and overcoming pain
hän oppi itsensä kieltämisen vapaaehtoisesti kärsimällä ja voittamalla kivusta
he overcame hunger, thirst, and tiredness
hän voitti nälän, janon ja väsymyksen
He went the way of self-denial by means of meditation
Hän kulki itsensä kieltämisen tien meditaation avulla
he went the way of self-denial through imagining the mind to be void of all conceptions
hän kulki itsensä kieltämisen tien kuvitellen mielen olevan tyhjä kaikista käsitteistä
with these and other ways he learned to let go
näillä ja muilla tavoilla hän oppi päästämään irti
a thousand times he left his self
tuhat kertaa hän jätti itsensä
for hours and days he remained in the non-self
tuntien ja päivien ajan hän pysyi ei-itsessä
all these ways led away from the self
kaikki nämä tavat johtivat pois itsestään
but their path always led back to the self
mutta heidän polkunsa johti aina takaisin itseen
Siddhartha fled from the self a thousand times
Siddhartha pakeni itseään tuhat kertaa
but the return to the self was inevitable
mutta paluu itseen oli väistämätöntä
although he stayed in nothingness, coming back was inevitable
vaikka hän pysyi tyhjyydessä, paluu oli väistämätöntä
although he stayed in animals and stones, coming back was inevitable
vaikka hän pysyi eläimissä ja kivissä, paluu oli väistämätöntä
he found himself in the sunshine or in the moonlight again
hän löysi itsensä taas auringonpaisteessa tai kuunvalossa
he found himself in the shade or in the rain again

hän huomasi olevansa taas varjossa tai sateessa
and he was once again his self; Siddhartha
ja hän oli jälleen oma itsensä; Siddhartha
and again he felt the agony of the cycle which had been forced upon him
ja jälleen hän tunsi kierteen tuskan, joka oli pakotettu häneen

by his side lived Govinda, his shadow
hänen rinnallaan asui Govinda, hänen varjonsa
Govinda walked the same path and undertook the same efforts
Govinda kulki samaa polkua ja teki samat ponnistelut
they spoke to one another no more than the exercises required
he eivät puhuneet toisilleen enempää kuin vaadittiin harjoituksia
occasionally the two of them went through the villages
silloin tällöin he kaksi kulkivat kylien läpi
they went to beg for food for themselves and their teachers
he menivät kerjäämään ruokaa itselleen ja opettajilleen
"How do you think we have progressed, Govinda" he asked
"Kuinka luulet meidän edistyneen, Govinda", hän kysyi
"Did we reach any goals?" Govinda answered
"Saavutimmeko mitään tavoitteita?" Govinda vastasi
"We have learned, and we'll continue learning"
"Olemme oppineet ja opimme jatkossakin"
"You'll be a great Samana, Siddhartha"
"Sinusta tulee mahtava Samana, Siddhartha"
"Quickly, you've learned every exercise"
"Nopeasti, olet oppinut jokaisen harjoituksen"
"often, the old Samanas have admired you"
"usein vanhat Samanat ovat ihaillut sinua"
"One day, you'll be a holy man, oh Siddhartha"
"Jonain päivänä sinusta tulee pyhä mies, oi Siddhartha"
Spoke Siddhartha, "I can't help but feel that it is not like this, my friend"

Siddhartha puhui: "En voi olla tuntematta, että asia ei ole näin, ystäväni"
"What I've learned being among the Samanas could have been learned more quickly"
"Se, minkä olen oppinut ollessani Samanan joukossa, olisi voitu oppia nopeammin"
"it could have been learned by simpler means"
"se olisi voitu oppia yksinkertaisemmalla tavalla"
"it could have been learned in any tavern"
"se olisi voitu oppia missä tavernassa tahansa"
"it could have been learned where the whorehouses are"
"olisi voitu tietää missä huorat ovat"
"I could have learned it among carters and gamblers"
"Olisin voinut oppia sen vaunujen ja uhkapelaajien keskuudessa"
Spoke Govinda, "Siddhartha is joking with me"
Govinda puhui: "Siddhartha vitsailee kanssani"
"How could you have learned meditation among wretched people?"
"Kuinka olisit voinut oppia meditoimaan kurjujen ihmisten keskuudessa?"
"how could whores have taught you about holding your breath?"
"Kuinka huora saattoi opettaa sinulle hengen pidättämistä?"
"how could gamblers have taught you insensitivity against pain?"
"Kuinka pelaajat olisivat voineet opettaa sinulle tunteettomuutta kipua vastaan?"
Siddhartha spoke quietly, as if he was talking to himself
Siddhartha puhui hiljaa, ikään kuin hän puhuisi itselleen
"What is meditation?"
"Mitä on meditaatio?"
"What is leaving one's body?"
"Mikä lähtee ruumiista?"
"What is fasting?"
"Mitä paasto on?"

"**What is holding one's breath?**"
"Mikä pidättelee hengitystä?"
"**It is fleeing from the self**"
"Se pakenee itseään"
"**it is a short escape of the agony of being a self**"
"Se on lyhyt pako itsenä olemisen tuskasta"
"**it is a short numbing of the senses against the pain**"
"se on lyhyt aistien turrutus kipua vastaan"
"**it is avoiding the pointlessness of life**"
"Se on elämän hyödyttömyyden välttämistä"
"**The same numbing is what the driver of an ox-cart finds in the inn**"
"Sama turruttava on se, mitä härkäkärryn kuljettaja löytää majatalosta"
"**drinking a few bowls of rice-wine or fermented coconut-milk**"
"juo muutama kulhollinen riisiviiniä tai fermentoitua kookosmaitoa"
"**Then he won't feel his self anymore**"
"Sitten hän ei tunne itseään enää"
"**then he won't feel the pains of life anymore**"
"Sitten hän ei enää tunne elämän kipuja"
"**then he finds a short numbing of the senses**"
"Sitten hän löytää lyhyen aistien turrutuksen"
"**When he falls asleep over his bowl of rice-wine, he'll find the same what we find**"
"Kun hän nukahtaa riisiviinikulhonsa ääreen, hän löytää saman mitä me löydämme."
"**he finds what we find when we escape our bodies through long exercises**"
"hän löytää sen, mitä me löydämme, kun pakenemme ruumiistamme pitkien harjoitusten kautta"
"**all of us are staying in the non-self**"
"me kaikki pysymme ei-itsessä"
"**This is how it is, oh Govinda**"
"Näin se on, oi Govinda"

Spoke Govinda, "You say so, oh friend"
Govinda puhui: "Sinä sanot niin, oi ystävä"
"and yet you know that Siddhartha is no driver of an ox-cart"
"ja silti sinä tiedät, että Siddhartha ei ole härkäkärryjen kuljettaja"
"and you know a Samana is no drunkard"
"ja sinä tiedät, että Samana ei ole juoppo"
"it's true that a drinker numbs his senses"
"On totta, että juoja turruttaa aistinsa"
"it's true that he briefly escapes and rests"
"on totta, että hän pakenee hetkeksi ja lepää"
"but he'll return from the delusion and finds everything to be unchanged"
"mutta hän palaa harhasta ja huomaa kaiken olevan ennallaan"
"he has not become wiser"
"hän ei ole tullut viisaammaksi"
"he has gathered any enlightenment"
"hän on kerännyt kaiken valaistumisen"
"he has not risen several steps"
"hän ei ole noussut montaa askelta"
And Siddhartha spoke with a smile
Ja Siddhartha puhui hymyillen
"I do not know, I've never been a drunkard"
"En tiedä, en ole koskaan ollut juoppo"
"I know that I find only a short numbing of the senses"
"Tiedän, että tunnen vain hetken aistien turrutuksen"
"I find it in my exercises and meditations"
"Löydän sen harjoituksistani ja meditaatioistani"
"and I find I am just as far removed from wisdom as a child in the mother's womb"
"ja huomaan olevani yhtä kaukana viisaudesta kuin lapsi äidin kohdussa"
"this I know, oh Govinda"
"Tämän minä tiedän, oi Govinda"

And once again, another time, Siddhartha began to speak
Ja jälleen kerran, toisen kerran, Siddhartha alkoi puhua
Siddhartha had left the forest, together with Govinda
Siddhartha oli lähtenyt metsästä yhdessä Govindan kanssa
they left to beg for some food in the village
he lähtivät kerjäämään ruokaa kylään
he said, "What now, oh Govinda?"
hän sanoi: "Mitä nyt, oi Govinda?"
"are we on the right path?"
"Olemmeko oikealla tiellä?"
"are we getting closer to enlightenment?"
"Olemmeko lähempänä valaistumista?"
"are we getting closer to salvation?"
"Olemmeko lähempänä pelastusta?"
"Or do we perhaps live in a circle?"
"Vai elämmekö kenties ympyrässä?"
"we, who have thought we were escaping the cycle"
"me, jotka olemme luulleet pakenevamme kiertokulkua"
Spoke Govinda, "We have learned a lot"
Govinda puhui: "Olemme oppineet paljon"
"Siddhartha, there is still much to learn"
"Siddhartha, paljon on vielä opittavaa"
"We are not going around in circles"
"Emme kulje ympyrää"
"we are moving up; the circle is a spiral"
"Me siirrymme ylöspäin; ympyrä on kierre"
"we have already ascended many levels"
"Olemme jo nousseet monille tasoille"
Siddhartha answered, "How old would you think our oldest Samana is?"
Siddhartha vastasi: "Kuinka vanhaksi luulet vanhimman Samanamme olevan?"
"how old is our venerable teacher?"
"Kuinka vanha on arvoisa opettajamme?"
Spoke Govinda, "Our oldest one might be about sixty years of age"

Govinda puhui: "Meidän vanhin saattaa olla noin kuusikymmentävuotias"
Spoke Siddhartha, "He has lived for sixty years"
Siddhartha puhui: "Hän on elänyt kuusikymmentä vuotta"
"and yet he has not reached the nirvana"
"ja silti hän ei ole saavuttanut nirvanaa"
"He'll turn seventy and eighty"
"Hän täyttää seitsemänkymmentä ja kahdeksankymmentä"
"you and me, we will grow just as old as him"
"sinä ja minä, tulemme yhtä vanhoiksi kuin hän"
"and we will do our exercises"
"ja me teemme harjoituksemme"
"and we will fast, and we will meditate"
"ja me paastoamme ja mietiskelemme"
"But we will not reach the nirvana"
"Mutta emme saavuta nirvanaa"
"he won't reach nirvana and we won't"
"hän ei saavuta nirvanaa emmekä me"
"there are uncountable Samanas out there"
"Siellä on lukemattomia Samanaja"
"perhaps not a single one will reach the nirvana"
"Ehkä yksikään ei pääse nirvanaan"
"We find comfort, we find numbness, we learn feats"
"Löydämme lohtua, löydämme tunnottomuutta, opimme urotekoja"
"we learn these things to deceive others"
"Opimme nämä asiat pettääksemme muita"
"But the most important thing, the path of paths, we will not find"
"Mutta tärkeintä, polkujen polkua, emme löydä"
Spoke Govinda "If you only wouldn't speak such terrible words, Siddhartha!"
Govinda puhui "Jos et vain puhuisi niin kauheita sanoja, Siddhartha!"
"there are so many learned men"
"On niin monia oppineita miehiä"

"how could not one of them not find the path of paths?"
"miten yksikään heistä ei voinut löytää polkuja?"
"how can so many Brahmans not find it?"
"miten niin monet brahmanit eivät löydä sitä?"
"how can so many austere and venerable Samanas not find it?"
"miten niin monet ankarat ja kunnialliset Samanat eivät löydä sitä?"
"how can all those who are searching not find it?"
"Kuinka kaikki etsijät eivät löydä sitä?"
"how can the holy men not find it?"
"Kuinka pyhät miehet eivät löydä sitä?"
But Siddhartha spoke with as much sadness as mockery
Mutta Siddhartha puhui yhtä surullisesti kuin pilkaten
he spoke with a quiet, a slightly sad, a slightly mocking voice
hän puhui hiljaisella, hieman surullisella, hieman pilkkaavalla äänellä
"Soon, Govinda, your friend will leave the path of the Samanas"
"Pian, Govinda, ystäväsi jättää Samanan polun"
"he has walked along your side for so long"
"hän on kävellyt vierelläsi niin kauan"
"I'm suffering of thirst"
"Kärsin janoa"
"on this long path of a Samana, my thirst has remained as strong as ever"
"Tällä Samanan pitkällä polulla jano on pysynyt yhtä vahvana kuin koskaan"
"I always thirsted for knowledge"
"Olen aina janoinut tietoa"
"I have always been full of questions"
"Olen aina ollut täynnä kysymyksiä"
"I have asked the Brahmans, year after year"
"Olen kysynyt brahmanilta vuodesta toiseen"
"and I have asked the holy Vedas, year after year"

"ja olen pyytänyt pyhiltä vedoilta vuodesta toiseen"
"and I have asked the devoted Samanas, year after year"
"Ja olen kysynyt omistautuneelta Samanaselta vuodesta toiseen"
"perhaps I could have learned it from the hornbill bird"
"ehkä olisin voinut oppia sen sarvilinnusta"
"perhaps I should have asked the chimpanzee"
"Ehkä minun olisi pitänyt kysyä simpanssilta"
"It took me a long time"
"Minulla kesti kauan"
"and I am not finished learning this yet"
"enkä ole vielä oppinut tätä"
"oh Govinda, I have learned that there is nothing to be learned!"
"Oi Govinda, olen oppinut, ettei ole mitään opittavaa!"
"There is indeed no such thing as learning"
"Oppimista ei todellakaan ole olemassa"
"There is just one knowledge"
"On vain yksi tieto"
"this knowledge is everywhere, this is Atman"
"tämä tieto on kaikkialla, tämä on Atman"
"this knowledge is within me and within you"
"Tämä tieto on minussa ja sinussa"
"and this knowledge is within every creature"
"ja tämä tieto on jokaisen olennon sisällä"
"this knowledge has no worse enemy than the desire to know it"
"Tällä tiedolla ei ole pahempaa vihollista kuin halu tietää se"
"that is what I believe"
"tähän minä uskon"
At this, Govinda stopped on the path
Tässä Govinda pysähtyi polulle
he rose his hands, and spoke
hän nosti kätensä ja puhui
"If only you would not bother your friend with this kind of talk"

"Jos et häiritsisi ystävääsi sellaisella puheella"
"Truly, your words stir up fear in my heart"
"Totisesti, sanasi herättävät pelkoa sydämessäni"
"consider, what would become of the sanctity of prayer?"
"Mieti, mitä rukouksen pyhyydestä tulisi?"
"what would become of the venerability of the Brahmans' caste?"
"mitä tapahtuisi brahmanien kastin kunniallisuudesta?"
"what would happen to the holiness of the Samanas?
"Mitä tapahtuisi Samanan pyhyydelle?
"What would then become of all of that is holy"
"Mikä kaikesta siitä sitten tulisi, on pyhää"
"what would still be precious?"
"mikä olisi vielä arvokasta?"
And Govinda mumbled a verse from an Upanishad to himself
Ja Govinda mutisi itselleen jakeen upanishadista
"He who ponderingly, of a purified spirit, loses himself in the meditation of Atman"
"Se, joka pohtiessaan, puhdistetusta hengestä, hukkuu Atmanin meditaatioon"
"inexpressible by words is the blissfulness of his heart"
"Hänen sydämensä autuus on sanoilla sanoin kuvaamaton"
But Siddhartha remained silent
Mutta Siddhartha oli hiljaa
He thought about the words which Govinda had said to him
Hän ajatteli sanoja, jotka Govinda oli sanonut hänelle
and he thought the words through to their end
ja hän ajatteli sanat loppuun asti
he thought about what would remain of all that which seemed holy
hän ajatteli, mitä jää jäljelle kaikesta, mikä näytti pyhältä
What remains? What can stand the test?
Mitä jää jäljelle? Mikä kestää kokeen?
And he shook his head
Ja hän pudisti päätään

the two young men had lived among the Samanas for about three years
nämä kaksi nuorta miestä olivat asuneet Samanan keskuudessa noin kolme vuotta
some news, a rumour, a myth reached them
joitain uutisia, huhuja, myyttiä saavuttivat heidät
the rumour had been retold many times
huhu oli kerrottu uudelleen monta kertaa
A man had appeared, Gotama by name
Mies oli ilmestynyt, nimeltä Gotama
the exalted one, the Buddha
korotettu, Buddha
he had overcome the suffering of the world in himself
hän oli voittanut maailman kärsimyksen itsessään
and he had halted the cycle of rebirths
ja hän oli pysäyttänyt uudestisyntymien kierteen
He was said to wander through the land, teaching
Hänen sanottiin vaeltavan maan halki opettaen
he was said to be surrounded by disciples
hänen sanottiin olleen opetuslasten ympäröimänä
he was said to be without possession, home, or wife
hänen sanottiin olevan vailla omaisuutta, kotia tai vaimoa
he was said to be in just the yellow cloak of an ascetic
hänen sanottiin olevan vain askeetin keltaisessa viitassa
but he was with a cheerful brow
mutta hänellä oli iloinen otsa
and he was said to be a man of bliss
ja hänen sanottiin olevan autuuden mies
Brahmans and princes bowed down before him
Brahmanit ja ruhtinaat kumartuivat hänen edessään
and they became his students
ja heistä tuli hänen oppilaitaan
This myth, this rumour, this legend resounded
Tämä myytti, tämä huhu, tämä legenda kaikui
its fragrance rose up, here and there, in the towns

sen tuoksu nousi siellä täällä, kaupungeissa
the Brahmans spoke of this legend
brahmanit puhuivat tästä legendasta
and in the forest, the Samanas spoke of it
ja metsässä Samanat puhuivat siitä
again and again, the name of Gotama the Buddha reached the ears of the young men
uudestaan ja uudestaan, Gotama Buddha nimi nousi nuorten miesten korviin
there was good and bad talk of Gotama
Gotamasta puhuttiin hyvää ja huonoa
some praised Gotama, others defamed him
jotkut ylistivät Gotamaa, toiset herjasivat häntä
It was as if the plague had broken out in a country
Oli kuin rutto olisi puhjennut maassa
news had been spreading around that in one or another place there was a man
ympärille oli levinnyt uutinen, että jossain paikassa oli mies
a wise man, a knowledgeable one
viisas mies, tietävä
a man whose word and breath was enough to heal everyone
mies, jonka sana ja hengitys riitti parantamaan kaikki
his presence could heal anyone who had been infected with the pestilence
hänen läsnäolonsa saattoi parantaa kuka tahansa, joka oli saanut ruttotartunnan
such news went through the land, and everyone would talk about it
sellaiset uutiset kulkivat läpi maan, ja kaikki puhuivat siitä
many believed the rumours, many doubted them
monet uskoivat huhuihin, monet epäilivät niitä
but many got on their way as soon as possible
mutta monet pääsivät matkaan mahdollisimman pian
they went to seek the wise man, the helper
he menivät etsimään viisasta miestä, auttajaa
the wise man of the family of Sakya

Sakyan perheen viisas mies
He possessed, so the believers said, the highest enlightenment
Hänellä oli, niin uskovat sanoivat, korkein valaistuminen
he remembered his previous lives; he had reached the nirvana
hän muisti edelliset elämänsä; hän oli saavuttanut nirvanan
and he never returned into the cycle
eikä hän koskaan palannut kiertoon
he was never again submerged in the murky river of physical forms
hän ei enää koskaan upotettu fyysisten muotojen hämärään jokeen
Many wonderful and unbelievable things were reported of him
Hänestä kerrottiin monia upeita ja uskomattomia asioita
he had performed miracles
hän oli tehnyt ihmeitä
he had overcome the devil
hän oli voittanut paholaisen
he had spoken to the gods
hän oli puhunut jumalille
But his enemies and disbelievers said Gotama was a vain seducer
Mutta hänen vihollisensa ja epäuskovansa sanoivat, että Gotama oli turha viettelijä
they said he spent his days in luxury
he sanoivat, että hän vietti päivänsä ylellisyydessä
they said he scorned the offerings
he sanoivat, että hän halveksii uhreja
they said he was without learning
he sanoivat, että hän ei ollut oppinut
they said he knew neither meditative exercises nor self-castigation
he sanoivat, ettei hän tiennyt meditatiivisia harjoituksia eikä itsekuria

The myth of Buddha sounded sweet
Buddhan myytti kuulosti suloiselta
The scent of magic flowed from these reports
Näistä raporteista leijui taikuuden tuoksu
After all, the world was sick, and life was hard to bear
Loppujen lopuksi maailma oli sairas ja elämää oli vaikea kestää
and behold, here a source of relief seemed to spring forth
ja katso, tässä helpotuksen lähde näytti nousevan esiin
here a messenger seemed to call out
tässä lähetti sanansaattaja huutavan
comforting, mild, full of noble promises
lohdullinen, lempeä, täynnä jaloja lupauksia
Everywhere where the rumour of Buddha was heard, the young men listened up
Kaikkialla, missä Buddha-huhua kuultiin, nuoret miehet kuuntelivat
everywhere in the lands of India they felt a longing
kaikkialla Intian maissa he tunsivat kaipausta
everywhere where the people searched, they felt hope
kaikkialla, missä ihmiset etsivät, he tunsivat toivoa
every pilgrim and stranger was welcome when he brought news of him
jokainen pyhiinvaeltaja ja muukalainen oli tervetullut, kun hän kertoi hänestä
the exalted one, the Sakyamuni
korotettu, Sakyamuni
The myth had also reached the Samanas in the forest
Myytti oli saavuttanut myös Samanan metsässä
and Siddhartha and Govinda heard the myth too
ja Siddhartha ja Govinda myös kuulivat myytin
slowly, drop by drop, they heard the myth
hitaasti, pisara pisaralta, he kuulivat myytin
every drop was laden with hope
jokainen pisara oli täynnä toivoa
every drop was laden with doubt

jokainen pisara oli täynnä epäilyksiä
They rarely talked about it
He harvoin puhuivat siitä
because the oldest one of the Samanas did not like this myth
koska samanan vanhin ei pitänyt tästä myytistä
he had heard that this alleged Buddha used to be an ascetic
hän oli kuullut, että tämä väitetty Buddha oli aiemmin askeettinen
he heard he had lived in the forest
hän kuuli asuneensa metsässä
but he had turned back to luxury and worldly pleasures
mutta hän oli kääntynyt takaisin ylellisyyteen ja maallisiin nautintoihin
and he had no high opinion of this Gotama
eikä hänellä ollut korkeaa mielipidettä tästä Gotamasta

"Oh Siddhartha," Govinda spoke one day to his friend
"Voi Siddhartha", Govinda puhui eräänä päivänä ystävälleen
"Today, I was in the village"
"Olin tänään kylässä"
"and a Brahman invited me into his house"
"ja brahman kutsui minut taloonsa"
"and in his house, there was the son of a Brahman from Magadha"
"ja hänen talossaan oli brahmanin poika Magadhasta"
"he has seen the Buddha with his own eyes"
"hän on nähnyt Buddhan omin silmin"
"and he has heard him teach"
"ja hän on kuullut hänen opettavan"
"Verily, this made my chest ache when I breathed"
"Totisesti, tämä sai rintaani kipeäksi kun hengitin"
"and I thought this to myself:"
"ja ajattelin itsekseni tämän:"
"if only we heard the teachings from the mouth of this perfected man!"

"Kunpa kuulisimme opetukset tämän täydelliseksi tulleen miehen suusta!"
"Speak, friend, wouldn't we want to go there too"
"Puhu, ystävä, emmekö mekin haluaisi mennä sinne"
"wouldn't it be good to listen to the teachings from the Buddha's mouth?"
"Eikö olisi hyvä kuunnella opetuksia Buddhan suusta?"
Spoke Siddhartha, "I had thought you would stay with the Samanas"
Siddhartha puhui: "Luulin, että pysyisit Samanan kanssa."
"I always had believed your goal was to live to be seventy"
"Olin aina uskonut, että tavoitteesi on elää seitsemänkymmentä vuotta."
"I thought you would keep practising those feats and exercises"
"Ajattelin, että jatkaisit noiden urotekojen ja harjoitusten harjoittelua"
"and I thought you would become a Samana"
"ja minä luulin, että sinusta tulee Samana"
"But behold, I had not known Govinda well enough"
"Mutta katso, en ollut tuntenut Govindaa tarpeksi hyvin"
"I knew little of his heart"
"Tiesin vähän hänen sydämestään"
"So now you want to take a new path"
"Joten nyt haluat ottaa uuden polun"
"and you want to go there where the Buddha spreads his teachings"
"ja haluat mennä sinne, missä Buddha levittää opetuksiaan"
Spoke Govinda, "You're mocking me"
Govinda puhui: "Sinä pilkkaat minua"
"Mock me if you like, Siddhartha!"
"Pilkaa minua, jos haluat, Siddhartha!"
"But have you not also developed a desire to hear these teachings?"
"Mutta eikö sinussa ole myös kehittynyt halu kuulla näitä opetuksia?"

"have you not said you would not walk the path of the Samanas for much longer?"
"Etkö ole sanonut, ettet kävelisi Samanan polkua enää pitkään aikaan?"
At this, Siddhartha laughed in his very own manner
Siddhartha nauroi tälle omalla tavallaan
the manner in which his voice assumed a touch of sadness
tapa, jolla hänen äänensä sai hieman surua
but it still had that touch of mockery
mutta siinä oli silti pilkan ripaus
Spoke Siddhartha, "Govinda, you've spoken well"
Puhui Siddhartha: "Govinda, olet puhunut hyvin"
"you've remembered correctly what I said"
"Muistit oikein mitä sanoin"
"If only you remembered the other thing you've heard from me"
"Jos vain muistaisit toisen asian, jonka olet kuullut minulta"
"I have grown distrustful and tired against teachings and learning"
"Olen kasvanut epäluuloiseksi ja väsynyt opetuksiin ja oppimiseen"
"my faith in words, which are brought to us by teachers, is small"
"Uskoni sanoihin, jotka opettajat meille tuovat, on pieni"
"But let's do it, my dear"
"Mutta tehdään se, kultaseni"
"I am willing to listen to these teachings"
"Olen valmis kuuntelemaan näitä opetuksia"
"though in my heart I do not have hope"
"vaikka sydämessäni minulla ei ole toivoa"
"I believe that we've already tasted the best fruit of these teachings"
"Uskon, että olemme jo maistaneet näiden opetusten parhaat hedelmät"
Spoke Govinda, "Your willingness delights my heart"
Govinda puhui: "Haluunne ilahduttaa sydäntäni"

"But tell me, how should this be possible?"
"Mutta kerro minulle, kuinka tämän pitäisi olla mahdollista?"
"How can the Gotama's teachings have already revealed their best fruit to us?"
"Kuinka Gotaman opetukset ovat jo paljastaneet meille parhaat hedelmänsä?"
"we have not heard his words yet"
"emme ole vielä kuulleet hänen sanojaan"
Spoke Siddhartha, "Let us eat this fruit"
Siddhartha puhui: "Syökäämme tämä hedelmä"
"**and let us wait for the rest, oh Govinda!**"
"Ja odotamme loput, oi Govinda!"
"**But this fruit consists in him calling us away from the Samanas**"
"Mutta tämä hedelmä on siinä, että hän kutsuu meidät pois Samanan luota"
"**and we have already received it thanks to the Gotama!**"
"ja olemme jo saaneet sen kiitos Gotaman!"
"**Whether he has more, let us await with calm hearts**"
"Onko hänellä enemmän, odotamme rauhallisin sydämin"

On this very same day Siddhartha spoke to the oldest Samana
Samana päivänä Siddhartha puhui vanhimmalle Samanalle
he told him of his decision to leaves the Samanas
hän kertoi hänelle päätöksestään lähteä Samanasista
he informed the oldest one with courtesy and modesty
hän ilmoitti vanhimmalle kohteliaasti ja vaatimattomasti
but the Samana became angry that the two young men wanted to leave him
mutta Samana suuttui, että nuo kaksi nuorta miestä halusivat jättää hänet
and he talked loudly and used crude words
ja hän puhui äänekkäästi ja käytti karkeita sanoja
Govinda was startled and became embarrassed
Govinda hämmästyi ja nolostui

But Siddhartha put his mouth close to Govinda's ear
Mutta Siddhartha laittoi suunsa lähelle Govindan korvaa
"Now, I want to show the old man what I've learned from him"
"Nyt haluan näyttää vanhalle miehelle, mitä olen häneltä oppinut"
Siddhartha positioned himself closely in front of the Samana
Siddhartha asettui tiiviisti Samanan eteen
with a concentrated soul, he captured the old man's glance
keskittyneellä sielulla hän vangitsi vanhan miehen katseen
he deprived him of his power and made him mute
hän riisti häneltä voimansa ja mykisteli
he took away his free will
hän riisti vapaan tahtonsa
he subdued him under his own will, and commanded him
hän alisti hänet oman tahtonsa alle ja käski häntä
his eyes became motionless, and his will was paralysed
hänen silmänsä muuttuivat liikkumattomiksi ja hänen tahtonsa halvaantui
his arms were hanging down without power
hänen kätensä riippuivat ilman voimaa
he had fallen victim to Siddhartha's spell
hän oli joutunut Siddharthan loitsun uhriksi
Siddhartha's thoughts brought the Samana under their control
Siddharthan ajatukset toivat Samanan heidän hallintaansa
he had to carry out what they commanded
hänen oli suoritettava, mitä he käskivät
And thus, the old man made several bows
Ja näin vanha mies teki useita jousia
he performed gestures of blessing
hän suoritti siunauksen eleitä
he spoke stammeringly a godly wish for a good journey
hän sanoi änkyttävästi toivotellen hyvää matkaa
the young men returned the good wishes with thanks

nuoret miehet vastasivat onnentoivotuksiin kiittäen
they went on their way with salutations
he lähtivät matkaansa tervehtien
On the way, Govinda spoke again
Matkalla Govinda puhui uudelleen
"Oh Siddhartha, you have learned more from the Samanas than I knew"
"Voi Siddhartha, olet oppinut Samanailta enemmän kuin minä tiesin"
"It is very hard to cast a spell on an old Samana"
"On erittäin vaikeaa loittua vanhaan Samanaan"
"Truly, if you had stayed there, you would soon have learned to walk on water"
"Totisesti, jos olisit jäänyt sinne, olisit pian oppinut kävelemään veden päällä"
"I do not seek to walk on water" said Siddhartha
"En pyri kävelemään veden päällä", sanoi Siddhartha
"Let old Samanas be content with such feats!"
"Olkoon vanha Samanas tyytyväinen sellaisiin urotöihin!"

Gotama

In Savathi, every child knew the name of the exalted Buddha
Savathissa jokainen lapsi tiesi korotetun Buddhan nimen
every house was prepared for his coming
jokainen talo oli valmis hänen tuloaan varten
each house filled the alms-dishes of Gotama's disciples
jokainen talo täytti Gotaman opetuslasten almuastiat
Gotama's disciples were the silently begging ones
Gotaman opetuslapset olivat hiljaa kerjääviä
Near the town was Gotama's favourite place to stay
Kaupungin lähellä oli Gotaman suosikkimajoituspaikka
he stayed in the garden of Jetavana
hän jäi Jetavanan puutarhaan
the rich merchant Anathapindika had given the garden to Gotama
rikas kauppias Anathapindika oli antanut puutarhan Gotamalle
he had given it to him as a gift
hän oli antanut sen hänelle lahjaksi
he was an obedient worshipper of the exalted one
hän oli korotetun kuuliainen palvoja
the two young ascetics had received tales and answers
kaksi nuorta askeettia olivat saaneet tarinoita ja vastauksia
all these tales and answers pointed them to Gotama's abode
kaikki nämä tarinat ja vastaukset osoittivat heidät Gotaman asuinpaikkaan
they arrived in the town of Savathi
he saapuivat Savathin kaupunkiin
they went to the very first door of the town
he menivät kaupungin ensimmäiselle ovelle
and they begged for food at the door
ja he pyysivät ruokaa ovella
a woman offered them food
nainen tarjosi heille ruokaa

and they accepted the food
ja he ottivat ruuan vastaan
Siddhartha asked the woman
Siddhartha kysyi naiselta
"oh charitable one, where does the Buddha dwell?"
"Oi hyväntekeväisyys, missä Buddha asuu?"
"we are two Samanas from the forest"
"Olemme kaksi Samanaa metsästä"
"we have come to see the perfected one"
"Olemme tulleet katsomaan täydellistä"
"we have come to hear the teachings from his mouth"
"Me olemme tulleet kuulemaan opetuksia hänen suustaan"
Spoke the woman, "you Samanas from the forest"
Nainen puhui "sinä Samanas metsästä"
"you have truly come to the right place"
"olet todella tullut oikeaan paikkaan"
"you should know, in Jetavana, there is the garden of Anathapindika"
"sinun pitäisi tietää, että Jetavanassa on Anathapindikan puutarha"
"that is where the exalted one dwells"
"siellä korotettu asuu"
"there you pilgrims shall spend the night"
"Siellä te pyhiinvaeltajat vietät yön"
"there is enough space for the innumerable, who flock here"
"Tilaa riittää lukemattomille, jotka tänne parveilevat"
"they too come to hear the teachings from his mouth"
"Hekin tulevat kuulemaan opetuksia hänen suustaan"
This made Govinda happy, and full of joy
Tämä teki Govindan onnelliseksi ja täynnä iloa
he exclaimed, "we have reached our destination"
hän huudahti: "Olemme saavuttaneet määränpäähämme"
"our path has come to an end!"
"polkumme on päättynyt!"
"But tell us, oh mother of the pilgrims"
"Mutta kerro meille, oi pyhiinvaeltajien äiti"

"do you know him, the Buddha?"
"Tunnetko hänet, Buddhan?"
"have you seen him with your own eyes?"
"Oletko nähnyt hänet omin silmin?"
Spoke the woman, "Many times I have seen him, the exalted one"
Nainen puhui: "Monet kertaa olen nähnyt hänet, korotetun"
"On many days I have seen him"
"Olen nähnyt hänet monta päivää"
"I have seen him walking through the alleys in silence"
"Olen nähnyt hänen kävelevän kujilla hiljaisuudessa"
"I have seen him wearing his yellow cloak"
"Olen nähnyt hänen keltaisen viittansa päällä"
"I have seen him presenting his alms-dish in silence"
"Olen nähnyt hänen esittelevän almuruokaansa hiljaa"
"I have seen him at the doors of the houses"
"Olen nähnyt hänet talojen ovilla"
"and I have seen him leaving with a filled dish"
"ja olen nähnyt hänen lähtevän täytetyn astian kanssa"
Delightedly, Govinda listened to the woman
Govinda kuunteli iloisesti naista
and he wanted to ask and hear much more
ja hän halusi kysyä ja kuulla paljon enemmän
But Siddhartha urged him to walk on
Mutta Siddhartha kehotti häntä kävelemään eteenpäin
They thanked the woman and left
He kiittivät naista ja lähtivät
they hardly had to ask for directions
heidän tuskin tarvitsi kysyä ohjeita
many pilgrims and monks were on their way to the Jetavana
monet pyhiinvaeltajat ja munkit olivat matkalla Jetavanaan
they reached it at night, so there were constant arrivals
he saavuttivat sen yöllä, joten saapujia oli jatkuvasti
and those who sought shelter got it
ja ne, jotka etsivät suojaa, saivat sen
The two Samanas were accustomed to life in the forest

Kaksi Samanaa olivat tottuneet elämään metsässä
so without making any noise they quickly found a place to stay
joten ilman melua he löysivät nopeasti yöpymispaikan
and they rested there until the morning
ja he lepäsivät siellä aamuun asti

At sunrise, they saw with astonishment the size of the crowd
Auringon noustessa he näkivät hämmästyneenä väkijoukon koon
a great many number of believers had come
oli tullut suuri joukko uskovia
and a great number of curious people had spent the night here
ja suuri joukko uteliaita oli yöpynyt täällä
On all paths of the marvellous garden, monks walked in yellow robes
Ihmeellisen puutarhan kaikilla poluilla munkit kävelivät keltaisissa kaapuissa
under the trees they sat here and there, in deep contemplation
puiden alla he istuivat siellä täällä, syvässä mietiskelyssä
or they were in a conversation about spiritual matters
tai he keskustelivat hengellisistä asioista
the shady gardens looked like a city
varjoisat puutarhat näyttivät kaupungilta
a city full of people, bustling like bees
kaupunki täynnä ihmisiä, vilkasta kuin mehiläiset
The majority of the monks went out with their alms-dish
Suurin osa munkeista meni ulos almulautasensa kanssa
they went out to collect food for their lunch
he menivät ulos hakemaan ruokaa lounaaksi
this would be their only meal of the day
tämä olisi heidän päivän ainoa ateria
The Buddha himself, the enlightened one, also begged in the mornings

Buddha itse, valaistunut, myös kerjäsi aamuisin
Siddhartha saw him, and he instantly recognised him
Siddhartha näki hänet, ja hän tunnisti hänet välittömästi
he recognised him as if a God had pointed him out
hän tunnisti hänet ikään kuin Jumala olisi osoittanut hänet
He saw him, a simple man in a yellow robe
Hän näki hänet, yksinkertaisen miehen keltaisessa viitassa
he was bearing the alms-dish in his hand, walking silently
hän kantoi almumaljaa kädessään ja käveli hiljaa
"Look here!" Siddhartha said quietly to Govinda
"Katso tänne!" Siddhartha sanoi hiljaa Govindalle
"This one is the Buddha"
"Tämä on Buddha"
Attentively, Govinda looked at the monk in the yellow robe
Govinda katsoi tarkkaavaisesti munkkia keltaisessa viitassa
this monk seemed to be in no way different from any of the others
tämä munkki ei näyttänyt millään tavalla eroavan muista
but soon, Govinda also realized that this is the one
mutta pian myös Govinda tajusi, että tämä on se
And they followed him and observed him
Ja he seurasivat häntä ja katselivat häntä
The Buddha went on his way, modestly and deep in his thoughts
Buddha jatkoi matkaansa vaatimattomasti ja syvällä ajatuksissaan
his calm face was neither happy nor sad
hänen rauhalliset kasvonsa eivät olleet iloiset eivätkä surulliset
his face seemed to smile quietly and inwardly
hänen kasvonsa näyttivät hymyilevän hiljaa ja sisäänpäin
his smile was hidden, quiet and calm
hänen hymynsä oli piilossa, hiljainen ja rauhallinen
the way the Buddha walked somewhat resembled a healthy child

tapa, jolla Buddha käveli, muistutti jossain määrin tervettä
lasta
he walked just as all of his monks did
hän käveli aivan kuten kaikki hänen munkkinsa
he placed his feet according to a precise rule
hän asetti jalkansa tarkan säännön mukaan
his face and his walk, his quietly lowered glance
hänen kasvonsa ja kävelynsä, hänen hiljaa laskeutunut
katseensa
his quietly dangling hand, every finger of it
hänen hiljaa roikkuva kätensä, sen jokainen sormi
all these things expressed peace
kaikki nämä asiat ilmaisivat rauhaa
all these things expressed perfection
kaikki nämä asiat ilmaisivat täydellisyyttä
he did not search, nor did he imitate
hän ei etsinyt eikä matkinut
he softly breathed inwardly an unwhithering calm
hän hengitti pehmeästi sisäänpäin horjumatonta tyyneyttä
he shone outwardly an unwhithering light
hän loisti ulospäin horjumatonta valoa
he had about him an untouchable peace
hänessä vallitsi koskematon rauha
the two Samanas recognised him solely by the perfection of his calm
kaksi Samanaa tunnistivat hänet yksinomaan hänen
tyyneisyydestään
they recognized him by the quietness of his appearance
he tunnistivat hänet hänen hiljaisuudestaan
the quietness in his appearance in which there was no searching
hiljaisuus hänen ulkonäössään, jossa ei ollut etsimistä
there was no desire, nor imitation
ei ollut halua eikä jäljitelmää
there was no effort to be seen
yritystä ei näkynyt

only light and peace was to be seen in his appearance
hänen ulkonäössään näkyi vain valo ja rauha
"Today, we'll hear the teachings from his mouth" said Govinda
"Tänään kuulemme opetukset hänen suustaan", sanoi Govinda
Siddhartha did not answer
Siddhartha ei vastannut
He felt little curiosity for the teachings
Hän ei juurikaan ollut kiinnostunut opetuksista
he did not believe that they would teach him anything new
hän ei uskonut, että he opettaisivat hänelle mitään uutta
he had heard the contents of this Buddha's teachings again and again
hän oli kuullut tämän Buddhan opetusten sisällön yhä uudelleen ja uudelleen
but these reports only represented second hand information
mutta nämä raportit edustivat vain käytettyä tietoa
But attentively he looked at Gotama's head
Mutta hän katsoi tarkkaavaisesti Gotaman päätä
his shoulders, his feet, his quietly dangling hand
hänen olkapäänsä, jalkansa, hiljaa roikkuva kätensä
it was as if every finger of this hand was of these teachings
oli kuin tämän käden jokainen sormi olisi näitä opetuksia
his fingers spoke of truth
hänen sormensa puhuivat totuudesta
his fingers breathed and exhaled the fragrance of truth
hänen sormensa hengittivät ja hengittivät totuuden tuoksua
his fingers glistened with truth
hänen sormensa loistivat totuudesta
this Buddha was truthful down to the gesture of his last finger
tämä Buddha oli totuudenmukainen viimeiseen sormeensa asti
Siddhartha could see that this man was holy
Siddhartha näki, että tämä mies oli pyhä
Never before, Siddhartha had venerated a person so much

Siddhartha ei koskaan ennen ollut kunnioittanut henkilöä niin paljon
he had never before loved a person as much as this one
hän ei ollut koskaan ennen rakastanut ketään yhtä paljon kuin tätä
They both followed the Buddha until they reached the town
He molemmat seurasivat Buddhaa, kunnes saavuttivat kaupunkiin
and then they returned to their silence
ja sitten he palasivat hiljaisuuteensa
they themselves intended to abstain on this day
he itse aikoivat pidättäytyä äänestämästä tänä päivänä
They saw Gotama returning the food that had been given to him
He näkivät Gotaman palauttavan hänelle annetun ruoan
what he ate could not even have satisfied a bird's appetite
se, mitä hän söi, ei olisi voinut tyydyttää edes linnun ruokahalua
and they saw him retiring into the shade of the mango-trees
ja he näkivät hänen vetäytyvän mangopuiden varjoon

in the evening the heat had cooled down
illalla lämpö oli viilentynyt
everyone in the camp started to bustle about and gathered around
kaikki leirissä olivat vilskettä ja kokoontuivat ympäriinsä
they heard the Buddha teaching, and his voice
he kuulivat Buddhan opetusta ja hänen äänensä
and his voice was also perfected
ja hänen äänensä oli myös täydellinen
his voice was of perfect calmness
hänen äänensä oli täydellisen rauhallinen
his voice was full of peace
hänen äänensä oli täynnä rauhaa
Gotama taught the teachings of suffering
Gotama opetti kärsimyksen opetuksia

he taught of the origin of suffering
hän opetti kärsimyksen alkuperästä
he taught of the way to relieve suffering
hän opetti tapaa lievittää kärsimystä
Calmly and clearly his quiet speech flowed on
Rauhallisesti ja selkeästi hänen hiljainen puheensa jatkui
Suffering was life, and full of suffering was the world
Kärsimys oli elämä ja kärsimystä täynnä oli maailma
but salvation from suffering had been found
mutta pelastus kärsimyksestä oli löydetty
salvation was obtained by him who would walk the path of the Buddha
pelastuksen sai hän, joka kulki Buddhan polkua
With a soft, yet firm voice the exalted one spoke
Korostettu puhui pehmeällä, mutta lujalla äänellä
he taught the four main doctrines
hän opetti neljä pääoppia
he taught the eight-fold path
hän opetti kahdeksankertaista polkua
patiently he went the usual path of the teachings
kärsivällisesti hän kulki opetusten tavanomaista polkua
his teachings contained the examples
hänen opetuksensa sisälsivät esimerkit
his teaching made use of the repetitions
hänen opetuksessaan käytettiin toistoja
brightly and quietly his voice hovered over the listeners
kirkkaasti ja hiljaa hänen äänensä leijui kuuntelijoiden päällä
his voice was like a light
hänen äänensä oli kuin valo
his voice was like a starry sky
hänen äänensä oli kuin tähtitaivas
When the Buddha ended his speech, many pilgrims stepped forward
Kun Buddha lopetti puheensa, monet pyhiinvaeltajat astuivat eteenpäin
they asked to be accepted into the community

he pyysivät tulla hyväksytyksi yhteisöön
they sought refuge in the teachings
he etsivät turvaa opetuksista
And Gotama accepted them by speaking
Ja Gotama otti heidät vastaan puhumalla
"You have heard the teachings well"
"Olet kuullut opetukset hyvin"
"join us and walk in holiness"
"Liity meihin ja vaella pyhyydessä"
"put an end to all suffering"
"lopeta kaikki kärsimys"
Behold, then Govinda, the shy one, also stepped forward and spoke
Katso, silloin myös Govinda, ujo, astui esiin ja puhui
"I also take my refuge in the exalted one and his teachings"
"Minä myös turvaan Korkeimpaan ja hänen opetuksiinsa"
and he asked to be accepted into the community of his disciples
ja hän pyysi, että hänet hyväksyttäisiin opetuslastensa joukkoon
and he was accepted into the community of Gotama's disciples
ja hänet hyväksyttiin Gotaman opetuslasten yhteisöön

the Buddha had retired for the night
Buddha oli jäänyt eläkkeelle yöksi
Govinda turned to Siddhartha and spoke eagerly
Govinda kääntyi Siddharthaan ja puhui innokkaasti
"Siddhartha, it is not my place to scold you"
"Siddhartha, ei ole minun paikkani moittia sinua"
"We have both heard the exalted one"
"Olemme molemmat kuulleet korotetun"
"we have both perceived the teachings"
"olemme molemmat havainneet opetukset"
"Govinda has heard the teachings"
"Govinda on kuullut opetukset"

"he has taken refuge in the teachings"
"hän on turvautunut opetuksiin"
"But, my honoured friend, I must ask you"
"Mutta, arvoisa ystäväni, minun on kysyttävä sinulta"
"don't you also want to walk the path of salvation?"
"Etkö sinäkin halua kulkea pelastuksen polkua?"
"Would you want to hesitate?"
"Haluaisitko epäröidä?"
"do you want to wait any longer?"
"haluatko odottaa vielä?"
Siddhartha awakened as if he had been asleep
Siddhartha heräsi kuin olisi nukkunut
For a long time, he looked into Govinda's face
Hän katsoi pitkään Govindan kasvoihin
Then he spoke quietly, in a voice without mockery
Sitten hän puhui hiljaa, äänellä ilman pilkkaa
"Govinda, my friend, now you have taken this step"
"Govinda, ystäväni, nyt olet ottanut tämän askeleen"
"now you have chosen this path"
"nyt olet valinnut tämän tien"
"Always, oh Govinda, you've been my friend"
"Aina, oi Govinda, olet ollut ystäväni"
"you've always walked one step behind me"
"Olet aina kävellyt askeleen takanani"
"Often I have thought about you"
"Usein olen ajatellut sinua"
"'Won't Govinda for once also take a step by himself'"
"Eikö Govinda kerran ota askeltakaan yksin""
"'won't Govinda take a step without me?'"
"Eikö Govinda ota askeltakaan ilman minua?"
"'won't he take a step driven by his own soul?'"
"Eikö hän ota askeltakaan oman sielunsa ohjaamana?"
"Behold, now you've turned into a man"
"Katso, nyt sinusta on tullut mies"
"you are choosing your path for yourself"
"valitset polkusi itsellesi"

"I wish that you would go it up to its end"
"Toivon, että menisit sen loppuun asti"
"oh my friend, I hope that you shall find salvation!"
"Oi ystäväni, toivon, että löydät pelastuksen!"
Govinda, did not completely understand it yet
Govinda, ei ymmärtänyt sitä vielä täysin
he repeated his question in an impatient tone
hän toisti kysymyksensä kärsimättömällä äänellä
"Speak up, I beg you, my dear!"
"Puhu, minä pyydän sinua, kultaseni!"
"Tell me, since it could not be any other way"
"Kerro minulle, koska se ei voisi olla muuta tapaa"
"won't you also take your refuge with the exalted Buddha?"
"Etkö sinä myös turvautuisi korotetun Buddhan luo?"
Siddhartha placed his hand on Govinda's shoulder
Siddhartha laittoi kätensä Govindan olkapäälle
"You failed to hear my good wish for you"
"Et kuullut hyvää toivettani sinulle"
"I'm repeating my wish for you"
"Toistan toiveeni sinulle"
"I wish that you would go this path"
"Toivon, että menisit tälle tielle"
"I wish that you would go up to this path's end"
"Toivon, että menisit tämän polun päähän"
"I wish that you shall find salvation!"
"Toivon, että löydät pelastuksen!"
In this moment, Govinda realized that his friend had left him
Tällä hetkellä Govinda tajusi, että hänen ystävänsä oli jättänyt hänet
when he realized this he started to weep
kun hän huomasi tämän, hän alkoi itkeä
"Siddhartha!" he exclaimed lamentingly
"Siddhartha!" hän huudahti valitettavasti
Siddhartha kindly spoke to him
Siddhartha puhui hänelle ystävällisesti

"don't forget, Govinda, who you are"
"älä unohda, Govinda, kuka olet"
"you are now one of the Samanas of the Buddha"
"Olet nyt yksi Buddhan Samanaista"
"You have renounced your home and your parents"
"Olet luopunut kodistasi ja vanhemmistasi"
"you have renounced your birth and possessions"
"olet luopunut syntymästäsi ja omaisuudestasi"
"you have renounced your free will"
"olet luopunut vapaasta tahtostasi"
"you have renounced all friendship"
"olet luopunut kaikesta ystävyydestäsi"
"This is what the teachings require"
"Tätä opetukset vaativat"
"this is what the exalted one wants"
"tätä korotettu haluaa"
"This is what you wanted for yourself"
"Tämän halusit itsellesi"
"Tomorrow, oh Govinda, I will leave you"
"Huomenna, oi Govinda, minä jätän sinut"
For a long time, the friends continued walking in the garden
Pitkän aikaa ystävät jatkoivat kävelyä puutarhassa
for a long time, they lay there and found no sleep
pitkään he makasivat siellä eivätkä löytäneet unta
And over and over again, Govinda urged his friend
Ja yhä uudelleen ja uudelleen, Govinda kehotti ystäväänsä
"why would you not want to seek refuge in Gotama's teachings?"
"miksi et haluaisi etsiä turvaa Gotaman opetuksista?"
"what fault could you find in these teachings?"
"Mitä vikaa voisit löytää näistä opetuksista?"
But Siddhartha turned away from his friend
Mutta Siddhartha kääntyi pois ystävästään
every time he said, "Be content, Govinda!"
aina kun hän sanoi: "Ole tyytyväinen, Govinda!"
"Very good are the teachings of the exalted one"

"Hyvin hyviä ovat Korkeimman opetukset"
"how could I find a fault in his teachings?"
"Kuinka voisin löytää virheen hänen opetuksissaan?"

it was very early in the morning
oli aika aikainen aamu
one of the oldest monks went through the garden
yksi vanhimmista munkeista kulki puutarhan läpi
he called to those who had taken their refuge in the teachings
hän kutsui niitä, jotka olivat turvanneet opetuksiin
he called them to dress them up in the yellow robe
hän kutsui heidät pukemaan heidät keltaiseen kaapuun
and he instruct them in the first teachings and duties of their position
ja hän opastaa heitä heidän asemansa ensimmäisissä opetuksissa ja velvollisuuksissa
Govinda once again embraced his childhood friend
Govinda syleili jälleen lapsuudenystäväänsä
and then he left with the novices
ja sitten hän lähti aloittelijoiden kanssa
But Siddhartha walked through the garden, lost in thought
Mutta Siddhartha käveli puutarhan läpi ajatuksiinsa vaipuneena
Then he happened to meet Gotama, the exalted one
Sitten hän sattui tapaamaan Gotaman, korotetun
he greeted him with respect
hän tervehti häntä kunnioittavasti
the Buddha's glance was full of kindness and calm
Buddhan katse oli täynnä ystävällisyyttä ja tyyneyttä
the young man summoned his courage
nuori mies keräsi rohkeutensa
he asked the venerable one for the permission to talk to him
hän pyysi kunnianarvoisalta lupaa puhua hänen kanssaan
Silently, the exalted one nodded his approval
Hiljaisesti ylevä nyökkäsi hyväksyvänsä

Spoke Siddhartha, "Yesterday, oh exalted one"
Puhui Siddhartha: "Eilen, oi ylevä"
"I had been privileged to hear your wondrous teachings"
"Minulla oli etuoikeus kuulla ihmeellisiä opetuksiasi"
"Together with my friend, I had come from afar, to hear your teachings"
"Olin ystäväni kanssa tullut kaukaa kuulemaan opetuksiasi"
"And now my friend is going to stay with your people"
"Ja nyt ystäväni jää kansanne luo"
"he has taken his refuge with you"
"hän on ottanut turvansa kanssasi"
"But I will again start on my pilgrimage"
"Mutta minä aloitan taas pyhiinvaellukseni"
"As you please," the venerable one spoke politely
"Kuten haluat", kunnianarvoisa puhui kohteliaasti
"Too bold is my speech," Siddhartha continued
"Puheeni on liian rohkea", Siddhartha jatkoi
"but I do not want to leave the exalted on this note"
"mutta en halua jättää korotettua tähän muistiin"
"I want to share with the most venerable one my honest thoughts"
"Haluan jakaa rehelliset ajatukseni kunniallisimman kanssa"
"Does it please the venerable one to listen for one moment longer?"
"Onko kunniallista kuunnella hetken pidempään?"
Silently, the Buddha nodded his approval
Buddha nyökkäsi hiljaa hyväksyvänsä
Spoke Siddhartha, "oh most venerable one"
Puhui Siddhartha, "oi kaikkein kunniallisin"
"there is one thing I have admired in your teachings most of all"
"Opetuksissasi olen ihaillut yhtä asiaa eniten"
"Everything in your teachings is perfectly clear"
"Kaikki opetuksissasi on täysin selvää"
"what you speak of is proven"
"Se mistä puhut on todistettu"

"you are presenting the world as a perfect chain"
"esität maailman täydellisenä ketjuna"
"a chain which is never and nowhere broken"
"ketju, joka ei ole koskaan eikä missään katkennut"
"an eternal chain the links of which are causes and effects"
"ikuinen ketju, jonka linkit ovat syitä ja seurauksia"
"Never before, has this been seen so clearly"
"Ei tätä ole koskaan ennen nähty näin selvästi"
"never before, has this been presented so irrefutably"
"ei koskaan ennen, tätä ei ole esitetty näin kiistämättömästi"
"truly, the heart of every Brahman has to beat stronger with love"
"todellakin jokaisen brahmanin sydämen täytyy lyödä vahvemmin rakkaudesta"
"he has seen the world through your perfectly connected teachings"
"hän on nähnyt maailman täydellisesti yhdistettyjen opetustesi kautta"
"without gaps, clear as a crystal"
"ilman aukkoja, kirkas kuin kristalli"
"not depending on chance, not depending on Gods"
"ei riippuvainen sattumasta, ei riippuvainen jumalista"
"he has to accept it whether it may be good or bad"
"hänen täytyy hyväksyä se, onko se hyvä tai huono"
"he has to live by it whether it would be suffering or joy"
"hänen täytyy elää sen mukaan, olipa se kärsimystä tai iloa"
"but I do not wish to discuss the uniformity of the world"
"mutta en halua keskustella maailman yhtenäisyydestä"
"it is possible that this is not essential"
"on mahdollista, että tämä ei ole välttämätöntä"
"everything which happens is connected"
"kaikki mitä tapahtuu on yhteydessä"
"the great and the small things are all encompassed"
"kaikki suuret ja pienet asiat sisältyvät"
"they are connected by the same forces of time"
"heitä yhdistävät samat ajan voimat"

"they are connected by the same law of causes"
"heitä yhdistää sama syiden laki"
"the causes of coming into being and of dying"
"syntymisen ja kuoleman syyt"
"this is what shines brightly out of your exalted teachings"
"Tämä loistaa kirkkaasti korotetuista opetuksistasi"
"But, according to your very own teachings, there is a small gap"
"Mutta omien opetustesi mukaan siellä on pieni aukko"
"this unity and necessary sequence of all things is broken in one place"
"tämä kaikkien asioiden yhtenäisyys ja välttämätön järjestys on katkennut yhdessä paikassa"
"this world of unity is invaded by something alien"
"tähän yhtenäisyyden maailmaan on tunkeutunut jokin muukalainen"
"there is something new, which had not been there before"
"on jotain uutta, mitä ei ollut ennen ollut"
"there is something which cannot be demonstrated"
"on jotain mitä ei voida osoittaa"
"there is something which cannot be proven"
"on jotain mitä ei voida todistaa"
"these are your teachings of overcoming the world"
"nämä ovat opetuksiasi maailman voittamisesta"
"these are your teachings of salvation"
"nämä ovat pelastuksen opetuksiasi"
"But with this small gap, the eternal breaks apart again"
"Mutta tämän pienen aukon myötä ikuisuus hajoaa taas"
"with this small breach, the law of the world becomes void"
"Tällä pienellä rikkomuksella maailman laki tulee mitättömäksi"
"Please forgive me for expressing this objection"
"Anteeksi, että ilmaisin tämän vastalauseen"
Quietly, Gotama had listened to him, unmoved
Hiljaa, Gotama oli kuunnellut häntä, liikuttamatta

Now he spoke, the perfected one, with his kind and polite clear voice
Nyt hän puhui, täydellinen, ystävällisellä ja kohteliaalla äänellään
"You've heard the teachings, oh son of a Brahman"
"Olet kuullut opetuksia, oi brahmanin poika"
"and good for you that you've thought about it this deeply"
"ja hyvä, että olet miettinyt asiaa näin syvällisesti"
"You've found a gap in my teachings, an error"
"Olet löytänyt aukon opetuksissani, virheen"
"You should think about this further"
"Sinun pitäisi miettiä tätä tarkemmin"
"But be warned, oh seeker of knowledge, of the thicket of opinions"
"Mutta ole varovainen, oi tiedon etsijä, mielipiteiden tiikoista"
"be warned of arguing about words"
"varoita väittelystä sanoista"
"There is nothing to opinions"
"Ei ole mitään mielipiteitä"
"they may be beautiful or ugly"
"he voivat olla kauniita tai rumia"
"opinions may be smart or foolish"
"Mielipiteet voivat olla älykkäitä tai typeriä"
"everyone can support opinions, or discard them"
"Kaikki voivat tukea mielipiteitä tai hylätä ne"
"But the teachings, you've heard from me, are no opinion"
"Mutta opetukset, jotka olette kuulleet minulta, eivät ole mielipiteitä"
"their goal is not to explain the world to those who seek knowledge"
"heidän tavoitteenaan ei ole selittää maailmaa niille, jotka etsivät tietoa"
"They have a different goal"
"Heillä on eri tavoite"
"their goal is salvation from suffering"
"heidän päämääränsä on pelastus kärsimyksestä"

"This is what Gotama teaches, nothing else"
"Tätä Gotama opettaa, ei mitään muuta"
"I wish that you, oh exalted one, would not be angry with me" said the young man
"Toivon, että sinä, oi ylevä, et olisi minulle vihainen", sanoi nuori mies
"I have not spoken to you like this to argue with you"
"En ole puhunut sinulle näin väittääkseni kanssasi"
"I do not wish to argue about words"
"En halua kiistellä sanoista"
"You are truly right, there is little to opinions"
"Olet todella oikeassa, mielipiteitä on vähän"
"But let me say one more thing"
"Mutta anna minun sanoa vielä yksi asia"
"I have not doubted in you for a single moment"
"En ole epäillyt sinussa hetkeäkään"
"I have not doubted for a single moment that you are Buddha"
"En ole hetkeäkään epäillyt, että olet Buddha"
"I have not doubted that you have reached the highest goal"
"En ole epäillyt, että olet saavuttanut korkeimman tavoitteen"
"the highest goal towards which so many Brahmans are on their way"
"korkein tavoite, jota kohti niin monet brahmanit ovat matkalla"
"You have found salvation from death"
"Olet löytänyt pelastuksen kuolemasta"
"It has come to you in the course of your own search"
"Se on tullut sinulle oman etsintäsi aikana"
"it has come to you on your own path"
"se on tullut sinulle omaa polkuasi pitkin"
"it has come to you through thoughts and meditation"
"Se on tullut sinulle ajatusten ja meditaation kautta"
"it has come to you through realizations and enlightenment"
"se on tullut sinulle oivallusten ja valaistumisen kautta"
"but it has not come to you by means of teachings!"

"mutta se ei ole tullut teille opetusten kautta!"
"And this is my thought"
"Ja tämä on minun ajatukseni"
"nobody will obtain salvation by means of teachings!"
"Kukaan ei saa pelastusta opetusten kautta!"
"You will not be able to convey your hour of enlightenment"
"Et pysty välittämään valaistumisen hetkeäsi"
"words of what has happened to you won't convey the moment!"
"sanat siitä, mitä sinulle on tapahtunut, eivät kerro hetkeä!"
"The teachings of the enlightened Buddha contain much"
"Valaistun Buddhan opetukset sisältävät paljon"
"it teaches many to live righteously"
"Se opettaa monia elämään vanhurskaasti"
"it teaches many to avoid evil"
"Se opettaa monia välttämään pahaa"
"But there is one thing which these teachings do not contain"
"Mutta on yksi asia, jota nämä opetukset eivät sisällä"
"they are clear and venerable, but the teachings miss something"
"ne ovat selkeitä ja kunnioitettavia, mutta opetuksista puuttuu jotain"
"the teachings do not contain the mystery"
"opetukset eivät sisällä mysteeriä"
"the mystery of what the exalted one has experienced for himself"
"mysteeri siitä, mitä korotettu on itse kokenut"
"among hundreds of thousands, only he experienced it"
"sadoista tuhansista vain hän koki sen"
"This is what I have thought and realized, when I heard the teachings"
"Tätä olen ajatellut ja ymmärtänyt kuullessani opetukset"
"This is why I am continuing my travels"
"Tästä syystä jatkan matkojani"
"this is why I do not to seek other, better teachings"
"Tästä syystä en etsi muita, parempia opetuksia"

"I know there are no better teachings"
"Tiedän, ettei parempia opetuksia ole olemassa"
"I leave to depart from all teachings and all teachers"
"Annan erota kaikista opetuksista ja kaikista opettajista"
"I leave to reach my goal by myself, or to die"
"Lähden saavuttaakseni tavoitteeni yksin tai kuolen"
"But often, I'll think of this day, oh exalted one"
"Mutta usein ajattelen tätä päivää, oi ylevä."
"and I'll think of this hour, when my eyes beheld a holy man"
"ja minä ajattelen tätä hetkeä, jolloin silmäni näkivät pyhän miehen"
The Buddha's eyes quietly looked to the ground
Buddhan silmät katsoivat hiljaa maahan
quietly, in perfect equanimity, his inscrutable face was smiling
hiljaa, täydellisessä rauhassa, hänen käsittämättömät kasvonsa hymyilivät
the venerable one spoke slowly
kunniallinen puhui hitaasti
"I wish that your thoughts shall not be in error"
"Toivon, etteivät ajatuksesi olisi väärässä"
"I wish that you shall reach the goal!"
"Toivon, että saavutat tavoitteesi!"
"But there is something I ask you to tell me"
"Mutta pyydän sinua kertomaan minulle jotain"
"Have you seen the multitude of my Samanas?"
"Oletko nähnyt Samanani joukon?"
"they have taken refuge in the teachings"
"he ovat turvanneet opetuksiin"
"do you believe it would be better for them to abandon the teachings?"
"Uskotko, että heidän olisi parempi hylätä opetukset?"
"should they to return into the world of desires?"
"Pitäisikö heidän palata halujen maailmaan?"
"Far is such a thought from my mind" exclaimed Siddhartha

"Kaukana on sellainen ajatus mielessäni", huudahti Siddhartha
"I wish that they shall all stay with the teachings"
"Toivon, että he kaikki pysyisivät opetuksissa"
"I wish that they shall reach their goal!"
"Toivon, että he saavuttavat tavoitteensa!"
"It is not my place to judge another person's life"
"Ei ole minun asiani tuomita toisen ihmisen elämää"
"I can only judge my own life "
"Voin tuomita vain oman elämäni"
"I must decide, I must chose, I must refuse"
"Minun täytyy päättää, minun on valittava, minun täytyy kieltäytyä"
"Salvation from the self is what we Samanas search for"
"Me Samanat etsimme pelastusta itsestään"
"oh exalted one, if only I were one of your disciples"
"Oi ylevä, jospa olisin yksi opetuslapsistasi"
"I'd fear that it might happen to me"
"Pelkään, että se voi tapahtua minulle"
"only seemingly, would my self be calm and be redeemed"
"Vain näennäisesti, olisiko minä rauhallinen ja lunastettu"
"but in truth it would live on and grow"
"mutta itse asiassa se eläisi ja kasvaisi"
"because then I would replace my self with the teachings"
"koska silloin korvaisin itseni opetuksella"
"my self would be my duty to follow you"
"Minun itseni olisi velvollisuuteni seurata sinua"
"my self would be my love for you"
"minun itseni olisi rakkauteni sinua kohtaan"
"and my self would be the community of the monks!"
"ja minä olisin munkkien yhteisö!"
With half of a smile Gotama looked into the stranger's eyes
Puolihymyisesti Gotama katsoi vieraan silmiin
his eyes were unwaveringly open and kind
hänen silmänsä olivat horjumattoman avoimet ja ystävälliset
he bid him to leave with a hardly noticeable gesture
hän käski häntä lähtemään tuskin havaittavalla eleellä

"You are wise, oh Samana" the venerable one spoke
"Olet viisas, oi Samana", kunnioitettu sanoi
"You know how to talk wisely, my friend"
"Sinä osaat puhua viisaasti, ystäväni"
"Be aware of too much wisdom!"
"Ole tietoinen liian suuresta viisaudesta!"
The Buddha turned away
Buddha kääntyi pois
Siddhartha would never forget his glance
Siddhartha ei koskaan unohtaisi hänen katsettaan
his half smile remained forever etched in Siddhartha's memory
hänen puolikas hymynsä säilyi ikuisesti Siddharthan muistoissa
Siddhartha thought to himself
Siddhartha ajatteli itsekseen
"I have never before seen a person glance and smile this way"
"En ole koskaan ennen nähnyt ihmisen katsovan ja hymyilevän tällä tavalla"
"no one else sits and walks like he does"
"Kukaan muu ei istu ja kävele niin kuin hän"
"truly, I wish to be able to glance and smile this way"
"todellakin, haluaisin pystyä katsomaan ja hymyilemään tällä tavalla"
"I wish to be able to sit and walk this way, too"
"Haluan pystyä istumaan ja kävelemään myös tällä tavalla"
"liberated, venerable, concealed, open, childlike and mysterious"
"vapautettu, kunnioitettava, piilotettu, avoin, lapsellinen ja salaperäinen"
"he must have succeeded in reaching the innermost part of his self"
"hänen on täytynyt onnistua saavuttamaan itsensä sisimmän osan"
"only then can someone glance and walk this way"

"vain silloin joku voi katsoa ja kävellä tätä tietä"
"I will also seek to reach the innermost part of my self"
"Pyrin myös tavoittamaan itseni sisimmän osan"
"I saw a man" Siddhartha thought
"Näin miehen", Siddhartha ajatteli
"a single man, before whom I would have to lower my glance"
"naikun mies, jonka eteen minun pitäisi laskea katseeni"
"I do not want to lower my glance before anyone else"
"En halua laskea katsetani muiden edelle"
"No teachings will entice me more anymore"
"Mikään opetus ei houkuttele minua enää"
"because this man's teachings have not enticed me"
"koska tämän miehen opetukset eivät ole houkutelleet minua"
"I am deprived by the Buddha" thought Siddhartha
"Buddha riistää minut", ajatteli Siddhartha
"I am deprived, although he has given so much"
"Olen vailla, vaikka hän on antanut niin paljon"
"he has deprived me of my friend"
"hän on riistänyt minulta ystäväni"
"my friend who had believed in me"
"ystäväni, joka oli uskonut minuun"
"my friend who now believes in him"
"ystäväni, joka nyt uskoo häneen"
"my friend who had been my shadow"
"ystäväni, joka oli ollut varjoni"
"and now he is Gotama's shadow"
"ja nyt hän on Gotaman varjo"
"but he has given me Siddhartha"
"mutta hän on antanut minulle Siddharthan"
"he has given me myself"
"hän on antanut minulle itseni"

Awakening
Herääminen

Siddhartha left the mango grove behind him
Siddhartha jätti mangolehdon taakseen
but he felt his past life also stayed behind
mutta hän tunsi myös menneen elämänsä jääneen taakse
the Buddha, the perfected one, stayed behind
Buddha, täydellinen, jäi taakse
and Govinda stayed behind too
ja Govinda jäi myös taakse
and his past life had parted from him
ja hänen entinen elämänsä oli eronnut hänestä
he pondered as he was walking slowly
hän pohti kävellessään hitaasti
he pondered about this sensation, which filled him completely
hän pohti tätä tunnetta, joka täytti hänet täysin
He pondered deeply, like diving into a deep water
Hän pohti syvästi, kuin sukeltaessaan syvään veteen
he let himself sink down to the ground of the sensation
hän antoi itsensä vajota sensaation maahan
he let himself sink down to the place where the causes lie
hän antoi itsensä vajota paikkaan, jossa syyt ovat
to identify the causes is the very essence of thinking
syiden tunnistaminen on ajattelun ydin
this was how it seemed to him
siltä se hänestä näytti
and by this alone, sensations turn into realizations
ja pelkästään tästä syystä tunteet muuttuvat oivalluksiksi
and these sensations are not lost
eivätkä nämä tuntemukset katoa
but the sensations become entities
mutta tuntemuksista tulee kokonaisuuksia
and the sensations start to emit what is inside of them
ja tunteet alkavat säteillä mitä niiden sisällä on

they show their truths like rays of light
he näyttävät totuutensa kuin valonsäteet
Slowly walking along, Siddhartha pondered
Hitaasti kävellessä Siddhartha pohti
He realized that he was no youth any more
Hän tajusi, ettei hän ollut enää nuori
he realized that he had turned into a man
hän tajusi muuttuneensa mieheksi
He realized that something had left him
Hän tajusi, että jokin oli jättänyt hänet
the same way a snake is left by its old skin
samalla tavalla käärme jätetään vanhasta ihostaan
what he had throughout his youth no longer existed in him
sitä, mitä hänellä oli koko nuoruutensa, ei enää ollut hänessä
it used to be a part of him; the wish to have teachers
se oli ennen osa häntä; halu saada opettajia
the wish to listen to teachings
halu kuunnella opetuksia
He had also left the last teacher who had appeared on his path
Hän oli jättänyt myös viimeisen hänen tielleen ilmestyneen opettajan
he had even left the highest and wisest teacher
hän oli jopa jättänyt korkeimman ja viisaimman opettajan
he had left the most holy one, Buddha
hän oli jättänyt kaikkein pyhimmän, Buddhan
he had to part with him, unable to accept his teachings
hänen täytyi erota hänestä, koska hän ei voinut hyväksyä hänen opetuksiaan
Slower, he walked along in his thoughts
Hitaammin hän kulki ajatuksissaan
and he asked himself, "But what is this?"
ja hän kysyi itseltään: "Mutta mitä tämä on?"
"what have you sought to learn from teachings and from teachers?"
"Mitä olet yrittänyt oppia opetuksista ja opettajilta?"

"and what were they, who have taught you so much?"
"Ja mitä he olivat, jotka ovat opettaneet sinulle niin paljon?"
"what are they if they have been unable to teach you?"
"Mitä he ovat, jos he eivät ole voineet opettaa sinua?"
And he found, "It was the self"
Ja hän huomasi: "Se oli minä"
"it was the purpose and essence of which I sought to learn"
"Se oli tarkoitus ja ydin, jonka halusin oppia"
"It was the self I wanted to free myself from"
"Se oli minä, josta halusin vapautua"
"the self which I sought to overcome"
"itse, jonka yritin voittaa"
"But I was not able to overcome it"
"Mutta en pystynyt voittamaan sitä"
"I could only deceive it"
"Voin vain pettää sen"
"I could only flee from it"
"Voin vain paeta sitä"
"I could only hide from it"
"Voin vain piiloutua siltä"
"Truly, no thing in this world has kept my thoughts so busy"
"Totisesti, mikään tässä maailmassa ei ole pitänyt ajatuksiani niin kiireisinä"
"I have been kept busy by the mystery of me being alive"
"Minua on pitänyt kiireisenä se mysteeri, että olen elossa"
"the mystery of me being one"
"mysteeri, että olen yhtä"
"the mystery if being separated and isolated from all others"
"mysteeri, jos ollaan erillään ja eristetty kaikista muista"
"the mystery of me being Siddhartha!"
"mysteeri siitä, että olen Siddhartha!"
"And there is no thing in this world I know less about"
"Eikä tässä maailmassa ole mitään, mistä tietäisin vähemmän"
he had been pondering while slowly walking along
hän oli pohtinut kävellessään hitaasti pitkin
he stopped as these thoughts caught hold of him

hän pysähtyi, kun nämä ajatukset tarttuivat häneen
and right away another thought sprang forth from these thoughts
ja heti näistä ajatuksista syntyi toinen ajatus
"there's one reason why I know nothing about myself"
"on yksi syy miksi en tiedä itsestäni mitään"
"there's one reason why Siddhartha has remained alien to me"
"on yksi syy miksi Siddhartha on pysynyt minulle vieraana"
"all of this stems from one cause"
"kaikki tämä johtuu yhdestä syystä"
"I was afraid of myself, and I was fleeing"
"Pelkäsin itseäni ja pakenin"
"I have searched for both Atman and Brahman"
"Olen etsinyt sekä Atmania että Brahmania"
"for this I was willing to dissect my self"
"Tätä varten olin valmis leikkaamaan itseni"
"and I was willing to peel off all of its layers"
"ja olin valmis kuorimaan pois kaikki sen kerrokset"
"I wanted to find the core of all peels in its unknown interior"
"Halusin löytää kaikkien kuorien ytimen sen tuntemattomasta sisustuksesta"
"the Atman, life, the divine part, the ultimate part"
"Atman, elämä, jumalallinen osa, lopullinen osa"
"But I have lost myself in the process"
"Mutta olen hukannut itseni tässä prosessissa"
Siddhartha opened his eyes and looked around
Siddhartha avasi silmänsä ja katsoi ympärilleen
looking around, a smile filled his face
katsellessaan ympärilleen hymy täytti hänen kasvonsa
a feeling of awakening from long dreams flowed through him
heräämisen tunne pitkistä unista virtasi hänen läpi
the feeling flowed from his head down to his toes
tunne virtasi hänen päästään varpaisiin

And it was not long before he walked again
Ja ei kestänyt kauan, kun hän käveli taas
he walked quickly, like a man who knows what he has got to do
hän käveli nopeasti, kuin mies, joka tietää, mitä hänen on tehtävä
"now I will not let Siddhartha escape from me again!"
"Nyt en anna Siddharthan paeta luotani enää!"
"I no longer want to begin my thoughts and my life with Atman"
"En halua enää aloittaa ajatuksiani ja elämääni Atmanilla"
"nor do I want to begin my thoughts with the suffering of the world"
"enkä halua aloittaa ajatuksiani maailman kärsimyksistä"
"I do not want to kill and dissect myself any longer"
"En halua enää tappaa ja hajottaa itseäni"
"Yoga-Veda shall not teach me anymore"
"Yoga-Veda ei opeta minua enää"
"nor Atharva-Veda, nor the ascetics"
"ei Atharva-Veda, eivätkä askeetit"
"there will not be any kind of teachings"
"ei tule minkäänlaisia opetuksia"
"I want to learn from myself and be my student"
"Haluan oppia itseltäni ja olla opiskelijani"
"I want to get to know myself; the secret of Siddhartha"
"Haluan oppia tuntemaan itseni, Siddharthan salaisuuden"

He looked around, as if he was seeing the world for the first time
Hän katseli ympärilleen, ikään kuin hän näkisi maailman ensimmäistä kertaa
Beautiful and colourful was the world
Maailma oli kaunis ja värikäs
strange and mysterious was the world
outo ja salaperäinen oli maailma
Here was blue, there was yellow, here was green

Täällä oli sinistä, siellä oli keltaista, täällä oli vihreää
the sky and the river flowed
taivas ja joki virtasivat
the forest and the mountains were rigid
metsä ja vuoret olivat jäykkiä
all of the world was beautiful
koko maailma oli kaunista
all of it was mysterious and magical
kaikki se oli mystistä ja maagista
and in its midst was he, Siddhartha, the awakening one
ja sen keskellä oli hän, Siddhartha, heräävä
and he was on the path to himself
ja hän oli tiellä itseensä
all this yellow and blue and river and forest entered Siddhartha
kaikki tämä keltainen ja sininen ja joki ja metsä tulivat Siddharthaan
for the first time it entered through the eyes
ensimmäistä kertaa se tuli silmien kautta
it was no longer a spell of Mara
se ei ollut enää Maran loitsu
it was no longer the veil of Maya
se ei ollut enää Mayan verho
it was no longer a pointless and coincidental
se ei ollut enää turhaa ja sattumaa
things were not just a diversity of mere appearances
asiat eivät olleet pelkkiä ulkoasuja
appearances despicable to the deeply thinking Brahman
syvästi ajattelevalle Brahmanille halveksittava ilme
the thinking Brahman scorns diversity, and seeks unity
ajatteleva Brahman halveksii monimuotoisuutta ja etsii yhtenäisyyttä
Blue was blue and river was river
Sininen oli sinistä ja joki joki
the singular and divine lived hidden in Siddhartha
yksittäinen ja jumalallinen asuivat piilossa Siddharthassa

divinity's way and purpose was to be yellow here, and blue there
jumalallisuuden tapa ja tarkoitus oli olla keltaista täällä ja sinistä siellä
there sky, there forest, and here Siddhartha
siellä taivas, siellä metsä ja täällä Siddhartha
The purpose and essential properties was not somewhere behind the things
Tarkoitus ja olennaiset ominaisuudet eivät olleet missään asioiden takana
the purpose and essential properties was inside of everything
tarkoitus ja olennaiset ominaisuudet olivat kaiken sisällä
"How deaf and stupid have I been!" he thought
"Kuinka kuuro ja tyhmä olen ollut!" hän ajatteli
and he walked swiftly along
ja hän käveli nopeasti eteenpäin
"When someone reads a text he will not scorn the symbols and letters"
"Kun joku lukee tekstiä, hän ei halveksi symboleja ja kirjaimia"
"he will not call the symbols deceptions or coincidences"
"hän ei kutsu symboleja petoksiksi tai sattumuksiksi"
"but he will read them as they were written"
"mutta hän lukee ne niin kuin ne on kirjoitettu"
"he will study and love them, letter by letter"
"hän opiskelee ja rakastaa heitä, kirjain kirjaimelta"
"I wanted to read the book of the world and scorned the letters"
"Halusin lukea maailman kirjan ja halveksin kirjaimia"
"I wanted to read the book of myself and scorned the symbols"
"Halusin lukea kirjan itsestäni ja halveksin symboleja"
"I called my eyes and my tongue coincidental"
"Kutsuin silmiäni ja kieltäni sattumalta"
"I said they were worthless forms without substance"
"Sanoin, että ne ovat arvottomia muotoja ilman sisältöä"

"No, this is over, I have awakened"
"Ei, tämä on ohi, olen herännyt"
"I have indeed awakened"
"Olen todellakin herännyt"
"I had not been born before this very day"
"En ollut syntynyt ennen tätä päivää"
In thinking these thoughts, Siddhartha suddenly stopped once again
Näitä ajatuksia miettiessään Siddhartha yhtäkkiä pysähtyi jälleen
he stopped as if there was a snake lying in front of him
hän pysähtyi kuin käärme makasi hänen edessään
suddenly, he had also become aware of something else
yhtäkkiä hän oli myös tullut tietoiseksi jostain muusta
He was indeed like someone who had just woken up
Hän oli todella kuin joku, joka oli juuri herännyt
he was like a new-born baby starting life anew
hän oli kuin vastasyntynyt vauva, joka aloitti elämän uudelleen
and he had to start again at the very beginning
ja hänen oli aloitettava alusta aivan alusta
in the morning he had had very different intentions
aamulla hänellä oli ollut aivan erilaiset aikomukset
he had thought to return to his home and his father
hän oli ajatellut palata kotiinsa ja isänsä luo
But now he stopped as if a snake was lying on his path
Mutta nyt hän pysähtyi kuin käärme makasi hänen tiellään
he made a realization of where he was
hän tajusi missä oli
"I am no longer the one I was"
"En ole enää se, joka olin"
"I am no ascetic anymore"
"En ole enää askeettinen"
"I am not a priest anymore"
"En ole enää pappi"
"I am no Brahman anymore"

"En ole enää brahman"
"Whatever should I do at my father's place?"
"Mitä minun pitäisi tehdä isäni luona?"
"Study? Make offerings? Practise meditation?"
"Opiskelu? Tarjoa? Harjoittele meditaatiota?"
"But all this is over for me"
"Mutta tämä kaikki on ohi minulle"
"all of this is no longer on my path"
"kaikki tämä ei ole enää tielläni"
Motionless, Siddhartha remained standing there
Liikkumattomana Siddhartha pysyi paikallaan
and for the time of one moment and breath, his heart felt cold
ja hetken ja hengityksen ajan hänen sydämensä tuntui kylmältä
he felt a coldness in his chest
hän tunsi kylmyyttä rinnassaan
the same feeling a small animal feels when it sees how alone it is
saman tunteen pieni eläin tuntee nähdessään kuinka yksinäinen se on
For many years, he had been without home and had felt nothing
Hän oli ollut monta vuotta ilman kotia eikä tuntenut mitään
Now, he felt he had been without a home
Nyt hän tunsi olleensa ilman kotia
Still, even in the deepest meditation, he had been his father's son
Silti hän oli syvimmässäkin mietiskelyssä ollut isänsä poika
he had been a Brahman, of a high caste
hän oli ollut brahman, korkeasta kastista
he had been a cleric
hän oli ollut pappi
Now, he was nothing but Siddhartha, the awoken one
Nyt hän ei ollut muuta kuin Siddhartha, herännyt
nothing else was left of him

muuta hänestä ei jäänyt
Deeply, he inhaled and felt cold
Hän hengitti syvään ja tunsi olevansa kylmä
a shiver ran through his body
väre juoksi hänen ruumiinsa läpi
Nobody was as alone as he was
Kukaan ei ollut niin yksin kuin hän
There was no nobleman who did not belong to the noblemen
Ei ollut aatelista, joka ei kuulunut aatelisten joukkoon
there was no worker that did not belong to the workers
ei ollut työntekijää, joka ei kuulunut työntekijöihin
they had all found refuge among themselves
he kaikki olivat löytäneet turvapaikan keskuudestaan
they shared their lives and spoke their languages
he jakoivat elämänsä ja puhuivat kieltään
there are no Brahman who would not be regarded as Brahmans
ei ole brahmaneja, joita ei pidettäisi brahmaneina
and there are no Brahmans that didn't live as Brahmans
eikä ole brahmaaneja, jotka eivät eläneet brahmaneina
there are no ascetic who could not find refuge with the Samanas
ei ole askeettia, joka ei löytäisi turvaa Samanan luota
and even the most forlorn hermit in the forest was not alone
eikä edes metsän surkein erakko ollut yksin
he was also surrounded by a place he belonged to
häntä ympäröi myös paikka, johon hän kuului
he also belonged to a caste in which he was at home
hän kuului myös kastiin, jossa hän oli kotona
Govinda had left him and became a monk
Govinda oli jättänyt hänet ja hänestä tuli munkki
and a thousand monks were his brothers
ja tuhat munkkia oli hänen veljiään
they wore the same robe as him
heillä oli sama kaapu kuin hänellä

they believed in his faith and spoke his language
he uskoivat hänen uskoonsa ja puhuivat hänen kieltään
But he, Siddhartha, where did he belong to?
Mutta hän, Siddhartha, minne hän kuului?
With whom would he share his life?
Kenen kanssa hän jakaisi elämänsä?
Whose language would he speak?
Kenen kieltä hän puhuisi?
the world melted away all around him
maailma sulai hänen ympärillään
he stood alone like a star in the sky
hän seisoi yksin kuin tähti taivaalla
cold and despair surrounded him
kylmä ja epätoivo ympäröi häntä
but Siddhartha emerged out of this moment
mutta Siddhartha nousi esiin tästä hetkestä
Siddhartha emerged more his true self than before
Siddhartha osoitti enemmän todellista itseään kuin ennen
he was more firmly concentrated than he had ever been
hän oli keskittyneempi kuin koskaan
He felt; "this had been the last tremor of the awakening"
Hän tunsi; "Tämä oli heräämisen viimeinen vapina"
"the last struggle of this birth"
"tämän syntymän viimeinen taistelu"
And it was not long until he walked again in long strides
Ja ei kestänyt kauan, kun hän käveli taas pitkiä askeleita
he started to proceed swiftly and impatiently
hän alkoi edetä nopeasti ja kärsimättömästi
he was no longer going home
hän ei enää lähtenyt kotiin
he was no longer going to his father
hän ei enää mennyt isänsä luo

Part Two
Osa kaksi

***

Kamala

Siddhartha learned something new on every step of his path
Siddhartha oppi jotain uutta polkunsa jokaisella askeleella
because the world was transformed and his heart was enchanted
koska maailma muuttui ja hänen sydämensä oli lumoutunut
He saw the sun rising over the mountains
Hän näki auringon nousevan vuorten yli
and he saw the sun setting over the distant beach
ja hän näki auringon laskevan kaukaiselle rannalle
At night, he saw the stars in the sky in their fixed positions
Yöllä hän näki tähdet taivaalla kiinteissä asennoissaan
and he saw the crescent of the moon floating like a boat in the blue
ja hän näki kuun puolikuun kelluvan kuin vene sinisessä
He saw trees, stars, animals, and clouds
Hän näki puita, tähtiä, eläimiä ja pilviä
rainbows, rocks, herbs, flowers, streams and rivers
sateenkaaret, kivet, yrtit, kukat, purot ja joet
he saw the glistening dew in the bushes in the morning
hän näki aamulla kiiltävän kasteen pensaissa
he saw distant high mountains which were blue
hän näki kaukaisia korkeita vuoria, jotka olivat sinisiä
wind blew through the rice-field
tuuli puhalsi riisipellon läpi
all of this, a thousand-fold and colourful, had always been there
kaikki tämä, tuhatkertainen ja värikäs, oli aina ollut siellä
the sun and the moon had always shone
aurinko ja kuu ovat aina paistaneet

rivers had always roared and bees had always buzzed
joet olivat aina kohiseneet ja mehiläiset olivat aina suriseneet
but in former times all of this had been a deceptive veil
mutta entisinä aikoina tämä kaikki oli ollut petollinen verho
to him it had been nothing more than fleeting
hänelle se ei ollut muuta kuin ohikiitävää
it was supposed to be looked upon in distrust
sitä piti katsoa epäluuloisesti
it was destined to be penetrated and destroyed by thought
ajatuksen oli määrä läpäistä ja tuhota se
since it was not the essence of existence
koska se ei ollut olemassaolon ydin
since this essence lay beyond, on the other side of, the visible
koska tämä olemus sijaitsi näkyvän tuolla puolen, toisella puolella
But now, his liberated eyes stayed on this side
Mutta nyt hänen vapautuneet silmänsä pysyivät tällä puolella
he saw and became aware of the visible
hän näki ja tuli tietoiseksi näkyvästä
he sought to be at home in this world
hän halusi olla kotonaan tässä maailmassa
he did not search for the true essence
hän ei etsinyt todellista olemusta
he did not aim at a world beyond
hän ei pyrkinyt muuhun maailmaan
this world was beautiful enough for him
tämä maailma oli tarpeeksi kaunis hänelle
looking at it like this made everything childlike
näin katsoessa kaikesta tuli lapsellista
Beautiful were the moon and the stars
Kauniita olivat kuu ja tähdet
beautiful was the stream and the banks
kaunis oli puro ja rannat
the forest and the rocks, the goat and the gold-beetle
metsä ja kalliot, vuohi ja kultakuoriainen

the flower and the butterfly; beautiful and lovely it was
kukka ja perhonen; kaunis ja ihana se oli
to walk through the world was childlike again
kävellä maailman halki oli taas lapsellista
this way he was awoken
näin hänet herätettiin
this way he was open to what is near
tällä tavalla hän oli avoin sille, mikä on lähellä
this way he was without distrust
tällä tavalla hän oli ilman epäluottamusta
differently the sun burnt the head
toisin aurinko poltti pään
differently the shade of the forest cooled him down
toisin metsän varjo viilensi häntä
differently the pumpkin and the banana tasted
Kurpitsa ja banaani maistuivat eri tavalla
Short were the days, short were the nights
Lyhyitä olivat päivät, lyhyitä yöt
every hour sped swiftly away like a sail on the sea
joka tunti kiipesi nopeasti pois kuin purje merellä
and under the sail was a ship full of treasures, full of joy
ja purjeen alla oli laiva täynnä aarteita, täynnä iloa
Siddhartha saw a group of apes moving through the high canopy
Siddhartha näki ryhmän apinoita liikkuvan korkean katoksen läpi
they were high in the branches of the trees
ne olivat korkealla puiden oksissa
and he heard their savage, greedy song
ja hän kuuli heidän julman, ahneensa laulunsa
Siddhartha saw a male sheep following a female one and mating with her
Siddhartha näki urospuolisen lampaan seuraamassa naaraspuolta ja pariuttavan tämän kanssa
In a lake of reeds, he saw the pike hungrily hunting for its dinner

Ruokojärvessä hän näki hauen nälkäisenä illallistaan metsästämässä
young fish were propelling themselves away from the pike
nuoret kalat työntyivät pois hauen luota
they were scared, wiggling and sparkling
he olivat peloissaan, heiluivat ja säkenöivät
the young fish jumped in droves out of the water
nuoret kalat hyppäsivät joukoittain vedestä
the scent of strength and passion came forcefully out of the water
voiman ja intohimon tuoksu nousi voimakkaasti vedestä
and the pike stirred up the scent
ja hauki sekoitti tuoksun
All of this had always existed
Kaikki tämä oli aina ollut olemassa
and he had not seen it, nor had he been with it
ja hän ei ollut nähnyt sitä, eikä hän ollut ollut sen kanssa
Now he was with it and he was part of it
Nyt hän oli sen kanssa ja oli osa sitä
Light and shadow ran through his eyes
Valo ja varjo kulkivat hänen silmiensä läpi
stars and moon ran through his heart
tähdet ja kuu kulkivat hänen sydämensä läpi

Siddhartha remembered everything he had experienced in the Garden Jetavana
Siddhartha muisti kaiken, mitä hän oli kokenut Garden Jetavanassa
he remembered the teaching he had heard there from the divine Buddha
hän muisti opetuksen, jonka hän oli kuullut siellä jumalalliselta Buddhalta
he remembered the farewell from Govinda
hän muisti jäähyväiset Govindasta
he remembered the conversation with the exalted one
hän muisti keskustelun korotetun kanssa

Again he remembered his own words that he had spoken to the exalted one
Taas hän muisti omat sanansa, jotka hän oli puhunut korotetulle
he remembered every word
hän muisti jokaisen sanan
he realized he had said things which he had not really known
hän tajusi sanoneensa asioita, joita hän ei ollut oikeastaan tiennyt
he astonished himself with what he had said to Gotama
hän hämmästyi siitä, mitä hän oli sanonut Gotamalle
the Buddha's treasure and secret was not the teachings
Buddhan aarre ja salaisuus eivät olleet opetukset
but the secret was the inexpressible and not teachable
mutta salaisuus oli sanoinkuvaamaton eikä opetettava
the secret which he had experienced in the hour of his enlightenment
salaisuus, jonka hän oli kokenut valaistumisensa hetkellä
the secret was nothing but this very thing which he had now gone to experience
salaisuus ei ollut muuta kuin tämä, jonka hän oli nyt mennyt kokemaan
the secret was what he now began to experience
salaisuus oli se, mitä hän nyt alkoi kokea
Now he had to experience his self
Nyt hänen täytyi kokea oma itsensä
he had already known for a long time that his self was Atman
hän oli tiennyt jo pitkään, että hänen itsensä oli Atman
he knew Atman bore the same eternal characteristics as Brahman
hän tiesi, että Atman kantoi samoja ikuisia ominaisuuksia kuin Brahman
But he had never really found this self
Mutta hän ei ollut koskaan löytänyt tätä itseään

because he had wanted to capture the self in the net of thought
koska hän oli halunnut vangita itsensä ajatusverkkoon
but the body was not part of the self
mutta ruumis ei ollut osa itseä
it was not the spectacle of the senses
se ei ollut aistien spektaakkeli
so it also was not the thought, nor the rational mind
joten se ei myöskään ollut ajatus eikä rationaalinen mieli
it was not the learned wisdom, nor the learned ability
se ei ollut opittua viisautta eikä opittua kykyä
from these things no conclusions could be drawn
näistä asioista ei voi vetää johtopäätöksiä
No, the world of thought was also still on this side
Ei, ajatusmaailma oli myös edelleen tällä puolella
Both, the thoughts as well as the senses, were pretty things
Sekä ajatukset että aistit olivat kauniita asioita
but the ultimate meaning was hidden behind both of them
mutta perimmäinen merkitys piiloutui molempien taakse
both had to be listened to and played with
molempia piti kuunnella ja pelata
neither had to be scorned nor overestimated
ei tarvinnut halveksia eikä yliarvioida
there were secret voices of the innermost truth
sisimmän totuuden salaisia ääniä kuului
these voices had to be attentively perceived
nämä äänet piti havaita tarkasti
He wanted to strive for nothing else
Hän halusi pyrkiä mihinkään muuhun
he would do what the voice commanded him to do
hän tekisi sen, mitä ääni käski hänen tehdä
he would dwell where the voices advised him to
hän asuisi siellä, missä äänet neuvoivat häntä
Why had Gotama sat down under the Bodhi tree?
Miksi Gotama oli istuutunut Bodhi-puun alle?
He had heard a voice in his own heart

Hän oli kuullut äänen omassa sydämessään
a voice which had commanded him to seek rest under this tree
ääni, joka oli käskenyt häntä etsimään lepoa tämän puun alla
he could have gone on to make offerings
hän olisi voinut jatkaa tarjousten tekemistä
he could have performed his ablutions
hän olisi voinut suorittaa peseytymisensä
he could have spent that moment in prayer
hän olisi voinut viettää sen hetken rukouksessa
he had chosen not to eat or drink
hän oli päättänyt olla syömättä tai juomatta
he had chosen not to sleep or dream
hän oli päättänyt olla nukkumatta tai untamatta
instead, he had obeyed the voice
sen sijaan hän oli totellut ääntä
To obey like this was good
Oli hyvä totella näin
it was good not to obey to an external command
oli hyvä olla tottelematta ulkoista käskyä
it was good to obey only the voice
oli hyvä totella vain ääntä
to be ready like this was good and necessary
Valmistautuminen näin oli hyvä ja tarpeellista
there was nothing else that was necessary
mitään muuta ei tarvinnut

in the night Siddhartha got to a river
yöllä Siddhartha pääsi joelle
he slept in the straw hut of a ferryman
hän nukkui lauttamiehen olkimajassa
this night Siddhartha had a dream
tänä yönä Siddhartha näki unta
Govinda was standing in front of him
Govinda seisoi hänen edessään
he was dressed in the yellow robe of an ascetic

hän oli pukeutunut askeetin keltaiseen kaapuun
Sad was how Govinda looked
Govinda näytti surulliselta
sadly he asked, "Why have you forsaken me?"
surullisena hän kysyi: "Miksi olet hylännyt minut?"
Siddhartha embraced Govinda, and wrapped his arms around him
Siddhartha syleili Govindaa ja kietoi kätensä hänen ympärilleen
he pulled him close to his chest and kissed him
hän veti hänet lähelle rintaansa ja suuteli häntä
but it was not Govinda anymore, but a woman
mutta se ei ollut enää Govinda, vaan nainen
a full breast popped out of the woman's dress
naisen mekosta ponnahti täysi rinta
Siddhartha lay and drank from the breast
Siddhartha makasi ja joi rinnasta
sweetly and strongly tasted the milk from this breast
maistui makeasti ja voimakkaasti tämän rinnan maitoa
It tasted of woman and man
Se maistui naiselta ja mieheltä
it tasted of sun and forest
se maistui auringolta ja metsältä
it tasted of animal and flower
se maistui eläimeltä ja kukalta
it tasted of every fruit and every joyful desire
se maistui jokaisesta hedelmästä ja jokaisesta iloisesta halusta
It intoxicated him and rendered him unconscious
Se päihtyi ja teki hänet tajuttomaksi
Siddhartha woke up from the dream
Siddhartha heräsi unesta
the pale river shimmered through the door of the hut
vaalea joki välähti kotan ovesta
a dark call of an owl resounded deeply through the forest
pöllön synkkä kutsu kaikui syvästi metsän läpi
Siddhartha asked the ferryman to get him across the river

Siddhartha pyysi lauttamiestä saamaan hänet joen yli
The ferryman got him across the river on his bamboo-raft
Lauttaja sai hänet joen yli bambulautallaan
the water shimmered reddish in the light of the morning
vesi kimmelsi punertavana aamun valossa
"This is a beautiful river," he said to his companion
"Tämä on kaunis joki", hän sanoi toverilleen
"Yes," said the ferryman, "a very beautiful river"
"Kyllä", sanoi lauttamies, "erittäin kaunis joki"
"I love it more than anything"
"Rakastan sitä enemmän kuin mitään"
"Often I have listened to it"
"Olen usein kuunnellut sitä"
"often I have looked into its eyes"
"usein olen katsonut sen silmiin"
"and I have always learned from it"
"ja olen aina oppinut siitä"
"Much can be learned from a river"
"Josta voi oppia paljon"
"I thank you, my benefactor" spoke Siddhartha
"Kiitän sinua, hyväntekijäni", sanoi Siddhartha
he disembarked on the other side of the river
hän laskeutui maihin joen toisella puolella
"I have no gift I could give you for your hospitality, my dear"
"Minulla ei ole lahjaa, jonka voisin antaa sinulle vieraanvaraisuudestasi, kultaseni"
"and I also have no payment for your work"
"ja minulla ei myöskään ole palkkaa työstäsi"
"I am a man without a home"
"Olen mies vailla kotia"
"I am the son of a Brahman and a Samana"
"Olen Brahmanin ja Samanan poika"
"I did see it," spoke the ferryman
"Minä näin sen", sanoi lauttamies
"I did not expect any payment from you"

"En odottanut sinulta mitään maksua"
"it is custom for guests to bear a gift"
"vierailla on tapana tuoda lahja"
"but I did not expect this from you either"
"mutta en odottanut tätäkään sinulta"
"You will give me the gift another time"
"Annat minulle lahjan toisen kerran"
"Do you think so?" asked Siddhartha, bemusedly
"Luuletko niin?" kysyi Siddhartha hämmentyneenä
"I am sure of it," replied the ferryman
"Olen siitä varma", vastasi lauttamies
"This too, I have learned from the river"
"Tämänkin olen oppinut joesta"
"everything that goes comes back!"
"Kaikki mikä menee, tulee takaisin!"
"You too, Samana, will come back"
"Sinäkin, Samana, tulet takaisin"
"Now farewell! Let your friendship be my reward"
"Nyt hyvästi! Olkoon ystävyytesi palkintoni"
"Commemorate me, when you make offerings to the gods"
"Muista minua, kun uhraat jumalille"
Smiling, they parted from each other
Hymyillen he erosivat toisistaan
Smiling, Siddhartha was happy about the friendship
Hymyilevä Siddhartha oli iloinen ystävyydestä
and he was happy about the kindness of the ferryman
ja hän oli iloinen lauttamiehen ystävällisyydestä
"He is like Govinda," he thought with a smile
"Hän on kuin Govinda", hän ajatteli hymyillen
"all I meet on my path are like Govinda"
"kaikki mitä tapaan polullani, ovat kuin Govinda"
"All are thankful for what they have"
"Kaikki ovat kiitollisia siitä, mitä heillä on"
"but they are the ones who would have a right to receive thanks"
"mutta heillä olisi oikeus saada kiitos"

"all are submissive and would like to be friends"
"kaikki ovat alistuvia ja haluaisivat olla ystäviä"
"all like to obey and think little"
"kaikki haluavat totella ja ajatella vähän"
"all people are like children"
"kaikki ihmiset ovat kuin lapsia"

At about noon, he came through a village
Puolenpäivän aikaan hän tuli kylän läpi
In front of the mud cottages, children were rolling about in the street
Savimökkien edessä lapset kiertelevät kadulla
they were playing with pumpkin-seeds and sea-shells
he leikkivät kurpitsansiemenillä ja simpukoilla
they screamed and wrestled with each other
he huusivat ja painivat keskenään
but they all timidly fled from the unknown Samana
mutta he kaikki pakenivat arasti tuntematonta Samanaa
In the end of the village, the path led through a stream
Kylän päässä polku johti puron läpi
by the side of the stream, a young woman was kneeling
virran rannalla nuori nainen polvistui
she was washing clothes in the stream
hän pesi vaatteita purossa
When Siddhartha greeted her, she lifted her head
Kun Siddhartha tervehti häntä, hän nosti päänsä
and she looked up to him with a smile
ja hän katsoi häntä hymyillen
he could see the white in her eyes glistening
hän näki valkoisen hänen silmissään kiiltävän
He called out a blessing to her
Hän huusi hänelle siunausta
this was the custom among travellers
tämä oli tapana matkustajien keskuudessa
and he asked how far it was to the large city
ja hän kysyi, kuinka kaukana se on suureen kaupunkiin

Then she got up and came to him
Sitten hän nousi ja tuli hänen luokseen
beautifully her wet mouth was shimmering in her young face
kauniisti hänen märkä suunsa kimmelsi hänen nuorillaan kasvoillaan
She exchanged humorous banter with him
Hän vaihtoi huumorintajua hänen kanssaan
she asked whether he had eaten already
hän kysyi, oliko hän jo syönyt
and she asked curious questions
ja hän esitti mielenkiintoisia kysymyksiä
"is it true that the Samanas slept alone in the forest at night?"
"Onko totta, että Samanat nukkuivat yksin metsässä yöllä?"
"is it true Samanas are not allowed to have women with them"
"Onko totta, että Samanat eivät saa pitää naisia kanssaan"
While talking, she put her left foot on his right one
Puhuessaan hän laittoi vasemman jalkansa tämän oikealle
the movement of a woman who would want to initiate sexual pleasure
naisen liikettä, joka haluaa aloittaa seksuaalisen nautinnon
the textbooks call this "climbing a tree"
oppikirjat kutsuvat tätä "puuhun kiipeämiseksi"
Siddhartha felt his blood heating up
Siddhartha tunsi verensä lämpenevän
he had to think of his dream again
hänen täytyi ajatella unelmaansa uudelleen
he bend slightly down to the woman
hän kumartui hieman naista kohti
and he kissed with his lips the brown nipple of her breast
ja hän suuteli huulillaan hänen rinnansa ruskeaa nänniä
Looking up, he saw her face smiling
Katsoessaan ylös hän näki hänen kasvonsa hymyilevän
and her eyes were full of lust
ja hänen silmänsä olivat täynnä himoa

Siddhartha also felt desire for her
Siddhartha tunsi myös halua häntä kohtaan
he felt the source of his sexuality moving
hän tunsi seksuaalisuutensa lähteen liikkuvan
but he had never touched a woman before
mutta hän ei ollut koskaan ennen koskenut naiseen
so he hesitated for a moment
joten hän epäröi hetken
his hands were already prepared to reach out for her
hänen kätensä olivat jo valmiit ojentamaan häntä kohti
but then he heard the voice of his innermost self
mutta sitten hän kuuli sisimmän itsensä äänen
he shuddered with awe at his voice
hän vapisi kunnioituksesta äänestään
and this voice told him no
ja tämä ääni sanoi hänelle ei
all charms disappeared from the young woman's smiling face
kaikki viehätys katosi nuoren naisen hymyileviltä kasvoilta
he no longer saw anything else but a damp glance
hän ei nähnyt enää mitään muuta kuin kostean katseen
all he could see was female animal in heat
hän näki vain naaraseläimen kuumuudessa
Politely, he petted her cheek
Hän silitti kohteliaasti hänen poskeaan
he turned away from her and disappeared away
hän kääntyi pois hänestä ja katosi pois
he left from the disappointed woman with light steps
hän lähti pettyneen naisen luota kevyin askelin
and he disappeared into the bamboo-wood
ja hän katosi bambupuuhun

he reached the large city before the evening
hän saapui suureen kaupunkiin ennen iltaa
and he was happy to have reached the city
ja hän oli iloinen päästessään kaupunkiin

because he felt the need to be among people
koska hän tunsi tarvetta olla ihmisten keskellä
or a long time, he had lived in the forests
tai kauan, hän oli asunut metsissä
for first time in a long time he slept under a roof
ensimmäistä kertaa pitkään aikaan hän nukkui katon alla
Before the city was a beautifully fenced garden
Ennen kaupunkia oli kauniisti aidattu puutarha
the traveller came across a small group of servants
matkustaja kohtasi pienen ryhmän palvelijoita
the servants were carrying baskets of fruit
palvelijat kantoivat hedelmäkoreja
four servants were carrying an ornamental sedan-chair
neljä palvelijaa kantoi koristeellista sedan-tuolia
on this chair sat a woman, the mistress
tällä tuolilla istui nainen, emäntä
she was on red pillows under a colourful canopy
hän oli punaisilla tyynyillä värikkään katoksen alla
Siddhartha stopped at the entrance to the pleasure-garden
Siddhartha pysähtyi huvipuutarhan sisäänkäynnille
and he watched the parade go by
ja hän katseli paraatia
he saw saw the servants and the maids
hän näki näkevän palvelijat ja piiat
he saw the baskets and the sedan-chair
hän näki korit ja sedan-tuolin
and he saw the lady on the chair
ja hän näki naisen tuolilla
Under her black hair he saw a very delicate face
Hänen mustien hiustensa alla hän näki hyvin herkät kasvot
a bright red mouth, like a freshly cracked fig
kirkkaan punainen suu, kuin juuri halkeileva viikuna
eyebrows which were well tended and painted in a high arch
kulmakarvat, jotka olivat hyvin hoidetut ja maalattu korkeaan kaariin

they were smart and watchful dark eyes
he olivat älykkäitä ja valppaita tummat silmät
a clear, tall neck rose from a green and golden garment
kirkas, korkea kaula nousi vihreästä ja kultaisesta vaatteesta
her hands were resting, long and thin
hänen kätensä lepäävät, pitkiä ja ohuita
she had wide golden bracelets over her wrists
hänellä oli leveät kultaiset rannekorut ranteissaan
Siddhartha saw how beautiful she was, and his heart rejoiced
Siddhartha näki kuinka kaunis hän oli, ja hänen sydämensä riemuitsi
He bowed deeply, when the sedan-chair came closer
Hän kumarsi syvään, kun sedan-tuoli tuli lähemmäs
straightening up again, he looked at the fair, charming face
suoriutuessaan jälleen hän katsoi kauniita, hurmaavia kasvoja
he read her smart eyes with the high arcs
hän luki hänen älykkäistä silmistään korkeilla kaarilla
he breathed in a fragrance of something he did not know
hän hengitti sisään jotain, mitä hän ei tiennyt
With a smile, the beautiful woman nodded for a moment
Hymyillen kaunis nainen nyökkäsi hetken
then she disappeared into the garden
sitten hän katosi puutarhaan
and then the servants disappeared as well
ja sitten myös palvelijat katosivat
"I am entering this city with a charming omen" Siddhartha thought
"Tulen tähän kaupunkiin viehättävällä enteellä", Siddhartha ajatteli
He instantly felt drawn into the garden
Hän tunsi heti vetonsa puutarhaan
but he thought about his situation
mutta hän ajatteli tilannettaan
he became aware of how the servants and maids had looked at him

hän huomasi, kuinka palvelijat ja piiat olivat katsoneet häntä
they thought him despicable, distrustful, and rejected him
he pitivät häntä halveksittavana, epäluuloisena ja hylkäsivät hänet
"I am still a Samana" he thought
"Olen edelleen Samana", hän ajatteli
"I am still an ascetic and beggar"
"Olen edelleen askeettinen ja kerjäläinen"
"I must not remain like this"
"En saa jäädä tällaiseksi"
"I will not be able to enter the garden like this," he laughed
"En pääse puutarhaan tällä tavalla", hän nauroi
he asked the next person who came along the path about the garden
hän kysyi seuraavalta polkua pitkin tulleelta henkilöltä puutarhasta
and he asked for the name of the woman
ja hän kysyi naisen nimeä
he was told that this was the garden of Kamala, the famous courtesan
hänelle kerrottiin, että tämä oli Kamalan, kuuluisan kurtisaanin, puutarha
and he was told that she also owned a house in the city
ja hänelle kerrottiin, että hänellä oli myös talo kaupungissa
Then, he entered the city with a goal
Sitten hän saapui kaupunkiin maalin kanssa
Pursuing his goal, he allowed the city to suck him in
Tavoitteensa saavuttamiseksi hän antoi kaupungin imeä itsensä sisään
he drifted through the flow of the streets
hän ajautui katujen virtauksen läpi
he stood still on the squares in the city
hän seisoi paikallaan kaupungin aukioilla
he rested on the stairs of stone by the river
hän lepäsi joen rannalla olevilla kiviportailla

When the evening came, he made friends with a barber's assistant
Illan tullessa hän ystävystyi parturiapulaisen kanssa
he had seen him working in the shade of an arch
hän oli nähnyt hänen työskentelevän kaaren varjossa
and he found him again praying in a temple of Vishnu
ja hän löysi hänet jälleen rukoilemasta Vishnun temppelistä
he told about stories of Vishnu and the Lakshmi
hän kertoi tarinoista Vishnusta ja Lakshmista
Among the boats by the river, he slept this night
Hän nukkui tämän yön veneiden joukossa joen rannalla
Siddhartha came to him before the first customers came into his shop
Siddhartha tuli hänen luokseen ennen kuin ensimmäiset asiakkaat tulivat hänen kauppaansa
he had the barber's assistant shave his beard and cut his hair
hän pyysi parturia ajelemaan partansa ja leikkaamaan hiuksensa
he combed his hair and anointed it with fine oil
hän kampa hiuksensa ja voiteli ne hienolla öljyllä
Then he went to take his bath in the river
Sitten hän meni kylpemään jokeen

late in the afternoon, beautiful Kamala approached her garden
myöhään iltapäivällä kaunis Kamala lähestyi puutarhaansa
Siddhartha was standing at the entrance again
Siddhartha seisoi jälleen sisäänkäynnillä
he made a bow and received the courtesan's greeting
hän kumarsi ja vastaanotti kurtisaanin tervehdyksen
he got the attention of one of the servant
hän sai yhden palvelijan huomion
he asked him to inform his mistress
hän pyysi häntä ilmoittamaan emännälleen
"a young Brahman wishes to talk to her"
"nuori brahman haluaa puhua hänelle"

After a while, the servant returned
Hetken kuluttua palvelija palasi
the servant asked Siddhartha to follow him
palvelija pyysi Siddhartaa seuraamaan häntä
Siddhartha followed the servant into a pavilion
Siddhartha seurasi palvelijaa paviljonkiin
here Kamala was lying on a couch
täällä Kamala makasi sohvalla
and the servant left him alone with her
ja palvelija jätti hänet yksin hänen kanssaan
"Weren't you also standing out there yesterday, greeting me?" asked Kamala
"Etkö sinäkin seisonut siellä eilen tervehtimässä minua?" kysyi Kamala
"It's true that I've already seen and greeted you yesterday"
"On totta, että olen jo nähnyt ja tervehtinyt sinua eilen"
"But didn't you yesterday wear a beard, and long hair?"
"Mutta etkö sinulla ollut eilen parta ja pitkät hiukset?"
"and was there not dust in your hair?"
"ja eikö hiuksissasi ollut pölyä?"
"You have observed well, you have seen everything"
"Olet nähnyt hyvin, olet nähnyt kaiken"
"You have seen Siddhartha, the son of a Brahman"
"Olet nähnyt Siddharthan, Brahmanin pojan"
"the Brahman who has left his home to become a Samana"
"Brahman, joka on jättänyt kotinsa tullakseen Samanaksi"
"the Brahman who has been a Samana for three years"
"Brahman, joka on ollut Samana kolme vuotta"
"But now, I have left that path and came into this city"
"Mutta nyt olen jättänyt sen polun ja tullut tähän kaupunkiin"
"and the first one I met, even before I had entered the city, was you"
"Ja ensimmäinen jonka tapasin, jo ennen kuin olin tullut kaupunkiin, olit sinä"
"To say this, I have come to you, oh Kamala!"
"Sanoakseni tämän, olen tullut luoksesi, oi Kamala!"

"before, Siddhartha addressed all woman with his eyes to the ground"
"Aiemmin Siddhartha puhutteli kaikkia naisia silmät maahan"
"You are the first woman whom I address otherwise"
"Olet ensimmäinen nainen, jota puhun muuten"
"Never again do I want to turn my eyes to the ground"
"En koskaan enää halua kääntää silmiäni maahan"
"I won't turn when I'm coming across a beautiful woman"
"En käänny, kun kohtaan kauniin naisen"
Kamala smiled and played with her fan of peacocks' feathers
Kamala hymyili ja leikki riikinkukkojen höyhenfaninsa kanssa
"And only to tell me this, Siddhartha has come to me?"
"Ja vain kertoakseen minulle tämän, Siddhartha on tullut luokseni?"
"To tell you this and to thank you for being so beautiful"
"Kerro sinulle tämä ja kiittää sinua siitä, että olet niin kaunis"
"I would like to ask you to be my friend and teacher"
"Haluaisin pyytää sinua olemaan ystäväni ja opettajani"
"for I know nothing yet of that art which you have mastered"
"Sillä minä en tiedä vielä mitään siitä taidosta, jonka olet hallinnut"
At this, Kamala laughed aloud
Tälle Kamala nauroi ääneen
"Never before this has happened to me, my friend"
"Tällaista ei ole koskaan ennen tapahtunut minulle, ystäväni"
"a Samana from the forest came to me and wanted to learn from me!"
"Samana metsästä tuli luokseni ja halusi oppia minulta!"
"Never before this has happened to me"
"Tällaista ei ole koskaan ennen tapahtunut minulle"
"a Samana came to me with long hair and an old, torn loincloth!"
"Samana tuli luokseni pitkät hiukset ja vanha, repeytynyt lanneliina!"
"Many young men come to me"

"Monet nuoret miehet tulevat luokseni"
"and there are also sons of Brahmans among them"
"ja heidän joukossaan on myös Brahmanien poikia"
"but they come in beautiful clothes"
"mutta he tulevat kauniissa vaatteissa"
"they come in fine shoes"
"he tulevat hienoissa kengissä"
"they have perfume in their hair
"heillä on hajuvettä hiuksissaan"
"and they have money in their pouches"
"ja heillä on rahaa pusseissaan"
"This is how the young men are like, who come to me"
"Tällaisia ovat nuoret miehet, jotka tulevat luokseni"
Spoke Siddhartha, "Already I am starting to learn from you"
Siddhartha puhui: "Olen jo alkanut oppia sinulta"
"Even yesterday, I was already learning"
"Jo eilen opin jo"
"I have already taken off my beard"
"Olen jo ottanut parran pois"
"I have combed the hair"
"Olen kampannut hiukset"
"and I have oil in my hair"
"ja minulla on öljyä hiuksissani"
"There is little which is still missing in me"
"Minusta puuttuu vielä vähän"
"oh excellent one, fine clothes, fine shoes, money in my pouch"
"Oi erinomainen, hienoja vaatteita, hienoja kenkiä, rahaa pussissani"
"You shall know Siddhartha has set harder goals for himself"
"Tiedäthän, että Siddhartha on asettanut itselleen kovempia tavoitteita"
"and he has reached these goals"
"ja hän on saavuttanut nämä tavoitteet"
"How shouldn't I reach that goal?"

"Miten en saavuttaisi tuota tavoitetta?"
"the goal which I have set for myself yesterday"
"tavoite, jonka asetin itselleni eilen"
"to be your friend and to learn the joys of love from you"
"olla ystäväsi ja oppia rakkauden ilot sinulta"
"You'll see that I'll learn quickly, Kamala"
"Näet, että opin nopeasti, Kamala"
"I have already learned harder things than what you're supposed to teach me"
"Olen jo oppinut vaikeampia asioita kuin mitä sinun pitäisi opettaa minulle"
"And now let's get to it"
"Ja nyt mennään asiaan"
"You aren't satisfied with Siddhartha as he is?"
"Etkö ole tyytyväinen Siddharthaan sellaisena kuin hän on?"
"with oil in his hair, but without clothes"
"öljyä hiuksissaan, mutta ilman vaatteita"
"Siddhartha without shoes, without money"
"Siddhartha ilman kenkiä, ilman rahaa"
Laughing, Kamala exclaimed, "No, my dear"
Kamala huudahti nauraen: "Ei, kultaseni"
"he doesn't satisfy me, yet"
"hän ei tyydytä minua vielä"
"Clothes are what he must have"
"Vaatteet ovat mitä hänellä täytyy olla"
"pretty clothes, and shoes is what he needs"
"kauniita vaatteita ja kengät ovat mitä hän tarvitsee"
"pretty shoes, and lots of money in his pouch"
"kauniit kengät ja paljon rahaa pussissaan"
"and he must have gifts for Kamala"
"ja hänellä täytyy olla lahjoja Kamalalle"
"Do you know it now, Samana from the forest?"
"Tiedätkö sen nyt, Samana metsästä?"
"Did you mark my words?"
"merkitsitkö sanani?"
"Yes, I have marked your words," Siddhartha exclaimed

"Kyllä, olen merkinnyt sanasi", Siddhartha huudahti
"How should I not mark words which are coming from such a mouth!"
"Kuinka en merkitse sanoja, jotka tulevat sellaisesta suusta!"
"Your mouth is like a freshly cracked fig, Kamala"
"Suusi on kuin vasta murtunut viikuna, Kamala"
"My mouth is red and fresh as well"
"Suuni on myös punainen ja raikas"
"it will be a suitable match for yours, you'll see"
"Se on sinulle sopiva ottelu, saat nähdä"
"But tell me, beautiful Kamala"
"Mutta kerro minulle, kaunis Kamala"
"aren't you at all afraid of the Samana from the forest""
"Etkö pelkää ollenkaan Samanaa metsästä""
"the Samana who has come to learn how to make love"
"Samana, joka on tullut oppimaan rakastelemaan"
"Whatever for should I be afraid of a Samana?"
"Miksi minun pitäisi pelätä Samanaa?"
"a stupid Samana from the forest"
"tyhmä Samana metsästä"
"a Samana who is coming from the jackals"
"Samana, joka tulee sakaaleista"
"a Samana who doesn't even know yet what women are?"
"Samana, joka ei vielä edes tiedä mitä naiset ovat?"
"Oh, he's strong, the Samana"
"Voi, hän on vahva, Samana"
"and he isn't afraid of anything"
"eikä hän pelkää mitään"
"He could force you, beautiful girl"
"Hän voisi pakottaa sinut, kaunis tyttö"
"He could kidnap you and hurt you"
"Hän voisi siepata sinut ja satuttaa sinua"
"No, Samana, I am not afraid of this"
"Ei, Samana, en pelkää tätä"
"Did any Samana or Brahman ever fear someone might come and grab him?"

"Pelkäsikö kukaan Samana tai Brahman koskaan, että joku tulisi ja nappaisi hänet?"
"could he fear someone steals his learning?
"Voiko hän pelätä, että joku varastaa hänen oppinsa?
"could anyone take his religious devotion"
"Voisiko joku ottaa hänen uskonnollisen omistautumisensa"
"is it possible to take his depth of thought?
"Onko mahdollista ottaa hänen ajatuksensa syvyys?
"No, because these things are his very own"
"Ei, koska nämä asiat ovat hänen omiaan"
"he would only give away the knowledge he is willing to give"
"hän antaisi vain sen tiedon, jonka hän on valmis antamaan"
"he would only give to those he is willing to give to"
"Hän antaisi vain niille, joille on valmis antamaan"
"precisely like this it is also with Kamala"
"täsmälleen näin se on myös Kamalan kanssa"
"and it is the same way with the pleasures of love"
"ja se on samoin rakkauden nautintojen kanssa"
"Beautiful and red is Kamala's mouth," answered Siddhartha
"Kaunis ja punainen on Kamalan suu", vastasi Siddhartha
"but don't try to kiss it against Kamala's will"
"mutta älä yritä suudella sitä vastoin Kamalan tahtoa"
"because you will not obtain a single drop of sweetness from it"
"koska et saa siitä pisaraakaan makeutta"
"You are learning easily, Siddhartha"
"Opit helposti, Siddhartha"
"you should also learn this"
"sinun pitäisi myös opetella tämä"
"love can be obtained by begging, buying"
"rakkauden voi saada kerjäämällä, ostamalla"
"you can receive it as a gift"
"voit saada sen lahjaksi"
"or you can find it in the street"
"tai löydät sen kadulta"

"**but love cannot be stolen**"
"mutta rakkautta ei voi varastaa"
"**In this, you have come up with the wrong path**"
"Tässä olet löytänyt väärän tien"
"**it would be a pity if you would want to tackle love in such a wrong manner**"
"Olisi sääli, jos haluat käsitellä rakkautta niin väärällä tavalla"
Siddhartha bowed with a smile
Siddhartha kumarsi hymyillen
"**It would be a pity, Kamala, you are so right**"
"Olisi sääli, Kamala, olet niin oikeassa"
"**It would be such a great pity**"
"Se olisi todella sääli"
"**No, I shall not lose a single drop of sweetness from your mouth**"
"Ei, en menetä pisaraakaan makeutta suustasi"
"**nor shall you lose sweetness from my mouth**"
"etkä sinä menetä makeutta suustani"
"**So it is agreed. Siddhartha will return**"
"Niin on sovittu. Siddhartha palaa"
"**Siddhartha will return once he has what he still lacks**"
"Siddhartha palaa, kun hänellä on se, mitä häneltä vielä puuttuu"
"**he will come back with clothes, shoes, and money**"
"hän tulee takaisin vaatteiden, kenkien ja rahan kanssa"
"**But speak, lovely Kamala, couldn't you still give me one small advice?**"
"Mutta puhu, ihana Kamala, etkö voisi silti antaa minulle pienen neuvon?"
"**Give you an advice? Why not?**"
"Annako neuvoa? Miksi ei?"
"**Who wouldn't like to give advice to a poor, ignorant Samana?**"
"Kuka ei haluaisi neuvoa köyhää, tietämätöntä Samanaa?"
"**Dear Kamala, where I should go to find these three things most quickly?**"

"Rakas Kamala, minne minun pitäisi mennä löytääkseni nämä kolme asiaa nopeimmin?"
"Friend, many would like to know this"
"Ystävä, monet haluaisivat tietää tämän"
"You must do what you've learned and ask for money"
"Sinun täytyy tehdä mitä olet oppinut ja pyytää rahaa"
"There is no other way for a poor man to obtain money"
"Köyhällä ei ole muuta tapaa saada rahaa"
"What might you be able to do?"
"Mitä sinä voisit tehdä?"
"I can think. I can wait. I can fast" said Siddhartha
"Voin ajatella. Voin odottaa. Voin paastota", sanoi Siddhartha
"Nothing else?" asked Kamala
"Ei muuta?" kysyi Kamala
"yes, I can also write poetry"
"Kyllä, osaan myös kirjoittaa runoja"
"Would you like to give me a kiss for a poem?"
"Haluaisitko antaa minulle suukon runon takia?"
"I would like to, if I like your poem"
"Haluaisin, jos pidän runostasi"
"What would be its title?"
"Mikä olisi sen otsikko?"
Siddhartha spoke, after he had thought about it for a moment
Siddhartha puhui, kun hän oli miettinyt sitä hetken
"Into her shady garden stepped the pretty Kamala"
"Hänen varjoisaan puutarhaansa astui kaunis Kamala"
"At the garden's entrance stood the brown Samana"
"Puutarhan sisäänkäynnillä seisoi ruskea Samana"
"Deeply, seeing the lotus's blossom, Bowed that man"
"Syvästi, nähdessäni lootuksen kukinnan, kumarruin tuon miehen"
"and smiling, Kamala thanked him"
"ja hymyillen Kamala kiitti häntä"
"More lovely, thought the young man, than offerings for gods"

"Ihan ihanampaa, ajatteli nuori mies, kuin lahjoja jumalille"
Kamala clapped her hands so loud that the golden bracelets clanged
Kamala taputti käsiään niin äänekkäästi, että kultaiset rannekorut kolisevat
"Beautiful are your verses, oh brown Samana"
"Kauniita ovat säkeesi, oi ruskea Samana"
"and truly, I'm losing nothing when I'm giving you a kiss for them"
"ja todellakin, en menetä mitään, kun annan sinulle suukon heidän puolestaan"
She beckoned him with her eyes
Hän viittoi häntä silmillään
he tilted his head so that his face touched hers
hän kallisti päätään niin, että hänen kasvonsa koskettivat hänen kasvojaan
and he placed his mouth on her mouth
ja hän pani suunsa hänen suulleen
the mouth which was like a freshly cracked fig
suu, joka oli kuin juuri murtunut viikuna
For a long time, Kamala kissed him
Kamala suuteli häntä pitkään
and with a deep astonishment Siddhartha felt how she taught him
ja syvästi hämmästyneenä Siddhartha tunsi kuinka hän opetti häntä
he felt how wise she was
hän tunsi kuinka viisas hän oli
he felt how she controlled him
hän tunsi kuinka hän hallitsi häntä
he felt how she rejected him
hän tunsi kuinka hän hylkäsi hänet
he felt how she lured him
hän tunsi kuinka hän houkutteli häntä
and he felt how there were to be more kisses
ja hän tunsi, kuinka suudelmia pitäisi olla enemmän

every kiss was different from the others
jokainen suudelma oli erilainen kuin muut
he was still, when he received the kisses
hän oli hiljaa, kun hän sai suudelmat
Breathing deeply, he remained standing where he was
Hän hengitti syvään ja pysyi paikallaan
he was astonished like a child about the things worth learning
hän oli hämmästynyt kuin lapsi oppimisen arvoisista asioista
the knowledge revealed itself before his eyes
tieto paljastui hänen silmiensä edessä
"Very beautiful are your verses" exclaimed Kamala
"Erittäin kauniita ovat säkeesi", huudahti Kamala
"if I were rich, I would give you pieces of gold for them"
"Jos olisin rikas, antaisin sinulle kultaa heidän puolestaan"
"But it will be difficult for you to earn enough money with verses"
"Mutta sinun on vaikea ansaita tarpeeksi rahaa säkeillä"
"because you need a lot of money, if you want to be Kamala's friend"
"koska tarvitset paljon rahaa, jos haluat olla Kamalan ystävä"
"The way you're able to kiss, Kamala!" stammered Siddhartha
"Tapa, jolla osaat suudella, Kamala!" änkytti Siddhartha
"Yes, this I am able to do"
"Kyllä, tähän pystyn"
"therefore I do not lack clothes, shoes, bracelets"
"Siksi minulta ei puutu vaatteita, kenkiä, rannekoruja"
"I have all the beautiful things"
"Minulla on kaikki kauniit asiat"
"But what will become of you?"
"Mutta mitä sinusta tulee?"
"Aren't you able to do anything else?"
"Etkö osaa tehdä muuta?"
"can you do more than think, fast, and make poetry?"

"Voitko tehdä muutakin kuin ajatella, paastota ja tehdä runoutta?"
"I also know the sacrificial songs" said Siddhartha
"Tiedän myös uhrilaulut", sanoi Siddhartha
"but I do not want to sing those songs anymore"
"mutta en halua laulaa niitä lauluja enää"
"I also know how to make magic spells"
"Osaan myös tehdä taikuutta"
"but I do not want to speak them anymore"
"mutta en halua puhua heille enää"
"I have read the scriptures"
"Olen lukenut kirjoituksia"
"Stop!" Kamala interrupted him
"Stop!" Kamala keskeytti hänet
"You're able to read and write?"
"Osaatko lukea ja kirjoittaa?"
"Certainly, I can do this, many people can"
"Tottakai minä pystyn tähän, monet ihmiset voivat"
"Most people can't," Kamala replied
"Useimmat ihmiset eivät voi", Kamala vastasi
"I am also one of those who can't do it"
"Olen myös yksi niistä, jotka eivät voi tehdä sitä"
"It is very good that you're able to read and write"
"On hienoa, että osaat lukea ja kirjoittaa"
"you will also find use for the magic spells"
"löydät myös käyttöä taikaloitsuille"
In this moment, a maid came running in
Tällä hetkellä piika tuli sisään
she whispered a message into her mistress's ear
hän kuiskasi viestin emäntänsä korvaan
"There's a visitor for me" exclaimed Kamala
"Minulle on vieras", huudahti Kamala
"Hurry and get yourself away, Siddhartha"
"Pidä kiirettä ja päästä pois, Siddhartha"
"nobody may see you in here, remember this!"
"Kukaan ei ehkä näe sinua täällä, muista tämä!"

"Tomorrow, I'll see you again"
"Huomenna nähdään taas"
Kamala ordered her maid to give Siddhartha white garments
Kamala käski piikaansa antamaan Siddharthalle valkoisia vaatteita
and then Siddhartha found himself being dragged away by the maid
ja sitten Siddhartha huomasi olevansa piika vetänyt hänet pois
he was brought into a garden-house out of sight of any paths
hänet tuotiin puutarhataloon poissa polkujen näkyvistä
then he was led into the bushes of the garden
sitten hänet johdettiin puutarhan pensaisiin
he was urged to get himself out of the garden as soon as possible
häntä kehotettiin poistumaan puutarhasta mahdollisimman pian
and he was told he must not be seen
ja hänelle kerrottiin, ettei häntä saa nähdä
he did as he had been told
hän teki kuten käskettiin
he was accustomed to the forest
hän oli tottunut metsään
so he managed to get out without making a sound
joten hän onnistui pääsemään ulos ilman ääntä

he returned to the city carrying the rolled up garments under his arm
hän palasi kaupunkiin kantaen käärittyjä vaatteita kainalossaan
At the inn, where travellers stay, he positioned himself by the door
Majatalossa, jossa matkustajat yöpyvät, hän asettui oven viereen
without words he asked for food
sanomatta hän pyysi ruokaa
without a word he accepted a piece of rice-cake

sanaakaan hän otti palan riisikakkua
he thought about how he had always begged
hän ajatteli, kuinka hän oli aina kerjäänyt
"Perhaps as soon as tomorrow I will ask no one for food anymore"
"Ehkä heti huomenna en enää pyydä keneltäkään ruokaa"
Suddenly, pride flared up in him
Yhtäkkiä hänessä syttyi ylpeys
He was no Samana any more
Hän ei ollut enää Samana
it was no longer appropriate for him to beg for food
hänen ei ollut enää sopivaa kerjätä ruokaa
he gave the rice-cake to a dog
hän antoi riisikakun koiralle
and that night he remained without food
ja sinä yönä hän jäi ilman ruokaa
Siddhartha thought to himself about the city
Siddhartha ajatteli itsekseen kaupunkia
"Simple is the life which people lead in this world"
"Yksinkertaista on ihmisten elämä tässä maailmassa"
"this life presents no difficulties"
"Tämä elämä ei tuota vaikeuksia"
"Everything was difficult and toilsome when I was a Samana"
"Kaikki oli vaikeaa ja raskasta kun olin Samana"
"as a Samana everything was hopeless"
"Samanana kaikki oli toivotonta"
"but now everything is easy"
"mutta nyt kaikki on helppoa"
"it is easy like the lesson in kissing from Kamala"
"Se on helppoa kuin suutelemisen opetus Kamalasta"
"I need clothes and money, nothing else"
"Tarvitsen vaatteita ja rahaa, ei muuta"
"these goals are small and achievable"
"nämä tavoitteet ovat pieniä ja saavutettavissa"
"such goals won't make a person lose any sleep"

"sellaiset tavoitteet eivät saa ihmistä menettämään unta"

the next day he returned to Kamala's house
seuraavana päivänä hän palasi Kamalan taloon
"Things are working out well" she called out to him
"Asiat toimivat hyvin", hän huusi hänelle
"They are expecting you at Kamaswami's"
"He odottavat sinua Kamaswamissa"
"he is the richest merchant of the city"
"hän on kaupungin rikkain kauppias"
"If he likes you, he'll accept you into his service"
"Jos hän pitää sinusta, hän hyväksyy sinut palvelukseensa"
"but you must be smart, brown Samana"
"Mutta sinun täytyy olla fiksu, ruskea Samana"
"I had others tell him about you"
"Olin muut kertoneet hänelle sinusta"
"Be polite towards him, he is very powerful"
"Ole kohtelias häntä kohtaan, hän on erittäin voimakas"
"But I warn you, don't be too modest!"
"Mutta varoitan sinua, älä ole liian vaatimaton!"
"I do not want you to become his servant"
"En halua, että sinusta tulee hänen palvelijansa"
"you shall become his equal"
"teistä tulee hänen tasavertaisiaan"
"or else I won't be satisfied with you"
"tai muuten en ole tyytyväinen sinuun"
"Kamaswami is starting to get old and lazy"
"Kamaswami alkaa olla vanha ja laiska"
"If he likes you, he'll entrust you with a lot"
"Jos hän pitää sinusta, hän uskoo sinulle paljon"
Siddhartha thanked her and laughed
Siddhartha kiitti häntä ja nauroi
she found out that he had not eaten
hän sai tietää, ettei hän ollut syönyt
so she sent him bread and fruits
niin hän lähetti hänelle leipää ja hedelmiä

"You've been lucky" she said when they parted
"Sinulla on ollut onnea", hän sanoi, kun he erosivat
"I'm opening one door after another for you"
"Avaan oven toisensa jälkeen sinulle"
"How come? Do you have a spell?"
"Miten niin? Onko sinulla loitsu?"
"I told you I knew how to think, to wait, and to fast"
"Sanoin, että osaan ajatella, odottaa ja paastota"
"but you thought this was of no use"
"mutta sinä luulit, että tästä ei ole hyötyä"
"But it is useful for many things"
"Mutta siitä on hyötyä moneen asiaan"
"Kamala, you'll see that the stupid Samanas are good at learning"
"Kamala, tulet huomaamaan, että tyhmät Samanat ovat hyviä oppimaan"
"you'll see they are able to do many pretty things in the forest"
"näet, että he osaavat tehdä monia kauniita asioita metsässä"
"things which the likes of you aren't capable of"
"asioita, joihin kaltaisesi eivät pysty"
"The day before yesterday, I was still a shaggy beggar"
"Toissapäivänä olin vielä pörröinen kerjäläinen"
"as recently as yesterday I have kissed Kamala"
"niin äskettäin kuin eilen olen suudellut Kamalaa"
"and soon I'll be a merchant and have money"
"ja pian minusta tulee kauppias ja minulla on rahaa"
"and I'll have all those things you insist upon"
"ja minulla on kaikki ne asiat, joita vaadit"
"Well yes," she admitted, "but where would you be without me?"
"No kyllä", hän myönsi, "mutta missä olisit ilman minua?"
"What would you be, if Kamala wasn't helping you?"
"Mikä sinä olisit, jos Kamala ei auttaisi sinua?"
"Dear Kamala" said Siddhartha
"Rakas Kamala", sanoi Siddhartha

and he straightened up to his full height
ja hän suoriutui täyteen korkeuteensa
"when I came to you into your garden, I did the first step"
"Kun tulin luoksesi puutarhaasi, tein ensimmäisen askeleen"
"It was my resolution to learn love from this most beautiful woman"
"Lupaukseni oli oppia rakkautta tältä kauneimmalta naiselta"
"that moment I had made this resolution"
"sillä hetkellä, kun tein tämän päätöksen"
"and I knew I would carry it out"
"ja tiesin toteuttavani sen"
"I knew that you would help me"
"Tiesin, että autat minua"
"at your first glance at the entrance of the garden I already knew it"
"Ensimmäisellä silmäykselläsi puutarhan sisäänkäynnillä tiesin sen jo"
"But what if I hadn't been willing?" asked Kamala
"Mutta entä jos en olisi ollut halukas?" kysyi Kamala
"You were willing" replied Siddhartha
"Olet halukas", vastasi Siddhartha
"When you throw a rock into water, it takes the fastest course to the bottom"
"Kun heittää kiven veteen, se kulkee nopeimmin pohjaan"
"This is how it is when Siddhartha has a goal"
"Näin se on, kun Siddharthalla on tavoite"
"Siddhartha does nothing; he waits, he thinks, he fasts"
"Siddhartha ei tee mitään; hän odottaa, hän ajattelee, hän paastoaa"
"but he passes through the things of the world like a rock through water"
"mutta hän kulkee maailman asioiden läpi kuin kallio veden läpi"
"he passed through the water without doing anything"
"hän kulki veden läpi tekemättä mitään"
"he is drawn to the bottom of the water"

"hän vetää veden pohjaan"
"he lets himself fall to the bottom of the water"
"hän antaa itsensä pudota veden pohjalle"
"His goal attracts him towards it"
"Hänen tavoitteensa houkuttelee häntä kohti sitä"
"he doesn't let anything enter his soul which might oppose the goal"
"hän ei anna sieluunsa tulla mitään, mikä voisi vastustaa tavoitetta"
"This is what Siddhartha has learned among the Samanas"
"Tämän Siddhartha on oppinut samanalaisten keskuudessa"
"This is what fools call magic"
"Tätä tyhmät kutsuvat magiaksi"
"they think it is done by daemons"
"he luulevat, että sen tekevät demonit"
"but nothing is done by daemons"
"mutta demonit eivät tee mitään"
"there are no daemons in this world"
"Tässä maailmassa ei ole demoneita"
"Everyone can perform magic, should they choose to"
"Jokainen osaa tehdä taikuutta, jos niin haluaa"
"everyone can reach his goals if he is able to think"
"Jokainen voi saavuttaa tavoitteensa, jos hän osaa ajatella"
"everyone can reach his goals if he is able to wait"
"Jokainen voi saavuttaa tavoitteensa, jos hän osaa odottaa"
"everyone can reach his goals if he is able to fast"
"Jokainen voi saavuttaa tavoitteensa, jos hän pystyy paastoamaan"
Kamala listened to him; she loved his voice
Kamala kuunteli häntä; hän rakasti hänen ääntään
she loved the look from his eyes
hän rakasti hänen katseensa
"Perhaps it is as you say, friend"
"Ehkä se on niin kuin sanot, ystäväni"
"But perhaps there is another explanation"
"Mutta ehkä on toinenkin selitys"

"Siddhartha is a handsome man"
"Siddhartha on komea mies"
"his glance pleases the women"
"hänen katseensa miellyttää naisia"
"good fortune comes towards him because of this"
"onni tulee hänelle tämän takia"
With one kiss, Siddhartha bid his farewell
Yhdellä suudelmalla Siddhartha jätti jäähyväiset
"I wish that it should be this way, my teacher"
"Toivon, että näin olisi, opettajani"
"I wish that my glance shall please you"
"Toivon, että katseeni miellyttää sinua"
"I wish that that you always bring me good fortune"
"Toivon, että tuot minulle aina onnea"

With the Childlike People
Lapsellisten ihmisten kanssa

Siddhartha went to Kamaswami the merchant
Siddhartha meni kauppias Kamaswamin luo
he was directed into a rich house
hänet ohjattiin rikkaaseen taloon
servants led him between precious carpets into a chamber
palvelijat johdattivat hänet arvokkaiden mattojen väliin kammioon
in the chamber was where he awaited the master of the house
kammiossa hän odotti talon isäntä
Kamaswami entered swiftly into the room
Kamaswami astui nopeasti huoneeseen
he was a smoothly moving man
hän oli sujuvasti liikkuva mies
he had very gray hair and very intelligent, cautious eyes
hänellä oli hyvin harmaat hiukset ja erittäin älykkäät, varovaiset silmät
and he had a greedy mouth
ja hänellä oli ahne suu
Politely, the host and the guest greeted one another
Kohteliaasti isäntä ja vieras tervehtivät toisiaan
"I have been told that you were a Brahman" the merchant began
"Minulle on kerrottu, että olet brahman", kauppias aloitti
"I have been told that you are a learned man"
"Minulle on kerrottu, että olet oppinut mies"
"and I have also been told something else"
"ja minulle on myös kerrottu jotain muuta"
"you seek to be in the service of a merchant"
"pyret olemaan kauppiaan palveluksessa"
"Might you have become destitute, Brahman, so that you seek to serve?"

"Oletko voinut tulla köyhäksi, Brahman, niin että yrität palvella?"
"No," said Siddhartha, "I have not become destitute"
"Ei", sanoi Siddhartha, "en ole tullut köyhäksi"
"nor have I ever been destitute" added Siddhartha
"enkä minä ole koskaan ollut köyhä", lisäsi Siddhartha
"You should know that I'm coming from the Samanas"
"Sinun pitäisi tietää, että olen kotoisin Samanasista"
"I have lived with them for a long time"
"Olen asunut heidän kanssaan pitkään"
"you are coming from the Samanas"
"olet kotoisin Samanasista"
"how could you be anything but destitute?"
"Kuinka voit olla muuta kuin köyhä?"
"Aren't the Samanas entirely without possessions?"
"Eivätkö Samanat ole täysin vailla omaisuutta?"
"I am without possessions, if that is what you mean" said Siddhartha
"Minulla ei ole omaisuutta, jos sitä tarkoitat", sanoi Siddhartha
"But I am without possessions voluntarily"
"Mutta olen vapaaehtoisesti vailla omaisuutta"
"and therefore I am not destitute"
"enkä siksi ole köyhä"
"But what are you planning to live from, being without possessions?"
"Mutta mistä aiot elää ilman omaisuutta?"
"I haven't thought of this yet, sir"
"En ole vielä ajatellut tätä, sir"
"For more than three years, I have been without possessions"
"Olen ollut ilman omaisuutta yli kolme vuotta"
"and I have never thought about of what I should live"
"enkä ole koskaan ajatellut mitä minun pitäisi elää"
"So you've lived of the possessions of others"
"Olet siis elänyt muiden omaisuudesta"
"Presumable, this is how it is?"
"Oletettavasti, näinkö se on?"

"Well, merchants also live of what other people own"
"No, kauppiaat myös elävät siitä, mitä muut omistavat"
"Well said," granted the merchant
"Hyvin sanottu", myönsi kauppias
"But he wouldn't take anything from another person for nothing"
"Mutta hän ei ottaisi toiselta mitään turhaan"
"he would give his merchandise in return" said Kamaswami
"hän antaisi tavaransa vastineeksi", sanoi Kamaswami
"So it seems to be indeed"
"Näin siis todellakin olevan"
"Everyone takes, everyone gives, such is life"
"Kaikki ottavat, kaikki antavat, sellaista elämä on"
"But if you don't mind me asking, I have a question"
"Mutta jos ette välitä, että kysyn, minulla on kysymys"
"being without possessions, what would you like to give?"
"Mitä haluaisit antaa ilman omaisuutta?"
"Everyone gives what he has"
"Jokainen antaa mitä hänellä on"
"The warrior gives strength"
"Soturi antaa voimaa"
"the merchant gives merchandise"
"kauppias antaa tavaraa"
"the teacher gives teachings"
"opettaja antaa opetuksia"
"the farmer gives rice"
"viljelijä antaa riisiä"
"the fisher gives fish"
"kalastaja antaa kalaa"
"Yes indeed. And what is it that you've got to give?"
"Kyllä todellakin. Ja mitä sinun on annettava?"
"What is it that you've learned?"
"Mitä sinä olet oppinut?"
"what you're able to do?"
"mitä sinä pystyt tekemään?"
"I can think. I can wait. I can fast"

"Voin ajatella. Voin odottaa. Voin paastota"
"That's everything?" asked Kamaswami
"Se on kaikki?" kysyi Kamaswami
"I believe that is everything there is!"
"Uskon, että siinä on kaikki mitä on!"
"And what's the use of that?"
"Ja mitä hyötyä siitä on?"
"For example; fasting. What is it good for?"
"Esimerkiksi; paasto. Mihin se on hyväksi?"
"It is very good, sir"
"Se on erittäin hyvä, sir"
"there are times a person has nothing to eat"
"on hetkiä, kun ihmisellä ei ole mitään syötävää"
"then fasting is the smartest thing he can do"
"Sitten paasto on viisainta mitä hän voi tehdä"
"there was a time where Siddhartha hadn't learned to fast"
"oli aika, jolloin Siddhartha ei ollut oppinut paastoamaan"
"in this time he had to accept any kind of service"
"Tänä aikana hänen täytyi ottaa vastaan kaikenlainen palvelu"
"because hunger would force him to accept the service"
"koska nälkä pakottaisi hänet hyväksymään palvelun"
"But like this, Siddhartha can wait calmly"
"Mutta näin Siddhartha voi odottaa rauhassa"
"he knows no impatience, he knows no emergency"
"hän ei tunne kärsimättömyyttä, hän ei tiedä hätätilanteita"
"for a long time he can allow hunger to besiege him"
"pitkän aikaa hän voi antaa nälän piirittää itsensä"
"and he can laugh about the hunger"
"ja hän osaa nauraa nälälle"
"This, sir, is what fasting is good for"
"Tähän paasto on hyvä, sir"
"You're right, Samana" acknowledged Kamaswami
"Olet oikeassa, Samana", myönsi Kamaswami
"Wait for a moment" he asked of his guest
"Odota hetki", hän kysyi vieraalta
Kamaswami left the room and returned with a scroll

Kamaswami lähti huoneesta ja palasi kirjakääröllä
he handed Siddhartha the scroll and asked him to read it
hän ojensi Siddharthalle kirjakäärön ja pyysi häntä lukemaan sen
Siddhartha looked at the scroll handed to him
Siddhartha katsoi hänelle annettua kirjakääröä
on the scroll a sales-contract had been written
käärölle oli kirjoitettu myyntisopimus
he began to read out the scroll's contents
hän alkoi lukea kirjakäärön sisältöä
Kamaswami was very pleased with Siddhartha
Kamaswami oli erittäin tyytyväinen Siddharthaan
"would you write something for me on this piece of paper?"
"kirjoittaisitko minulle jotain tälle paperille?"
He handed him a piece of paper and a pen
Hän ojensi hänelle paperin ja kynän
Siddhartha wrote, and returned the paper
Siddhartha kirjoitti ja palautti paperin
Kamaswami read, "Writing is good, thinking is better"
Kamaswami luki: "Kirjoittaminen on hyvää, ajattelu on parempaa"
"Being smart is good, being patient is better"
"Älykäs on hyvä, kärsivällisyys on parempi"
"It is excellent how you're able to write" the merchant praised him
"Hienoa kuinka osaat kirjoittaa", kauppias kehui häntä
"Many a thing we will still have to discuss with one another"
"Monista asioista meidän on vielä keskusteltava keskenämme"
"For today, I'm asking you to be my guest"
"Tänä päivänä pyydän sinua vieraaksi"
"please come to live in this house"
"tulkaa asumaan tähän taloon"
Siddhartha thanked Kamaswami and accepted his offer
Siddhartha kiitti Kamaswamia ja hyväksyi hänen tarjouksensa
he lived in the dealer's house from now on
hän asui tästä lähtien jälleenmyyjän talossa

Clothes were brought to him, and shoes
Hänelle tuotiin vaatteita ja kenkiä
and every day, a servant prepared a bath for him
ja joka päivä palvelija valmisti hänelle kylvyn

Twice a day, a plentiful meal was served
Kahdesti päivässä tarjoiltiin runsas ateria
but Siddhartha only ate once a day
mutta Siddhartha söi vain kerran päivässä
and he ate neither meat, nor did he drink wine
eikä hän syönyt lihaa eikä juonut viiniä
Kamaswami told him about his trade
Kamaswami kertoi hänelle kaupastaan
he showed him the merchandise and storage-rooms
hän näytti hänelle tavarat ja varastotilat
he showed him how the calculations were done
hän näytti hänelle, kuinka laskelmat tehtiin
Siddhartha got to know many new things
Siddhartha sai tietää monia uusia asioita
he heard a lot and spoke little
hän kuuli paljon ja puhui vähän
but he did not forget Kamala's words
mutta hän ei unohtanut Kamalan sanoja
so he was never subservient to the merchant
joten hän ei koskaan ollut kauppiaan alamainen
he forced him to treat him as an equal
hän pakotti hänet kohtelemaan häntä tasa-arvoisena
perhaps he forced him to treat him as even more than an equal
ehkä hän pakotti hänet kohtelemaan häntä jopa enemmän kuin tasa-arvoisena
Kamaswami conducted his business with care
Kamaswami hoiti liiketoimintaansa huolellisesti
and he was very passionate about his business
ja hän oli hyvin intohimoinen liiketoimintaansa kohtaan
but Siddhartha looked upon all of this as if it was a game

mutta Siddhartha katsoi kaikkea tätä kuin peliä
he tried hard to learn the rules of the game precisely
hän yritti kovasti oppia pelin säännöt tarkasti
but the contents of the game did not touch his heart
mutta pelin sisältö ei koskettanut hänen sydäntään
He had not been in Kamaswami's house for long
Hän ei ollut ollut Kamaswamin talossa pitkään aikaan
but soon he took part in his landlord's business
mutta pian hän osallistui vuokranantajansa liiketoimintaan

every day he visited beautiful Kamala
joka päivä hän vieraili kauniissa Kamalassa
Kamala had an hour appointed for their meetings
Kamalalle oli varattu tunti kokouksia varten
she was wearing pretty clothes and fine shoes
hänellä oli yllään kauniit vaatteet ja hienot kengät
and soon he brought her gifts as well
ja pian hän toi hänelle myös lahjoja
Much he learned from her red, smart mouth
Hän oppi paljon hänen punaisesta, älykkäästä suusta
Much he learned from her tender, supple hand
Hän oppi paljon tämän hellästä, notkeasta kädestä
regarding love, Siddhartha was still a boy
rakkauden suhteen Siddhartha oli vielä poika
and he had a tendency to plunge into love blindly
ja hänellä oli taipumus sukeltaa rakkauteen sokeasti
he fell into lust like into a bottomless pit
hän putosi himoon kuin pohjattomaan kuoppaan
she taught him thoroughly, starting with the basics
hän opetti hänelle perusteellisesti aloittaen perusteista
pleasure cannot be taken without giving pleasure
iloa ei voi ottaa ilman iloa
every gesture, every caress, every touch, every look
jokainen ele, jokainen hyväily, jokainen kosketus, jokainen katse
every spot of the body, however small it was, had its secret

jokaisella ruumiinpisteellä, oli se kuinka pieni tahansa, oli salaisuutensa
the secrets would bring happiness to those who know them
salaisuudet tuovat onnea niille, jotka tuntevat ne
lovers must not part from one another after celebrating love
rakastajat eivät saa erota toisistaan rakkauden juhlimisen jälkeen
they must not part without one admiring the other
he eivät saa erota ilman, että toinen ihailee toista
they must be as defeated as they have been victorious
heidän täytyy olla yhtä tappiollisia kuin he ovat voittanut
neither lover should start feeling fed up or bored
kummankaan rakastajan ei pitäisi alkaa olla kyllästynyt tai kyllästynyt
they should not get the evil feeling of having been abusive
heidän ei pitäisi saada sitä pahaa tunnetta, että he ovat olleet väkivaltaisia
and they should not feel like they have been abused
ja heidän ei pitäisi tuntea olevansa pahoinpidelty
Wonderful hours he spent with the beautiful and smart artist
Hän vietti upeita tunteja kauniin ja älykkään taiteilijan kanssa
he became her student, her lover, her friend
hänestä tuli hänen oppilaansa, hänen rakastajansa, hänen ystävänsä
Here with Kamala was the worth and purpose of his present life
Täällä Kamalan kanssa oli hänen nykyisen elämänsä arvo ja tarkoitus
his purpose was not with the business of Kamaswami
hänen tarkoituksensa ei ollut Kamaswamin liiketoiminta

Siddhartha received important letters and contracts
Siddhartha sai tärkeitä kirjeitä ja sopimuksia
Kamaswami began discussing all important affairs with him

Kamaswami alkoi keskustella kaikista tärkeistä asioista hänen kanssaan
He soon saw that Siddhartha knew little about rice and wool
Pian hän huomasi, että Siddhartha tiesi vähän riisistä ja villasta
but he saw that he acted in a fortunate manner
mutta hän näki toimineensa onnekkaasti
and Siddhartha surpassed him in calmness and equanimity
ja Siddhartha ylitti hänet rauhallisesti ja tyynesti
he surpassed him in the art of understanding previously unknown people
hän ylitti hänet taiteessa ymmärtää aiemmin tuntemattomia ihmisiä
Kamaswami spoke about Siddhartha to a friend
Kamaswami puhui Siddharthasta ystävälle
"This Brahman is no proper merchant"
"Tämä Brahman ei ole oikea kauppias"
"he will never be a merchant"
"hänestä ei koskaan tule kauppiasta"
"for business there is never any passion in his soul"
"Hänen sielussa ei ole koskaan intohimoa liiketoiminnalle"
"But he has a mysterious quality about him"
"Mutta hänessä on mystinen ominaisuus"
"this quality brings success about all by itself"
"Tämä laatu tuo menestystä itsestään"
"it could be from a good Star of his birth"
"se voi olla hänen syntymänsä hyvästä tähdestä"
"or it could be something he has learned among Samanas"
"tai se voi olla jotain, jonka hän on oppinut Samanan keskuudessa"
"He always seems to be merely playing with our business-affairs"
"Hän näyttää aina vain leikkivän liikeasioillamme"
"his business never fully becomes a part of him"
"hänen liiketoimintansa ei koskaan tule täysin osaksi häntä"
"his business never rules over him"

"hänen asiansa ei koskaan hallitse häntä"
"he is never afraid of failure"
"hän ei koskaan pelkää epäonnistumista"
"he is never upset by a loss"
"hän ei ole koskaan järkyttynyt tappiosta"
The friend advised the merchant
Ystävä neuvoi kauppiasta
"Give him a third of the profits he makes for you"
"Anna hänelle kolmasosa voitosta, jonka hän tekee sinulle"
"but let him also be liable when there are losses"
"mutta olkoon hän myös vastuussa, kun on tappioita"
"Then, he'll become more zealous"
"Sitten hänestä tulee innokkaampi"
Kamaswami was curious, and followed the advice
Kamaswami oli utelias ja seurasi neuvoja
But Siddhartha cared little about loses or profits
Mutta Siddhartha ei välittänyt tappioista tai voitoista
When he made a profit, he accepted it with equanimity
Kun hän teki voittoa, hän hyväksyi sen rauhallisesti
when he made losses, he laughed it off
kun hän teki tappioita, hän nauroi sille
It seemed indeed, as if he did not care about the business
Näytti todellakin siltä, että hän ei välittänyt yrityksestä
At one time, he travelled to a village
Kerran hän matkusti kylään
he went there to buy a large harvest of rice
hän meni sinne ostamaan suuren riisisadon
But when he got there, the rice had already been sold
Mutta kun hän saapui sinne, riisi oli jo myyty
another merchant had gotten to the village before him
toinen kauppias oli saapunut kylään ennen häntä
Nevertheless, Siddhartha stayed for several days in that village
Siitä huolimatta Siddhartha viipyi useita päiviä tuossa kylässä
he treated the farmers for a drink
hän kohteli maanviljelijöitä juomalla

he gave copper-coins to their children
hän antoi kuparikolikoita heidän lapsilleen
he joined in the celebration of a wedding
hän osallistui hääjuhlaan
and he returned extremely satisfied from his trip
ja hän palasi erittäin tyytyväisenä matkastaan
Kamaswami was angry that Siddhartha had wasted time and money
Kamaswami oli vihainen siitä, että Siddhartha oli hukannut aikaa ja rahaa
Siddhartha answered "Stop scolding, dear friend!"
Siddhartha vastasi: "Lopeta moittiminen, rakas ystävä!"
"Nothing was ever achieved by scolding"
"Muistamalla ei koskaan saavutettu mitään"
"If a loss has occurred, let me bear that loss"
"Jos menetys on tapahtunut, anna minun kantaa se menetys"
"I am very satisfied with this trip"
"Olen erittäin tyytyväinen tähän matkaan"
"I have gotten to know many kinds of people"
"Olen oppinut tuntemaan monenlaisia ihmisiä"
"a Brahman has become my friend"
"Brahmanista on tullut ystäväni"
"children have sat on my knees"
"lapset ovat istuneet polvillani"
"farmers have shown me their fields"
"viljelijät ovat näyttäneet minulle peltonsa"
"nobody knew that I was a merchant"
"Kukaan ei tiennyt, että olin kauppias"
"That's all very nice," exclaimed Kamaswami indignantly
"Se on kaikki erittäin mukavaa", huudahti Kamaswami närkästyneenä
"but in fact, you are a merchant after all"
"mutta itse asiassa olet kuitenkin kauppias"
"Or did you have only travel for your amusement?"
"Vai oliko sinulla matkustaminen vain huviksesi?"

"of course I have travelled for my amusement" Siddhartha laughed
"Tietenkin olen matkustanut huvikseni", Siddhartha nauroi
"For what else would I have travelled?"
"Mitä muuta varten olisin matkustanut?"
"I have gotten to know people and places"
"Olen oppinut tuntemaan ihmisiä ja paikkoja"
"I have received kindness and trust"
"Olen saanut ystävällisyyttä ja luottamusta"
"I have found friendships in this village"
"Olen löytänyt ystävyyssuhteita tästä kylästä"
"if I had been Kamaswami, I would have travelled back annoyed"
"Jos olisin ollut Kamaswami, olisin matkustanut takaisin vihaisena"
"I would have been in hurry as soon as my purchase failed"
"Minulla olisi ollut kiire heti, kun ostoni epäonnistui"
"and time and money would indeed have been lost"
"ja aikaa ja rahaa olisi todellakin mennyt hukkaan"
"But like this, I've had a few good days"
"Mutta näin, minulla on ollut muutama hyvä päivä"
"I've learned from my time there"
"Olen oppinut siellä olemisestani"
"and I have had joy from the experience"
"ja minulla on ollut iloa kokemuksesta"
"I've neither harmed myself nor others by annoyance and hastiness"
"En ole vahingoittanut itseäni enkä muita ärsytyksellä ja kiireellä"
"if I ever return friendly people will welcome me"
"jos koskaan palaan, ystävälliset ihmiset toivottavat minut tervetulleeksi"
"if I return to do business friendly people will welcome me too"
"Jos palaan tekemään liiketoimintaa, myös ystävälliset ihmiset toivottavat minut tervetulleeksi"

"**I praise myself for not showing any hurry or displeasure**"
"Kiitän itseäni siitä, etten osoita kiirettä tai tyytymättömyyttä"
"**So, leave it as it is, my friend**"
"Joten, jätä se sellaisenaan, ystäväni"
"**and don't harm yourself by scolding**"
"äläkä vahingoita itseäsi moittelemalla"
"**If you see Siddhartha harming himself, then speak with me**"
"Jos näet Siddharthan vahingoittavan itseään, puhu minulle"
"**and Siddhartha will go on his own path**"
"ja Siddhartha kulkee omaa polkuaan"
"**But until then, let's be satisfied with one another**"
"Mutta siihen asti olkaamme tyytyväisiä toisiimme"
the merchant's attempts to convince Siddhartha were futile
kauppiaan yritykset vakuuttaa Siddhartha olivat turhia
he could not make Siddhartha eat his bread
hän ei voinut saada Siddhartaa syömään leipäänsä
Siddhartha ate his own bread
Siddhartha söi omaa leipäänsä
or rather, they both ate other people's bread
tai pikemminkin he molemmat söivät muiden ihmisten leipää
Siddhartha never listened to Kamaswami's worries
Siddhartha ei koskaan kuunnellut Kamaswamin huolia
and Kamaswami had many worries he wanted to share
ja Kamaswamilla oli monia huolia, joita hän halusi jakaa
there were business-deals going on in danger of failing
oli meneillään liikesopimuksia, jotka olivat vaarassa epäonnistua
shipments of merchandise seemed to have been lost
tavaralähetykset näyttivät kadonneen
debtors seemed to be unable to pay
velalliset eivät ilmeisesti pystyneet maksamaan
Kamaswami could never convince Siddhartha to utter words of worry
Kamaswami ei koskaan voinut saada Siddharthaa lausumaan huolen sanoja

Kamaswami could not make Siddhartha feel anger towards business
Kamaswami ei voinut saada Siddharthaa tuntemaan vihaa liiketoimintaa kohtaan
he could not get him to to have wrinkles on the forehead
hän ei voinut saada häntä saamaan ryppyjä otsaan
he could not make Siddhartha sleep badly
hän ei voinut saada Siddhartaa nukkumaan huonosti

one day, Kamaswami tried to speak with Siddhartha
eräänä päivänä Kamaswami yritti puhua Siddharthan kanssa
"Siddhartha, you have failed to learn anything new"
"Siddhartha, et ole oppinut mitään uutta"
but again, Siddhartha laughed at this
mutta taas Siddhartha nauroi tälle
"Would you please not kid me with such jokes"
"Etkö huijaa minua sellaisilla vitseillä"
"What I've learned from you is how much a basket of fish costs"
"Olen oppinut sinulta kuinka paljon kalakori maksaa"
"and I learned how much interest may be charged on loaned money"
"ja opin kuinka paljon korkoa voidaan periä lainatuista rahoista"
"These are your areas of expertise"
"Nämä ovat osaamisalueesi"
"I haven't learned to think from you, my dear Kamaswami"
"En ole oppinut ajattelemaan sinulta, rakas Kamaswami"
"you ought to be the one seeking to learn from me"
"sinun pitäisi olla se, joka haluaa oppia minulta"
Indeed his soul was not with the trade
Hänen sielunsa ei todellakaan ollut kaupan kanssa
The business was good enough to provide him with money for Kamala
Liike oli tarpeeksi hyvä antaakseen hänelle rahaa Kamalalle
and it earned him much more than he needed

ja se ansaitsi hänelle paljon enemmän kuin hän tarvitsi
Besides Kamala, Siddhartha's curiosity was with the people
Kamalan lisäksi Siddharthan uteliaisuus oli ihmisten keskuudessa
their businesses, crafts, worries, and pleasures
heidän liiketoimintansa, käsityönsä, huolensa ja ilonsa
all these things used to be alien to him
kaikki nämä asiat olivat hänelle vieraita
their acts of foolishness used to be as distant as the moon
heidän typeryytensä olivat ennen yhtä kaukana kuin kuu
he easily succeeded in talking to all of them
hän onnistui helposti puhumaan heille kaikille
he could live with all of them
hän voisi elää heidän kaikkien kanssa
and he could continue to learn from all of them
ja hän voisi jatkaa oppimista heiltä kaikilta
but there was something which separated him from them
mutta jokin asia erotti hänet heistä
he could feel a divide between him and the people
hän saattoi tuntea kuilun hänen ja ihmisten välillä
this separating factor was him being a Samana
tämä erottava tekijä oli, että hän oli Samana
He saw mankind going through life in a childlike manner
Hän näki ihmiskunnan kulkevan läpi elämän lapsellisella tavalla
in many ways they were living the way animals live
monella tapaa he elivät niin kuin eläimet elävät
he loved and also despised their way of life
hän rakasti ja myös halveksi heidän elämäntapaansa
He saw them toiling and suffering
Hän näki heidän uurastavan ja kärsivän
they were becoming gray for things unworthy of this price
niistä tuli harmaita asioita, jotka eivät olleet tämän hinnan arvoisia
they did things for money and little pleasures
he tekivät asioita rahasta ja pienistä iloista

they did things for being slightly honoured
he tekivät asioita saadakseen hieman kunniaa
he saw them scolding and insulting each other
hän näki heidän moittelevan ja loukkaavan toisiaan
he saw them complaining about pain
hän näki heidän valittavan kivusta
pains at which a Samana would only smile
kipuja, joille Samana vain hymyili
and he saw them suffering from deprivations
ja hän näki heidän kärsivän puutteesta
deprivations which a Samana would not feel
puutetta, jota Samana ei tunteisi
He was open to everything these people brought his way
Hän oli avoin kaikelle, mitä nämä ihmiset toivat tielleen
welcome was the merchant who offered him linen for sale
tervetullut oli kauppias, joka tarjosi hänelle liinavaatteita myyntiin
welcome was the debtor who sought another loan
velallinen, joka haki uutta lainaa, oli tervetullut
welcome was the beggar who told him the story of his poverty
tervetuloa oli kerjäläinen, joka kertoi hänelle tarinan köyhyydestään
the beggar who was not half as poor as any Samana
kerjäläinen, joka ei ollut puoliksi niin köyhä kuin kukaan Samana
He did not treat the rich merchant and his servant different
Hän ei kohdellut rikasta kauppiasta ja hänen palvelijaansa eri tavalla
he let street-vendor cheat him when buying bananas
hän antoi katukauppiaiden huijata itseään ostaessaan banaaneja
Kamaswami would often complain to him about his worries
Kamaswami valitti hänelle usein hänen huolistaan
or he would reproach him about his business
tai hän moitti häntä hänen liiketoiminnastaan

he listened curiously and happily
hän kuunteli uteliaana ja iloisena
but he was puzzled by his friend
mutta hän oli ymmällään ystävästään
he tried to understand him
hän yritti ymmärtää häntä
and he admitted he was right, up to a certain point
ja hän myönsi olleensa oikeassa, tiettyyn pisteeseen asti
there were many who asked for Siddhartha
monet pyysivät Siddhartaa
many wanted to do business with him
monet halusivat tehdä kauppaa hänen kanssaan
there were many who wanted to cheat him
monet halusivat huijata häntä
many wanted to draw some secret out of him
monet halusivat vetää hänestä salaisuuden
many wanted to appeal to his sympathy
monet halusivat vedota hänen myötätuntoonsa
many wanted to get his advice
monet halusivat saada hänen neuvojaan
He gave advice to those who wanted it
Hän antoi neuvoja niille, jotka sitä halusivat
he pitied those who needed pity
hän sääli niitä, jotka tarvitsivat sääliä
he made gifts to those who liked presents
hän teki lahjoja niille, jotka pitivät lahjoista
he let some cheat him a bit
hän antoi joidenkin huijata itseään hieman
this game which all people played occupied his thoughts
tämä peli, jota kaikki ihmiset pelasivat, valtasi hänen ajatuksensa
he thought about this game just as much as he had about the Gods
hän ajatteli tätä peliä yhtä paljon kuin jumalia
deep in his chest he felt a dying voice
syvällä rinnassaan hän tunsi kuolevan äänen

this voice admonished him quietly
tämä ääni varoitti häntä hiljaa
and he hardly perceived the voice inside of himself
ja hän tuskin havaitsi ääntä sisällään
And then, for an hour, he became aware of something
Ja sitten tunnin ajan hän huomasi jotain
he became aware of the strange life he was leading
hän tuli tietoiseksi oudosta elämästään, jota hän vietti
he realized this life was only a game
hän tajusi, että tämä elämä oli vain peliä
at times he would feel happiness and joy
toisinaan hän tunsi onnea ja iloa
but real life was still passing him by
mutta todellinen elämä kulki silti hänen ohitseen
and it was passing by without touching him
ja se kulki ohi koskematta häneen
Siddhartha played with his business-deals
Siddhartha leikki liikesopimuksillaan
Siddhartha found amusement in the people around him
Siddhartha viihtyi ympärillään olevissa ihmisissä
but regarding his heart, he was not with them
mutta hänen sydämessään hän ei ollut heidän kanssaan
The source ran somewhere, far away from him
Lähde juoksi jonnekin, kaukana hänestä
it ran and ran invisibly
se juoksi ja juoksi näkymättömästi
it had nothing to do with his life any more
sillä ei ollut enää mitään tekemistä hänen elämänsä kanssa
at several times he became scared on account of such thoughts
useaan otteeseen hän pelkäsi tällaisten ajatusten takia
he wished he could participate in all of these childlike games
hän toivoi voivansa osallistua kaikkiin näihin lapsellisiin leikkeihin
he wanted to really live

hän halusi todella elää
he wanted to really act in their theatre
hän halusi todella näytellä heidän teatterissaan
he wanted to really enjoy their pleasures
hän halusi todella nauttia heidän nautinnoistaan
and he wanted to live, instead of just standing by as a spectator
ja hän halusi elää sen sijaan, että se olisi vain katsojana

But again and again, he came back to beautiful Kamala
Mutta uudestaan ja uudestaan hän palasi kauniiseen Kamalaan
he learned the art of love
hän oppi rakkauden taiteen
and he practised the cult of lust
ja hän harjoitti himon kulttia
lust, in which giving and taking becomes one
himo, jossa antamisesta ja ottamisesta tulee yksi
he chatted with her and learned from her
hän jutteli hänen kanssaan ja oppi häneltä
he gave her advice, and he received her advice
hän antoi hänelle neuvoja, ja hän sai hänen neuvonsa
She understood him better than Govinda used to understand him
Hän ymmärsi häntä paremmin kuin Govinda ymmärsi häntä
she was more similar to him than Govinda had been
hän oli enemmän samankaltainen kuin Govinda
"You are like me," he said to her
"Olet kuin minä", hän sanoi hänelle
"you are different from most people"
"olet erilainen kuin useimmat ihmiset"
"You are Kamala, nothing else"
"Olet Kamala, ei mitään muuta"
"and inside of you, there is a peace and refuge"
"ja sisälläsi on rauhaa ja turvaa"
"a refuge to which you can go at every hour of the day"

"turvapaikka, johon voi mennä vuorokauden joka tunti"
"you can be at home with yourself"
"voit olla kotona itsesi kanssa"
"I can do this too"
"Minäkin voin tehdä tämän"
"Few people have this place"
"Harvilla ihmisillä on tämä paikka"
"and yet all of them could have it"
"ja silti he kaikki voisivat saada sen"
"Not all people are smart" said Kamala
"Kaikki ihmiset eivät ole älykkäitä", Kamala sanoi
"No," said Siddhartha, "that's not the reason why"
"Ei", sanoi Siddhartha, "se ei ole syy miksi"
"Kamaswami is just as smart as I am"
"Kamaswami on yhtä älykäs kuin minä"
"but he has no refuge in himself"
"mutta hänellä ei ole turvaa itsessään"
"Others have it, although they have the minds of children"
"Muilla on se, vaikka heillä on lasten mieli"
"Most people, Kamala, are like a falling leaf"
"Useimmat ihmiset, Kamala, ovat kuin putoava lehti"
"a leaf which is blown and is turning around through the air"
"lehti, joka puhalletaan ja kääntyy ilmassa"
"a leaf which wavers, and tumbles to the ground"
"lehti, joka horjuu ja kaatuu maahan"
"But others, a few, are like stars"
"Mutta toiset, muutamat, ovat kuin tähtiä"
"they go on a fixed course"
"he menevät kiinteälle kurssille"
"no wind reaches them"
"ei tuuli tavoita heitä"
"in themselves they have their law and their course"
"heillä on itsellään lakinsa ja suuntansa"
"Among all the learned men I have met, there was one of this kind"

"Kaikkien oppineiden miesten joukossa, joita olen tavannut, oli yksi tällainen"
"he was a truly perfected one"
"hän oli todella täydellinen"
"I'll never be able to forget him"
"En koskaan pysty unohtamaan häntä"
"It is that Gotama, the exalted one"
"Se on se Gotama, korotettu"
"Thousands of followers are listening to his teachings every day"
"Tuhannet seuraajat kuuntelevat hänen opetuksiaan joka päivä"
"they follow his instructions every hour"
"he noudattavat hänen ohjeitaan joka tunti"
"but they are all falling leaves"
"mutta ne ovat kaikki putoavia lehtiä"
"not in themselves they have teachings and a law"
"heillä ei itsessään ole opetuksia ja lakia"
Kamala looked at him with a smile
Kamala katsoi häntä hymyillen
"Again, you're talking about him," she said
"Taas puhut hänestä", hän sanoi
"again, you're having a Samana's thoughts"
"taas sinulla on Samanan ajatuksia"
Siddhartha said nothing, and they played the game of love
Siddhartha ei sanonut mitään, ja he pelasivat rakkauden peliä
one of the thirty or forty different games Kamala knew
yksi kolmestakymmenestä tai neljästäkymmenestä erilaisesta pelistä, jonka Kamala tiesi
Her body was flexible like that of a jaguar
Hänen vartalonsa oli joustava kuin jaguaarilla
flexible like the bow of a hunter
joustava kuin metsästäjän jousi
he who had learned from her how to make love
hän, joka oli oppinut häneltä kuinka rakastella
he was knowledgeable of many forms of lust

hän tunsi monet himon muodot
he that learned from her knew many secrets
hän, joka oppi häneltä, tiesi monia salaisuuksia
For a long time, she played with Siddhartha
Hän pelasi pitkään Siddharthan kanssa
she enticed him and rejected him
hän houkutteli hänet ja hylkäsi hänet
she forced him and embraced him
hän pakotti hänet ja syleili häntä
she enjoyed his masterful skills
hän nautti hänen mestarillisista taidoistaan
until he was defeated and rested exhausted by her side
kunnes hän voitti ja lepäsi uupuneena hänen vierellään
The courtesan bent over him
Kurtisaani kumartui hänen ylle
she took a long look at his face
hän katsoi pitkään hänen kasvojaan
she looked at his eyes, which had grown tired
hän katsoi hänen silmiään, jotka olivat väsyneet
"You are the best lover I have ever seen" she said thoughtfully
"Olet paras rakastaja, jonka olen koskaan nähnyt", hän sanoi mietteliäänä
"You're stronger than others, more supple, more willing"
"Olet vahvempi kuin muut, notkeampi, halukkaampi"
"You've learned my art well, Siddhartha"
"Olet oppinut taitoni hyvin, Siddhartha"
"At some time, when I'll be older, I'd want to bear your child"
"Jossain vaiheessa, kun olen vanhempi, haluaisin synnyttää lapsesi"
"And yet, my dear, you've remained a Samana"
"Ja kuitenkin, kultaseni, olet pysynyt Samana"
"and despite this, you do not love me"
"ja tästä huolimatta et rakasta minua"
"there is nobody that you love"

"ei ole ketään jota rakastat"
"Isn't it so?" asked Kamala
"Eikö niin?" kysyi Kamala
"It might very well be so," Siddhartha said tiredly
"Se saattaa hyvinkin olla niin", Siddhartha sanoi väsyneenä
"I am like you, because you also do not love"
"Olen kuin sinä, koska sinäkään et rakasta"
"how else could you practise love as a craft?"
"Kuinka muuten voisit harjoittaa rakkautta käsityönä?"
"Perhaps, people of our kind can't love"
"Ehkä meidän kaltaiset ihmiset eivät voi rakastaa"
"The childlike people can love, that's their secret"
"Lapsenomaiset ihmiset voivat rakastaa, se on heidän salaisuutensa"

Sansara

For a long time, Siddhartha had lived in the world and lust
Siddhartha oli pitkään elänyt maailmassa ja himossa
he lived this way though, without being a part of it
hän kuitenkin eli tällä tavalla olematta osa sitä
he had killed this off when he had been a Samana
hän oli tappanut tämän, kun hän oli ollut Samana
but now they had awoken again
mutta nyt he olivat taas heränneet
he had tasted riches, lust, and power
hän oli maistanut rikkautta, himoa ja valtaa
for a long time he had remained a Samana in his heart
pitkään hän oli pysynyt samana sydämessään
Kamala, being smart, had realized this quite right
Kamala oli älykäs ja tajusi tämän aivan oikein
thinking, waiting, and fasting still guided his life
ajattelu, odottaminen ja paasto ohjasivat edelleen hänen elämäänsä
the childlike people remained alien to him
lapsenmieliset ihmiset jäivät hänelle vieraiksi
and he remained alien to the childlike people
ja hän pysyi vieraana lapsenmielisille ihmisille
Years passed by; surrounded by the good life
Vuodet kuluivat; hyvän elämän ympäröimänä
Siddhartha hardly felt the years fading away
Siddhartha tuskin tunsi vuosien hiipuvan
He had become rich and possessed a house of his own
Hän oli rikastunut ja hänellä oli oma talo
he even had his own servants
hänellä oli jopa omat palvelijansa
he had a garden before the city, by the river
hänellä oli puutarha ennen kaupunkia, joen rannalla
The people liked him and came to him for money or advice
Ihmiset pitivät hänestä ja tulivat häneltä rahaa tai neuvoja
but there was nobody close to him, except Kamala

mutta hänen lähellään ei ollut ketään, paitsi Kamala
the bright state of being awake
valoisa tila valveilla
the feeling which he had experienced at the height of his youth
tunteen, jonka hän oli kokenut nuoruutensa huipulla
in those days after Gotama's sermon
niinä päivinä Gotaman saarnan jälkeen
after the separation from Govinda
eron jälkeen Govindasta
the tense expectation of life
jännittynyt elämän odotus
the proud state of standing alone
yksin seisomisen ylpeä tila
being without teachings or teachers
olla ilman opetuksia tai opettajia
the supple willingness to listen to the divine voice in his own heart
notkea halu kuunnella jumalallista ääntä omassa sydämessään
all these things had slowly become a memory
kaikista näistä asioista oli vähitellen tullut muisto
the memory had been fleeting, distant, and quiet
muisto oli ohikiitävä, etäinen ja hiljainen
the holy source, which used to be near, now only murmured
pyhä lähde, joka ennen oli lähellä, nyt vain kuisi
the holy source, which used to murmur within himself
pyhää lähdettä, joka ennen nurisei sisällään
Nevertheless, many things he had learned from the Samanas
Siitä huolimatta hän oli oppinut samanalaisilta monia asioita
he had learned from Gotama
hän oli oppinut Gotamalta
he had learned from his father the Brahman
hän oli oppinut isältään Brahmanilta
his father had remained within his being for a long time
hänen isänsä oli pysynyt hänen sisällään pitkään
moderate living, the joy of thinking, hours of meditation

kohtuullista elämää, ajattelun iloa, meditaatiotunteja
the secret knowledge of the self; his eternal entity
itsen salainen tieto; hänen ikuinen olentonsa
the self which is neither body nor consciousness
minä, joka ei ole keho eikä tietoisuus
Many a part of this he still had
Suuri osa tästä hänellä oli vielä
but one part after another had been submerged
mutta osa toisensa jälkeen oli upotettu
and eventually each part gathered dust
ja lopulta jokainen osa keräsi pölyä
a potter's wheel, once in motion, will turn for a long time
savenvalajan pyörä, kun se on liikkeessä, pyörii pitkään
it loses its vigour only slowly
se menettää elinvoimansa vain hitaasti
and it comes to a stop only after time
ja se pysähtyy vasta ajan kuluttua
Siddhartha's soul had kept on turning the wheel of asceticism
Siddharthan sielu oli jatkuvasti kääntänyt askeettisuuden pyörää
the wheel of thinking had kept turning for a long time
ajatuksen pyörä oli pyörinyt pitkään
the wheel of differentiation had still turned for a long time
erottumisen pyörä oli vielä pyörinyt pitkään
but it turned slowly and hesitantly
mutta se kääntyi hitaasti ja epäröivästi
and it was close to coming to a standstill
ja se oli lähellä pysähtymistä
Slowly, like humidity entering the dying stem of a tree
Hitaasti kuin kosteus tunkeutuisi puun kuolevaan runkoon
filling the stem slowly and making it rot
täyttämällä varren hitaasti ja saattamalla sen mätänemään
the world and sloth had entered Siddhartha's soul
maailma ja laiskuus olivat tulleet Siddharthan sieluun
slowly it filled his soul and made it heavy

hitaasti se täytti hänen sielunsa ja teki siitä raskaan
it made his soul tired and put it to sleep
se väsytti hänen sielunsa ja nukahti
On the other hand, his senses had become alive
Toisaalta hänen aistinsa olivat tulleet eläviksi
there was much his senses had learned
hänen aistinsa olivat oppineet paljon
there was much his senses had experienced
hänen aistinsa olivat kokeneet paljon
Siddhartha had learned to trade
Siddhartha oli oppinut käymään kauppaa
he had learned how to use his power over people
hän oli oppinut käyttämään valtaansa ihmisiin
he had learned how to enjoy himself with a woman
hän oli oppinut nauttimaan naisen kanssa
he had learned how to wear beautiful clothes
hän oli oppinut käyttämään kauniita vaatteita
he had learned how to give orders to servants
hän oli oppinut antamaan käskyjä palvelijoille
he had learned how to bathe in perfumed waters
hän oli oppinut kylpemään hajustetuissa vesissä
He had learned how to eat tenderly and carefully prepared food
Hän oli oppinut syömään hellästi ja huolellisesti valmistettua ruokaa
he even ate fish, meat, and poultry
hän söi jopa kalaa, lihaa ja siipikarjaa
spices and sweets and wine, which causes sloth and forgetfulness
mausteet ja makeiset ja viini, mikä aiheuttaa laiskuus ja unohdus
He had learned to play with dice and on a chess-board
Hän oli oppinut pelaamaan nopalla ja shakkilaudalla
he had learned to watch dancing girls
hän oli oppinut katsomaan tanssivia tyttöjä
he learned to have himself carried about in a sedan-chair

hän oppi kantamaan itsensä sedan-tuolissa
he learned to sleep on a soft bed
hän oppi nukkumaan pehmeällä sängyllä
But still he felt different from others
Mutta silti hän tunsi olevansa erilainen kuin muut
he still felt superior to the others
hän tunsi silti olevansa muita parempi
he always watched them with some mockery
hän katseli niitä aina pilkallisesti
there was always some mocking disdain to how he felt about them
hänen tunteitaan heitä kohtaan oli aina pilkallista halveksuntaa
the same disdain a Samana feels for the people of the world
Samana halveksuntaa maailman ihmisiä kohtaan

Kamaswami was ailing and felt annoyed
Kamaswami sairastui ja tunsi olevansa ärsyyntynyt
he felt insulted by Siddhartha
hän tunsi olevansa loukattu Siddhartalta
and he was vexed by his worries as a merchant
ja hän oli huolissaan kauppiaana
Siddhartha had always watched these things with mockery
Siddhartha oli aina katsonut näitä asioita pilkallisesti
but his mockery had become more tired
mutta hänen pilkkaansa oli väsynyt
his superiority had become more quiet
hänen ylivoimaisuutensa oli muuttunut hiljaisemmaksi
as slowly imperceptible as the rainy season passing by
yhtä hitaasti huomaamaton kuin ohimenevä sadekausi
slowly, Siddhartha had assumed something of the childlike people's ways
hitaasti Siddhartha oli omaksunut jotakin lapsenomaisten ihmisten tavoista
he had gained some of their childishness
hän oli saanut osan heidän lapsellisuudestaan

and he had gained some of their fearfulness
ja hän oli saanut osan heidän peloistaan
And yet, the more be become like them the more he envied them
Ja kuitenkin, mitä enemmän tulee heidän kaltaisekseen, sitä enemmän hän kadehti heitä
He envied them for the one thing that was missing from him
Hän kadehti heitä yhden asian vuoksi, joka häneltä puuttui
the importance they were able to attach to their lives
kuinka tärkeänä he pystyivät antamaan elämälleen
the amount of passion in their joys and fears
intohimon määrä heidän iloissaan ja peloissaan
the fearful but sweet happiness of being constantly in love
pelottava mutta suloinen onni olla jatkuvasti rakastunut
These people were in love with themselves all of the time
Nämä ihmiset olivat rakastuneet itseensä koko ajan
women loved their children, with honours or money
naiset rakastivat lapsiaan kunnialla tai rahalla
the men loved themselves with plans or hopes
miehet rakastivat itseään suunnitelmilla tai toiveilla
But he did not learn this from them
Mutta hän ei oppinut tätä heiltä
he did not learn the joy of children
hän ei oppinut lasten iloa
and he did not learn their foolishness
eikä hän oppinut heidän hulluuttansa
what he mostly learned were their unpleasant things
mitä hän enimmäkseen oppi, olivat heidän epämiellyttäviä asioitaan
and he despised these things
ja hän halveksi näitä asioita
in the morning, after having had company
aamulla seuran jälkeen
more and more he stayed in bed for a long time
yhä useammin hän pysyi sängyssä pitkään
he felt unable to think, and was tired

hän ei kyennyt ajattelemaan ja oli väsynyt
he became angry and impatient when Kamaswami bored him with his worries
hänestä tuli vihainen ja kärsimätön, kun Kamaswami kyllästytti häntä huoleen
he laughed just too loud when he lost a game of dice
hän nauroi aivan liian kovaa, kun hän hävisi noppapelin
His face was still smarter and more spiritual than others
Hänen kasvonsa olivat edelleen älykkäämpiä ja henkisempiä kuin muut
but his face rarely laughed anymore
mutta hänen kasvonsa harvoin nauroivat enää
slowly, his face assumed other features
hitaasti hänen kasvonsa saivat muita piirteitä
the features often found in the faces of rich people
piirteitä, joita usein löytyy rikkaiden ihmisten kasvoista
features of discontent, of sickliness, of ill-humour
tyytymättömyyden, sairaisuuden, huonon huumorin piirteet
features of sloth, and of a lack of love
laiskuuden ja rakkauden puutteen piirteitä
the disease of the soul which rich people have
rikkaiden ihmisten sielun sairaus
Slowly, this disease grabbed hold of him
Hitaasti tämä tauti tarttui häneen
like a thin mist, tiredness came over Siddhartha
kuin ohut sumu, väsymys valtasi Siddharthan
slowly, this mist got a bit denser every day
hitaasti tämä sumu tiheni joka päivä
it got a bit murkier every month
se muuttui hieman hämärämmäksi joka kuukausi
and every year it got a bit heavier
ja joka vuosi se tuli vähän raskaammaksi
dresses become old with time
mekot vanhenevat ajan myötä
clothes lose their beautiful colour over time
vaatteet menettävät kauniin värinsä ajan myötä

they get stains, wrinkles, worn off at the seams
ne saavat tahroja, ryppyjä, kuluvat pois saumoista
they start to show threadbare spots here and there
ne alkavat näyttää paljaita kohtia siellä täällä
this is how Siddhartha's new life was
tällaista Siddharthan uusi elämä oli
the life which he had started after his separation from Govinda
elämä, jonka hän oli aloittanut erottuaan Govindasta
his life had grown old and lost colour
hänen elämänsä oli vanhentunut ja menettänyt värinsä
there was less splendour to it as the years passed by
siinä oli vähemmän loistoa vuosien kuluessa
his life was gathering wrinkles and stains
hänen elämänsä keräsi ryppyjä ja tahroja
and hidden at bottom, disappointment and disgust were waiting
ja piilossa pohjaan, pettymys ja inho odottivat
they were showing their ugliness
he osoittivat rumuutensa
Siddhartha did not notice these things
Siddhartha ei huomannut näitä asioita
he remembered the bright and reliable voice inside of him
hän muisti sisällään kirkkaan ja luotettavan äänen
he noticed the voice had become silent
hän huomasi äänen hiljentyneen
the voice which had awoken in him at that time
ääni, joka oli herännyt hänessä tuolloin
the voice that had guided him in his best times
ääni, joka oli ohjannut häntä parhaina aikoinaan
he had been captured by the world
hänet oli vangittu maailmaan
he had been captured by lust, covetousness, sloth
himo, ahneus, laiskuus oli vanginnut hänet
and finally he had been captured by his most despised vice
ja lopulta hänen halveksituin paheensa oli vanginnut hänet

the vice which he mocked the most
pahe, jota hän pilkkasi eniten
the most foolish one of all vices
typerin kaikista paheista
he had let greed into his heart
hän oli päästänyt ahneuden sydämeensä
Property, possessions, and riches also had finally captured him
Omaisuus, omaisuus ja rikkaudet olivat myös vihdoin vallannut hänet
having things was no longer a game to him
asioiden saaminen ei ollut enää peliä hänelle
his possessions had become a shackle and a burden
hänen omaisuudestaan oli tullut kahle ja taakka
It had happened in a strange and devious way
Se oli tapahtunut oudolla ja oudolla tavalla
Siddhartha had gotten this vice from the game of dice
Siddhartha oli saanut tämän paheen noppapelistä
he had stopped being a Samana in his heart
hän oli lakannut olemasta Samana sydämessään
and then he began to play the game for money
ja sitten hän alkoi pelata peliä rahasta
first he joined the game with a smile
ensin hän liittyi peliin hymyillen
at this time he only played casually
tällä hetkellä hän pelasi vain satunnaisesti
he wanted to join the customs of the childlike people
hän halusi liittyä lapsenmielisten ihmisten tapoihin
but now he played with an increasing rage and passion
mutta nyt hän pelasi kasvavalla raivolla ja intohimolla
He was a feared gambler among the other merchants
Hän oli pelätty peluri muiden kauppiaiden joukossa
his stakes were so audacious that few dared to take him on
hänen panoksensa olivat niin rohkeat, että harvat uskalsivat ottaa hänet mukaan
He played the game due to a pain of his heart

Hän pelasi peliä sydämensä kivun vuoksi
losing and wasting his wretched money brought him an angry joy
kurjan rahansa menettäminen ja tuhlaaminen toi hänelle vihaisen ilon
he could demonstrate his disdain for wealth in no other way
hän ei voinut osoittaa halveksuntaa rikkautta kohtaan millään muulla tavalla
he could not mock the merchants' false god in a better way
hän ei voinut pilkata kauppiaiden väärää jumalaa paremmalla tavalla
so he gambled with high stakes
joten hän pelasi korkeilla panoksilla
he mercilessly hated himself and mocked himself
hän vihasi armottomasti itseään ja pilkkasi itseään
he won thousands, threw away thousands
hän voitti tuhansia, heitti pois tuhansia
he lost money, jewellery, a house in the country
hän menetti rahaa, koruja ja talon maalla
he won it again, and then he lost again
hän voitti sen uudelleen, ja sitten hän hävisi jälleen
he loved the fear he felt while he was rolling the dice
hän rakasti pelkoa, jota hän tunsi heittessään noppaa
he loved feeling worried about losing what he gambled
hän rakasti tuntea huolta siitä, että hän menetti sen, mitä hän pelasi
he always wanted to get this fear to a slightly higher level
hän halusi aina saada tämän pelon hieman korkeammalle tasolle
he only felt something like happiness when he felt this fear
hän tunsi vain jotain onnellisuuden kaltaista, kun hän tunsi tämän pelon
it was something like an intoxication
se oli jotain päihtymyksen kaltaista
something like an elevated form of life
jotain kohonnutta elämänmuotoa

something brighter in the midst of his dull life
jotain kirkkaampaa hänen tylsän elämänsä keskellä
And after each big loss, his mind was set on new riches
Ja jokaisen suuren tappion jälkeen hänen mielensä oli suunnattu uusiin rikkauksiin
he pursued the trade more zealously
hän harjoitti kauppaa innokkaammin
he forced his debtors more strictly to pay
hän pakotti velalliset maksamaan tiukemmin
because he wanted to continue gambling
koska hän halusi jatkaa uhkapelaamista
he wanted to continue squandering
hän halusi jatkaa tuhlaamista
he wanted to continue demonstrating his disdain of wealth
hän halusi edelleen osoittaa halveksuvansa varallisuutta
Siddhartha lost his calmness when losses occurred
Siddhartha menetti tyyneytensä tappioiden sattuessa
he lost his patience when he was not paid on time
hän menetti kärsivällisyytensä, kun hänelle ei maksettu ajallaan
he lost his kindness towards beggars
hän menetti ystävällisyytensä kerjäläisiä kohtaan
He gambled away tens of thousands at one roll of the dice
Hän pelasi kymmeniä tuhansia yhdellä nopanheitolla
he became more strict and more petty in his business
hänestä tuli tiukempi ja pikkumainen liiketoiminnassaan
occasionally, he was dreaming at night about money!
joskus hän näki yöllä unta rahasta!
whenever he woke up from this ugly spell, he continued fleeing
aina kun hän heräsi tästä rumasta loitsusta, hän jatkoi pakenemista
whenever he found his face in the mirror to have aged, he found a new game
aina kun hän huomasi kasvonsa peilistä vanhentuneeksi, hän löysi uuden pelin

whenever embarrassment and disgust came over him, he numbed his mind
aina kun hämmennys ja inho valtasi hänet, hän turrutti mielensä
he numbed his mind with sex and wine
hän turrutti mielensä seksillä ja viinillä
and from there he fled back into the urge to pile up and obtain possessions
ja sieltä hän pakeni takaisin haluun kasautua ja hankkia omaisuutta
In this pointless cycle he ran
Tässä turhassa kierrossa hän juoksi
from his life he grow tired, old, and ill
elämästään hän väsyy, vanha ja sairas

Then the time came when a dream warned him
Sitten tuli aika, jolloin uni varoitti häntä
He had spent the hours of the evening with Kamala
Hän oli viettänyt illan tunnit Kamalan kanssa
he had been in her beautiful pleasure-garden
hän oli ollut hänen kauniissa huvipuutarhassaan
They had been sitting under the trees, talking
He olivat istuneet puiden alla ja jutelleet
and Kamala had said thoughtful words
ja Kamala oli sanonut ajattelevia sanoja
words behind which a sadness and tiredness lay hidden
sanoja, joiden taakse kätkeytyy suru ja väsymys
She had asked him to tell her about Gotama
Hän oli pyytänyt häntä kertomaan hänelle Gotamasta
she could not hear enough of him
hän ei kuullut tarpeeksi hänestä
she loved how clear his eyes were
hän rakasti kuinka kirkkaat hänen silmänsä olivat
she loved how still and beautiful his mouth was
hän rakasti kuinka tyyni ja kaunis hänen suunsa oli
she loved the kindness of his smile

hän rakasti hänen hymynsä ystävällisyyttä
she loved how peaceful his walk had been
hän rakasti kuinka rauhallista hänen kävelynsä oli ollut
For a long time, he had to tell her about the exalted Buddha
Pitkän aikaa hänen täytyi kertoa hänelle korotetusta Buddhasta
and Kamala had sighed, and spoke
ja Kamala oli huokannut ja puhunut
"One day, perhaps soon, I'll also follow that Buddha"
"Jonain päivänä, ehkä pian, minäkin seuraan sitä Buddhaa"
"I'll give him my pleasure-garden for a gift"
"Annan hänelle ilopuutarhani lahjaksi"
"and I will take my refuge in his teachings"
"ja minä turvaan hänen opetuksiinsa"
But after this, she had aroused him
Mutta tämän jälkeen hän oli herättänyt hänet
she had tied him to her in the act of making love
hän oli sitonut hänet itseensä rakastelussa
with painful fervour, biting and in tears
tuskallisen kiihkeästi, purevina ja kyyneleinä
it was as if she wanted to squeeze the last sweet drop out of this wine
oli kuin hän olisi halunnut puristaa viimeisen makean pisaran tästä viinistä
Never before had it become so strangely clear to Siddhartha
Koskaan aiemmin se ei ollut tullut näin oudon selväksi Siddharthalle
he felt how close lust was akin to death
hän tunsi kuinka lähellä himo oli kuolemaa
he laid by her side, and Kamala's face was close to him
hän makasi hänen vierellään, ja Kamalan kasvot olivat lähellä häntä
under her eyes and next to the corners of her mouth
hänen silmiensä alla ja suun kulmien vieressä
it was as clear as never before
se oli yhtä selvää kuin koskaan ennen

there read a fearful inscription
siellä luki pelottava kirjoitus
an inscription of small lines and slight grooves
pienten viivojen ja pienten urien kirjoitus
an inscription reminiscent of autumn and old age
syksyä ja vanhuutta muistuttava kirjoitus
here and there, gray hairs among his black ones
siellä täällä harmaita hiuksia hänen mustien hiustensa joukossa
Siddhartha himself, who was only in his forties, noticed the same thing
Siddhartha itse, joka oli vasta nelikymppinen, huomasi saman asian
Tiredness was written on Kamala's beautiful face
Kamalan kauniille kasvoille oli kirjoitettu väsymys
tiredness from walking a long path
väsymys pitkän polun kävelystä
a path which has no happy destination
polku, jolla ei ole onnellista päämäärää
tiredness and the beginning of withering
väsymys ja kuihtumisen alkaminen
fear of old age, autumn, and having to die
vanhuuden, syksyn ja kuoleman pelko
With a sigh, he had bid his farewell to her
Huokaten hän oli jättänyt jäähyväiset hänelle
the soul full of reluctance, and full of concealed anxiety
sielu täynnä vastahakoisuutta ja täynnä piilotettua ahdistusta

Siddhartha had spent the night in his house with dancing girls
Siddhartha oli viettänyt yön talossaan tanssityttöjen kanssa
he acted as if he was superior to them
hän käyttäytyi ikään kuin olisi heitä parempi
he acted superior towards the fellow-members of his caste
hän käyttäytyi ylivoimaisesti kastinsa jäsentovereita kohtaan
but this was no longer true

mutta tämä ei ollut enää totta
he had drunk much wine that night
hän oli juonut paljon viiniä sinä iltana
and he went to bed a long time after midnight
ja hän meni nukkumaan kauan puolenyön jälkeen
tired and yet excited, close to weeping and despair
väsynyt ja kuitenkin innostunut, lähellä itkua ja epätoivoa
for a long time he sought to sleep, but it was in vain
kauan hän yritti nukkua, mutta se oli turhaa
his heart was full of misery
hänen sydämensä oli täynnä kurjuutta
he thought he could not bear any longer
hän ajatteli, ettei kestäisi enää
he was full of a disgust, which he felt penetrating his entire body
hän oli täynnä inhoa, jonka hän tunsi tunkeutuvan koko kehoonsa
like the lukewarm repulsive taste of the wine
kuin viinin haalea vastenmielinen maku
the dull music was a little too happy
tylsä musiikki oli hieman liian iloinen
the smile of the dancing girls was a little too soft
tanssityttöjen hymy oli hieman liian pehmeä
the scent of their hair and breasts was a little too sweet
heidän hiustensa ja rintojensa tuoksu oli hieman liian makea
But more than by anything else, he was disgusted by himself
Mutta enemmän kuin mikään muu, hän inhosi itseään
he was disgusted by his perfumed hair
hän inhosi hajustettuja hiuksiaan
he was disgusted by the smell of wine from his mouth
hän inhosi viinin hajua suustaan
he was disgusted by the listlessness of his skin
hän inhosi ihonsa välinpitämättömyyttä
Like when someone who has eaten and drunk far too much
Kuten silloin, kun joku on syönyt ja juonut aivan liikaa

they vomit it back up again with agonising pain
he oksentavat sen takaisin ylös tuskallisen kivun kanssa
but they feel relieved by the vomiting
mutta he tuntevat helpotusta oksentelusta
this sleepless man wished to free himself of these pleasures
tämä uneton mies halusi vapautua näistä nautinnoista
he wanted to be rid of these habits
hän halusi päästä eroon näistä tavoista
he wanted to escape all of this pointless life
hän halusi paeta kaikkea tätä turhaa elämää
and he wanted to escape from himself
ja hän halusi paeta itseään
it wasn't until the light of the morning when he had slightly fallen sleep
vasta aamulla, kun hän oli hieman nukahtanut
the first activities in the street were already beginning
ensimmäiset toimet kadulla olivat jo alkamassa
for a few moments he had found a hint of sleep
hetkeksi hän oli havainnut unta
In those moments, he had a dream
Niinä hetkinä hän näki unta
Kamala owned a small, rare singing bird in a golden cage
Kamala omisti pienen, harvinaisen laulavan linnun kultahäkissä
it always sung to him in the morning
se lauloi hänelle aina aamulla
but then he dreamt this bird had become mute
mutta sitten hän näki unta, että tästä linnusta on tullut mykkä
since this arose his attention, he stepped in front of the cage
Koska tämä herätti hänen huomionsa, hän astui häkin eteen
he looked at the bird inside the cage
hän katsoi lintua häkin sisällä
the small bird was dead, and lay stiff on the ground
pieni lintu oli kuollut ja makasi jäykkänä maassa
He took the dead bird out of its cage
Hän otti kuolleen linnun ulos häkistä

he took a moment to weigh the dead bird in his hand
hän punnitsi hetken kädessään olevaa kuollutta lintua
and then threw it away, out in the street
ja sitten heitti sen pois kadulle
in the same moment he felt terribly shocked
samalla hetkellä hän tunsi itsensä kauhean järkyttyneeksi
his heart hurt as if he had thrown away all value
hänen sydäntään sattui kuin hän olisi heittänyt pois kaiken arvon
everything good had been inside of this dead bird
kaikki hyvä oli ollut tämän kuolleen linnun sisällä
Starting up from this dream, he felt encompassed by a deep sadness
Tästä unesta lähdettyään hän tunsi olevansa syvän surun vallassa
everything seemed worthless to him
kaikki näytti hänestä arvottomalta
worthless and pointless was the way he had been going through life
arvoton ja turha oli hänen tapansa käydä läpi elämän
nothing which was alive was left in his hands
mitään elävää ei jäänyt hänen käsiinsä
nothing which was in some way delicious could be kept
mitään, mikä oli jollain tapaa herkullista, ei voitu säilyttää
nothing worth keeping would stay
mikään säilyttämisen arvoinen ei jää
alone he stood there, empty like a castaway on the shore
yksin hän seisoi siellä tyhjänä kuin karkotettu rannalla

With a gloomy mind, Siddhartha went to his pleasure-garden
Siddhartha meni synkällä mielellä huvipuutarhaansa
he locked the gate and sat down under a mango-tree
hän lukitsi portin ja istuutui mangopuun alle
he felt death in his heart and horror in his chest
hän tunsi kuoleman sydämessään ja kauhun rinnassaan

he sensed how everything died and withered in him
hän aisti, kuinka kaikki kuoli ja kuihtui hänessä
By and by, he gathered his thoughts in his mind
Vähitellen hän kokosi ajatuksensa mielessään
once again, he went through the entire path of his life
jälleen kerran hän kävi läpi koko elämänsä polun
he started with the first days he could remember
hän aloitti ensimmäisistä päivistä, jotka hän muisti
When was there ever a time when he had felt a true bliss?
Milloin hän oli koskaan tuntenut todellista autuutta?
Oh yes, several times he had experienced such a thing
Voi kyllä, hän oli kokenut tällaisen asian useita kertoja
In his years as a boy he had had a taste of bliss
Poikavuosinaan hän oli saanut maistaa autuutta
he had felt happiness in his heart when he obtained praise from the Brahmans
hän oli tuntenut onnea sydämessään, kun hän sai kiitosta brahmanilta
"There is a path in front of the one who has distinguished himself"
"Edessä on tie, joka on eronnut"
he had felt bliss reciting the holy verses
hän oli tuntenut autuutta lausuessaan pyhiä säkeitä
he had felt bliss disputing with the learned ones
hän oli tuntenut autuutta kiistellessä oppineiden kanssa
he had felt bliss when he was an assistant in the offerings
hän oli tuntenut autuutta toimiessaan avustajana tarjouksissa
Then, he had felt it in his heart
Sitten hän tunsi sen sydämessään
"There is a path in front of you"
"Edessäsi on polku"
"you are destined for this path"
"olet tarkoitettu tälle tielle"
"the gods are awaiting you"
"jumalat odottavat sinua"
And again, as a young man, he had felt bliss

Ja jälleen, nuorena miehenä, hän oli tuntenut autuutta
when his thoughts separated him from those thinking on the same things
kun hänen ajatuksensa erottivat hänet samoista asioista ajattelevista
when he wrestled in pain for the purpose of Brahman
kun hän paini kivusta Brahmanin tarkoituksesta
when every obtained knowledge only kindled new thirst in him
kun jokainen saatu tieto vain sytytti hänessä uutta janoa
in the midst of the pain he felt this very same thing
kivun keskellä hän tunsi tämän saman asian
"Go on! You are called upon!"
"Jatka! Sinua kutsutaan!"
He had heard this voice when he had left his home
Hän oli kuullut tämän äänen lähtiessään kotoaan
he heard heard this voice when he had chosen the life of a Samana
hän kuuli tämän äänen, kun hän oli valinnut Samanan elämän
and again he heard this voice when left the Samanas
ja taas hän kuuli tämän äänen lähtiessään Samanasista
he had heard the voice when he went to see the perfected one
hän oli kuullut äänen, kun hän meni katsomaan täydellistä
and when he had gone away from the perfected one, he had heard the voice
ja kun hän oli mennyt pois täydellisestä, hän oli kuullut äänen
he had heard the voice when he went into the uncertain
hän oli kuullut äänen, kun hän meni epävarmaan
For how long had he not heard this voice anymore?
Kuinka kauan hän ei ollut kuullut tätä ääntä enää?
for how long had he reached no height anymore?
kuinka kauan hän ei ollut saavuttanut korkeutta enää?
how even and dull was the manner in which he went through life?
kuinka tasainen ja tylsä oli tapa, jolla hän kulki läpi elämän?

for many long years without a high goal
pitkiä vuosia ilman korkeaa tavoitetta
he had been without thirst or elevation
hän oli ollut ilman janoa tai nousua
he had been content with small lustful pleasures
hän oli tyytynyt pieniin himokkaisiin nautintoihin
and yet he was never satisfied!
ja silti hän ei ollut koskaan tyytyväinen!
For all of these years he had tried hard to become like the others
Kaikki nämä vuodet hän oli yrittänyt kovasti tulla muiden kaltaiseksi
he longed to be one of the childlike people
hän halusi olla yksi lapsenmielisistä ihmisistä
but he didn't know that that was what he really wanted
mutta hän ei tiennyt, että sitä hän todella halusi
his life had been much more miserable and poorer than theirs
hänen elämänsä oli ollut paljon kurjempaa ja köyhempää kuin heidän
because their goals and worries were not his
koska heidän tavoitteensa ja huolensa eivät olleet hänen
the entire world of the Kamaswami-people had only been a game to him
koko Kamaswami-ihmisten maailma oli ollut hänelle vain peli
their lives were a dance he would watch
heidän elämänsä oli tanssia, jota hän katseli
they performed a comedy he could amuse himself with
he esittivät komedian, jolla hän viihtyisi
Only Kamala had been dear and valuable to him
Vain Kamala oli ollut hänelle rakas ja arvokas
but was she still valuable to him?
mutta oliko hän silti arvokas hänelle?
Did he still need her?
Tarviiko hän vielä häntä?
Or did she still need him?

Vai tarviiko hän silti häntä?
Did they not play a game without an ending?
Eivätkö he pelanneet peliä ilman loppua?
Was it necessary to live for this?
Oliko tämän eteen pakko elää?
No, it was not necessary!
Ei, se ei ollut välttämätöntä!
The name of this game was Sansara
Pelin nimi oli Sansara
a game for children which was perhaps enjoyable to play once
peli lapsille, jota oli ehkä hauska pelata kerran
maybe it could be played twice
ehkä se voitaisiin pelata kahdesti
perhaps you could play it ten times
ehkä voisit pelata sen kymmenen kertaa
but should you play it for ever and ever?
mutta pitäisikö sinun pelata sitä aina ja ikuisesti?
Then, Siddhartha knew that the game was over
Sitten Siddhartha tiesi, että peli oli ohi
he knew that he could not play it any more
hän tiesi, ettei hän voinut pelata sitä enää
Shivers ran over his body and inside of him
Väestöt valtasivat hänen ruumiinsa ja hänen sisällään
he felt that something had died
hän tunsi, että jotain oli kuollut

That entire day, he sat under the mango-tree
Koko päivän hän istui mangopuun alla
he was thinking of his father
hän ajatteli isäänsä
he was thinking of Govinda
hän ajatteli Govindaa
and he was thinking of Gotama
ja hän ajatteli Gotamaa
Did he have to leave them to become a Kamaswami?

Pitikö hänen jättää heidät tullakseen Kamaswamiksi?
He was still sitting there when the night had fallen
Hän istui vielä siellä, kun yö oli laskeutunut
he caught sight of the stars, and thought to himself
hän näki tähdet ja ajatteli itsekseen
"Here I'm sitting under my mango-tree in my pleasure-garden"
"Tässä istun mangopuuni alla huvipuutarhassani"
He smiled a little to himself
Hän hymyili hieman itsekseen
was it really necessary to own a garden?
oliko todella tarpeellista omistaa puutarha?
was it not a foolish game?
eikö se ollut typerä peli?
did he need to own a mango-tree?
pitikö hänen omistaa mangopuu?
He also put an end to this
Hän myös lopetti tämän
this also died in him
tämäkin kuoli häneen
He rose and bid his farewell to the mango-tree
Hän nousi ja jätti hyvästit mangopuulle
he bid his farewell to the pleasure-garden
hän jätti jäähyväiset huvipuutarhalle
Since he had been without food this day, he felt strong hunger
Koska hän oli ollut ilman ruokaa tänä päivänä, hän tunsi voimakasta nälkää
and he thought of his house in the city
ja hän ajatteli taloaan kaupungissa
he thought of his chamber and bed
hän ajatteli kammiotaan ja sänkyään
he thought of the table with the meals on it
hän ajatteli pöytää, jossa oli ateriat
He smiled tiredly, shook himself, and bid his farewell to these things

Hän hymyili väsyneenä, pudisti itseään ja jätti hyvästit näille asioille
In the same hour of the night, Siddhartha left his garden
Samaan aikaan yöstä Siddhartha lähti puutarhastaan
he left the city and never came back
hän lähti kaupungista eikä koskaan palannut

For a long time, Kamaswami had people look for him
Kamaswami joutui pitkään etsimään häntä
they thought he had fallen into the hands of robbers
he luulivat hänen joutuneen rosvojen käsiin
Kamala had no one look for him
Kamala ei etsinyt häntä
she was not astonished by his disappearance
hän ei ollut hämmästynyt hänen katoamisestaan
Did she not always expect it?
Eikö hän aina odottanut sitä?
Was he not a Samana?
Eikö hän ollut Samana?
a man who was at home nowhere, a pilgrim
mies, joka ei ollut kotona missään, pyhiinvaeltaja
she had felt this the last time they had been together
hän oli tuntenut tämän, kun he olivat viimeksi olleet yhdessä
she was happy despite all the pain of the loss
hän oli onnellinen kaikesta menetyksen aiheuttamasta tuskasta huolimatta
she was happy she had been with him one last time
hän oli onnellinen, että hän oli ollut hänen kanssaan viimeisen kerran
she was happy she had pulled him so affectionately to her heart
hän oli iloinen, että hän oli vetänyt hänet niin hellästi sydämeensä
she was happy she had felt completely possessed and penetrated by him

hän oli iloinen siitä, että hän oli tuntenut olevansa täysin
hänen valtaansa ja tunkeutunut
When she received the news, she went to the window
Kun hän sai uutisen, hän meni ikkunan luo
at the window she held a rare singing bird
ikkunassa hän piti harvinaista laululintua
the bird was held captive in a golden cage
lintua pidettiin vankina kultaisessa häkissä
She opened the door of the cage
Hän avasi häkin oven
she took the bird out and let it fly
hän otti linnun ulos ja antoi sen lentää
For a long time, she gazed after it
Pitkän aikaa hän katseli sitä
From this day on, she received no more visitors
Tästä päivästä lähtien hän ei saanut enää vieraita
and she kept her house locked
ja hän piti talonsa lukittuna
But after some time, she became aware that she was pregnant
Mutta jonkin ajan kuluttua hän huomasi olevansa raskaana
she was pregnant from the last time she was with Siddhartha
hän oli raskaana viime kerralla, kun hän oli Siddharthan kanssa

By the River
Joen varrella

Siddhartha walked through the forest
Siddhartha käveli metsän läpi
he was already far from the city
hän oli jo kaukana kaupungista
and he knew nothing but one thing
ja hän ei tiennyt muuta kuin yhden asian
there was no going back for him
hänelle ei ollut paluuta
the life that he had lived for many years was over
elämä, jota hän oli elänyt monta vuotta, oli ohi
he had tasted all of this life
hän oli maistanut koko tämän elämän
he had sucked everything out of this life
hän oli imenyt kaiken pois tästä elämästä
until he was disgusted with it
kunnes hän inhosi sitä
the singing bird he had dreamt of was dead
laulava lintu, josta hän oli unelmoinut, oli kuollut
and the bird in his heart was dead too
ja lintu hänen sydämessään oli myös kuollut
he had been deeply entangled in Sansara
hän oli juuttunut syvään Sansaraan
he had sucked up disgust and death into his body
hän oli imenyt inhoa ja kuolemaa kehoonsa
like a sponge sucks up water until it is full
kuin sieni imee vettä, kunnes se on täynnä
he was full of misery and death
hän oli täynnä kurjuutta ja kuolemaa
there was nothing left in this world which could have attracted him
tässä maailmassa ei ollut enää mitään, mikä olisi voinut vetää hänet puoleensa
nothing could have given him joy or comfort

mikään ei olisi voinut tarjota hänelle iloa tai lohtua
he passionately wished to know nothing about himself anymore
hän halusi intohimoisesti tietää itsestään enää mitään
he wanted to have rest and be dead
hän halusi levätä ja olla kuollut
he wished there was a lightning-bolt to strike him dead!
hän toivoi, että salama iskeisi hänet kuoliaaksi!
If there only was a tiger to devour him!
Kunpa olisi tiikeri, joka nielee hänet!
If there only was a poisonous wine which would numb his senses
Jospa olisi myrkyllistä viiniä, joka turruttaisi hänen aistinsa
a wine which brought him forgetfulness and sleep
viini, joka toi hänelle unohduksen ja unen
a wine from which he wouldn't awake from
viini, josta hän ei heräisi
Was there still any kind of filth he had not soiled himself with?
Oliko siellä vielä jonkinlaista saastaa, jolla hän ei ollut tahrannut itseään?
was there a sin or foolish act he had not committed?
oliko syntiä tai typerää tekoa, jota hän ei ollut tehnyt?
was there a dreariness of the soul he didn't know?
oliko sielussa synkkyyttä, jota hän ei tuntenut?
was there anything he had not brought upon himself?
oliko jotain, mitä hän ei ollut tuonut itselleen?
Was it still at all possible to be alive?
Oliko edes mahdollista olla elossa?
Was it possible to breathe in again and again?
Oliko mahdollista hengittää uudestaan ja uudestaan?
Could he still breathe out?
Voiko hän vielä hengittää ulos?
was he able to bear hunger?
kestikö hän nälkää?
was there any way to eat again?

oliko enää mitään tapaa syödä?
was it possible to sleep again?
oliko mahdollista nukkua taas?
could he sleep with a woman again?
voisiko hän nukkua taas naisen kanssa?
had this cycle not exhausted itself?
eikö tämä kierre ole kulunut loppuun?
were things not brought to their conclusion?
eikö asioita saatu päätökseen?

Siddhartha reached the large river in the forest
Siddhartha saavutti suuren joen metsässä
it was the same river he crossed when he had still been a young man
se oli sama joki, jonka hän ylitti ollessaan vielä nuori mies
it was the same river he crossed from the town of Gotama
se oli sama joki, jonka hän ylitti Gotaman kaupungista
he remembered a ferryman who had taken him over the river
hän muisti lauttamiehen, joka oli vienyt hänet joen yli
By this river he stopped, and hesitantly he stood at the bank
Tämän joen varrella hän pysähtyi ja seisoi epäröivästi rannalla
Tiredness and hunger had weakened him
Väsymys ja nälkä olivat heikentäneet häntä
"what should I walk on for?"
"mitä minun pitäisi kävellä?"
"to what goal was there left to go?"
"Mihin tavoitteeseen oli vielä matkaa?"
No, there were no more goals
Ei, maaleja ei ollut enempää
there was nothing left but a painful yearning to shake off this dream
ei ollut muuta jäljellä kuin tuskallinen kaipaus päästä eroon tästä unesta
he yearned to spit out this stale wine
hän halusi sylkeä tämän vanhentuneen viinin

he wanted to put an end to this miserable and shameful life
hän halusi lopettaa tämän kurjan ja häpeällisen elämän
a coconut-tree bent over the bank of the river
kookospuu taipuu joen rannalle
Siddhartha leaned against its trunk with his shoulder
Siddhartha nojasi sen runkoa vasten olkapäällään
he embraced the trunk with one arm
hän syleili runkoa yhdellä kädellä
and he looked down into the green water
ja hän katsoi alas vihreään veteen
the water ran under him
vesi valui hänen alta
he looked down and found himself to be entirely filled with the wish to let go
hän katsoi alas ja huomasi olevansa täysin täynnä toivetta päästää irti
he wanted to drown in these waters
hän halusi hukkua näihin vesiin
the water reflected a frightening emptiness back at him
vesi heijasti pelottavan tyhjyyden takaisin häneen
the water answered to the terrible emptiness in his soul
vesi vastasi hänen sielunsa hirvittävään tyhjyyteen
Yes, he had reached the end
Kyllä, hän oli saavuttanut lopun
There was nothing left for him, except to annihilate himself
Hänelle ei jäänyt muuta kuin tuhota itsensä
he wanted to smash the failure into which he had shaped his life
hän halusi murskata epäonnistumisen, johon hän oli muovannut elämänsä
he wanted to throw his life before the feet of mockingly laughing gods
hän halusi heittää henkensä pilkkaasti nauravien jumalien jalkojen eteen
This was the great vomiting he had longed for; death
Tämä oli suuri oksentelu, jota hän oli kaivannut; kuolema

the smashing to bits of the form he hated
hänen vihaamansa muodon murskaaminen palasiksi
Let him be food for fishes and crocodiles
Olkoon hän ruokaa kaloille ja krokotiileille
Siddhartha the dog, a lunatic
Siddhartha koira, hullu
a depraved and rotten body; a weakened and abused soul!
turmeltunut ja mätä ruumis; heikentynyt ja hyväksikäytetty sielu!
let him be chopped to bits by the daemons
anna demonien pilkkoa hänet palasiksi
With a distorted face, he stared into the water
Hän tuijotti veteen vääristyneillä kasvoilla
he saw the reflection of his face and spat at it
hän näki kasvonsa heijastuksen ja sylki sitä
In deep tiredness, he took his arm away from the trunk of the tree
Syvässä väsymyksessä hän otti kätensä pois puun rungosta
he turned a bit, in order to let himself fall straight down
hän kääntyi hieman päästäkseen putoamaan suoraan alas
in order to finally drown in the river
hukkuakseen lopulta jokeen
With his eyes closed, he slipped towards death
Silmät kiinni hän liukastui kohti kuolemaa
Then, out of remote areas of his soul, a sound stirred up
Sitten hänen sielunsa syrjäisiltä alueilta kuului ääni
a sound stirred up out of past times of his now weary life
ääni nousi esiin hänen nyt väsyneen elämänsä menneistä ajoista
It was a singular word, a single syllable
Se oli yksittäinen sana, yksi tavu
without thinking he spoke the voice to himself
ajattelematta hän puhui äänen itselleen
he slurred the beginning and the end of all prayers of the Brahmans
hän hämäsi brahmanien kaikkien rukousten alun ja lopun

he spoke the holy Om
hän puhui pyhän Omin
"that what is perfect" or "the completion"
"se mikä on täydellistä" tai "valmistuminen"
And in the moment he realized the foolishness of his actions
Ja sillä hetkellä hän tajusi tekojensa typeryyden
the sound of Om touched Siddhartha's ear
Omin ääni kosketti Siddharthan korvaa
his dormant spirit suddenly woke up
hänen uinuva henkensä heräsi yhtäkkiä
Siddhartha was deeply shocked
Siddhartha oli syvästi järkyttynyt
he saw this was how things were with him
hän näki näin asiat hänen kanssaan
he was so doomed that he had been able to seek death
hän oli niin tuomittu, että hän oli voinut etsiä kuolemaa
he had lost his way so much that he wished the end
hän oli eksynyt niin paljon, että toivoi loppua
the wish of a child had been able to grow in him
lapsen toive oli voinut kasvaa hänessä
he had wished to find rest by annihilating his body!
hän oli halunnut löytää levon tuhoamalla ruumiinsa!
all the agony of recent times
kaikki viime aikojen tuska
all sobering realizations that his life had created
kaikki hänen elämänsä synnyttämät raitistavat oivallukset
all the desperation that he had felt
kaikesta epätoivosta, jonka hän oli tuntenut
these things did not bring about this moment
nämä asiat eivät saaneet aikaan tätä hetkeä
when the Om entered his consciousness he became aware of himself
kun Om tuli hänen tietoisuuteensa, hän tuli tietoiseksi itsestään
he realized his misery and his error
hän tajusi kurjuutensa ja virheensä

Om! he spoke to himself
Om! hän puhui itselleen
Om! and again he knew about Brahman
Om! ja taas hän tiesi Brahmanista
Om! he knew about the indestructibility of life
Om! hän tiesi elämän tuhoutumattomuudesta
Om! he knew about all that is divine, which he had forgotten
Om! hän tiesi kaikesta jumalallisesta, jonka hän oli unohtanut
But this was only a moment that flashed before him
Mutta tämä oli vain hetki, joka välähti hänen edessään
By the foot of the coconut-tree, Siddhartha collapsed
Kookospuun juurelle Siddhartha romahti
he was struck down by tiredness
hänet iski väsymys
mumbling "Om", he placed his head on the root of the tree
mutisten "Om", hän asetti päänsä puun juurelle
and he fell into a deep sleep
ja hän vaipui syvään uneen
Deep was his sleep, and without dreams
Hänen unensa oli syvä, ja ilman unia
for a long time he had not known such a sleep any more
pitkään aikaan hän ei ollut tuntenut sellaista unta enää

When he woke up after many hours, he felt as if ten years had passed
Kun hän heräsi useiden tuntien jälkeen, hänestä tuntui kuin kymmenen vuotta olisi kulunut
he heard the water quietly flowing
hän kuuli veden virtaavan hiljaa
he did not know where he was
hän ei tiennyt missä oli
and he did not know who had brought him here
eikä hän tiennyt, kuka oli tuonut hänet tänne
he opened his eyes and looked with astonishment
hän avasi silmänsä ja katsoi hämmästyneenä

there were trees and the sky above him
hänen yläpuolellaan oli puita ja taivas
he remembered where he was and how he got here
hän muisti missä hän oli ja kuinka hän joutui tänne
But it took him a long while for this
Mutta tähän häneltä kesti kauan
the past seemed to him as if it had been covered by a veil
menneisyys näytti hänestä ikään kuin se olisi peitetty hunnulla
infinitely distant, infinitely far away, infinitely meaningless
äärettömän kaukainen, äärettömän kaukana, äärettömän merkityksetön
He only knew that his previous life had been abandoned
Hän tiesi vain, että hänen edellinen elämänsä oli hylätty
this past life seemed to him like a very old, previous incarnation
tämä mennyt elämä näytti hänestä hyvin vanhalta, edelliseltä inkarnaatiolta
this past life felt like a pre-birth of his present self
tämä mennyt elämä tuntui hänen nykyisen itsensä esisyntymiseltä
full of disgust and wretchedness, he had intended to throw his life away
täynnä inhoa ja kurjuutta, hän oli aikonut heittää henkensä pois
he had come to his senses by a river, under a coconut-tree
hän oli tullut järkiinsä joen varrella, kookospuun alla
the holy word "Om" was on his lips
pyhä sana "Om" oli hänen huulillaan
he had fallen asleep and had now woken up
hän oli nukahtanut ja oli nyt herännyt
he was looking at the world as a new man
hän katsoi maailmaa uutena miehenä
Quietly, he spoke the word "Om" to himself
Hiljaa hän puhui sanan "Om" itselleen
the "Om" he was speaking when he had fallen asleep

"Om", jonka hän puhui, kun hän oli nukahtanut
his sleep felt like nothing more than a long meditative
recitation of "Om"
hänen unensa tuntui vain pitkältä meditatiiviselta "Omin"
lausumiselta
all his sleep had been a thinking of "Om"
kaikki hänen unensa oli ajatellut "Om"
a submergence and complete entering into "Om"
uppoaminen ja täydellinen siirtyminen "Omiin"
a going into the perfected and completed
meneminen täydelliseen ja täytettyyn
What a wonderful sleep this had been!
Mikä ihana uni tämä olikaan!
he had never before been so refreshed by sleep
hän ei ollut koskaan ennen ollut näin virkistynyt unesta
Perhaps, he really had died
Ehkä hän todella oli kuollut
maybe he had drowned and was reborn in a new body?
ehkä hän oli hukkunut ja syntyi uudelleen uudessa ruumiissa?
But no, he knew himself and who he was
Mutta ei, hän tiesi itsensä ja kuka hän oli
he knew his hands and his feet
hän tunsi kätensä ja jalkansa
he knew the place where he lay
hän tiesi paikan, jossa makasi
he knew this self in his chest
hän tunsi tämän itsensä rinnassaan
Siddhartha the eccentric, the weird one
Siddhartha eksentrinen, outo
but this Siddhartha was nevertheless transformed
mutta tämä Siddhartha kuitenkin muuttui
he was strangely well rested and awake
hän oli oudon levännyt ja hereillä
and he was joyful and curious
ja hän oli iloinen ja utelias

Siddhartha straightened up and looked around
Siddhartha suoriutui ja katsoi ympärilleen
then he saw a person sitting opposite to him
sitten hän näki henkilön istumassa häntä vastapäätä
a monk in a yellow robe with a shaven head
munkki keltaisessa viittassa ajeltu pää
he was sitting in the position of pondering
hän istui pohtivassa asennossa
He observed the man, who had neither hair on his head nor a beard
Hän havaitsi miehen, jolla ei ollut hiuksia päässä eikä partaa
he had not observed him for long when he recognised this monk
hän ei ollut tarkkaillut häntä pitkään aikaan, kun hän tunnisti tämän munkin
it was Govinda, the friend of his youth
se oli Govinda, hänen nuoruutensa ystävä
Govinda, who had taken his refuge with the exalted Buddha
Govinda, joka oli turvautunut korotetun Buddhan luo
Like Siddhartha, Govinda had also aged
Kuten Siddhartha, myös Govinda oli vanhentunut
but his face still bore the same features
mutta hänen kasvoillaan oli edelleen samat piirteet
his face still expressed zeal and faithfulness
hänen kasvonsa ilmaisivat edelleen intoa ja uskollisuutta
you could see he was still searching, but timidly
saattoi nähdä, että hän vielä etsi, mutta arka
Govinda sensed his gaze, opened his eyes, and looked at him
Govinda aisti hänen katseensa, avasi silmänsä ja katsoi häneen
Siddhartha saw that Govinda did not recognise him
Siddhartha näki, että Govinda ei tunnistanut häntä
Govinda was happy to find him awake
Govinda oli iloinen nähdessään hänet hereillä
apparently, he had been sitting here for a long time
ilmeisesti hän oli istunut täällä pitkään

he had been waiting for him to wake up
hän oli odottanut hänen heräävän
he waited, although he did not know him
hän odotti, vaikka ei tuntenut häntä
"I have been sleeping" said Siddhartha
"Olen nukkunut", sanoi Siddhartha
"How did you get here?"
"Kuinka pääsit tänne?"
"You have been sleeping" answered Govinda
"Olet nukkunut", vastasi Govinda
"It is not good to be sleeping in such places"
"Ei ole hyvä nukkua sellaisissa paikoissa"
"snakes and the animals of the forest have their paths here"
"käärmeillä ja metsän eläimillä on polkunsa täällä"
"I, oh sir, am a follower of the exalted Gotama"
"Minä, oi herra, olen korotetun Gotaman seuraaja"
"I was on a pilgrimage on this path"
"Olin pyhiinvaelluksella tällä polulla"
"I saw you lying and sleeping in a place where it is dangerous to sleep"
"Näin sinun makaamassa ja nukkumassa paikassa, jossa on vaarallista nukkua"
"Therefore, I sought to wake you up"
"Siksi, yritin herättää sinut"
"but I saw that your sleep was very deep"
"mutta minä näin, että unesi oli hyvin syvä"
"so I stayed behind from my group"
"Joten jäin pois ryhmästäni"
"and I sat with you until you woke up"
"ja minä istuin kanssasi kunnes heräsit"
"And then, so it seems, I have fallen asleep myself"
"Ja sitten näyttää siltä, että olen itsekin nukahtanut"
"I, who wanted to guard your sleep, fell asleep"
"Minä, joka halusin varjella untasi, nukahdin"
"Badly, I have served you"
"Huonosti, olen palvellut sinua"

"tiredness had overwhelmed me"
"väsymys oli vallannut minut"
"But since you're awake, let me go to catch up with my brothers"
"Mutta koska olet hereillä, anna minun mennä tapaamaan veljiäni"
"I thank you, Samana, for watching out over my sleep" spoke Siddhartha
"Kiitän sinua, Samana, että valvoit untani", sanoi Siddhartha
"You're friendly, you followers of the exalted one"
"Te olette ystävällisiä, te ylemmän seuraajat"
"Now you may go to them"
"Nyt voit mennä heidän luokseen"
"I'm going, sir. May you always be in good health"
"Minä menen, sir. Olkoon teillä aina hyvä terveys"
"I thank you, Samana"
"Kiitos, Samana"
Govinda made the gesture of a salutation and said "Farewell"
Govinda esitti tervehdyksen ja sanoi "Hyvästi"
"Farewell, Govinda" said Siddhartha
"Hyvästi, Govinda", sanoi Siddhartha
The monk stopped as if struck by lightning
Munkki pysähtyi kuin salaman iskemä
"Permit me to ask, sir, from where do you know my name?"
"Sallikaa minun kysyä, herra, mistä tiedät nimeni?"
Siddhartha smiled, "I know you, oh Govinda, from your father's hut"
Siddhartha hymyili: "Tunnen sinut, oi Govinda, isäsi kotasta."
"and I know you from the school of the Brahmans"
"ja minä tunnen sinut brahmanien koulusta"
"and I know you from the offerings"
"ja minä tunnen sinut tarjouksista"
"and I know you from our walk to the Samanas"
"ja minä tunnen sinut kävelystämme Samanasiin"

"and I know you from when you took refuge with the exalted one"
"ja minä tunnen sinut siitä lähtien, kun etsit turvaa Korkeimman luo"
"You're Siddhartha," Govinda exclaimed loudly, "Now, I recognise you"
"Sinä olet Siddhartha", Govinda huudahti äänekkäästi, "Nyt minä tunnistan sinut."
"I don't comprehend how I couldn't recognise you right away"
"En ymmärrä, kuinka en voinut tunnistaa sinua heti"
"Siddhartha, my joy is great to see you again"
"Siddhartha, iloni on suuri nähdä sinut taas"
"It also gives me joy, to see you again" spoke Siddhartha
"Minulle on myös ilo nähdä sinut taas", sanoi Siddhartha
"You've been the guard of my sleep"
"Olet ollut uneni vartija"
"again, I thank you for this"
"Kiitos vielä kerran tästä"
"but I wouldn't have required any guard"
"mutta en olisi tarvinnut vartijaa"
"Where are you going to, oh friend?"
"Minne sinä menet, ystäväni?"
"I'm going nowhere," answered Govinda
"En lähde minnekään", vastasi Govinda
"We monks are always travelling"
"Me munkit matkustamme aina"
"whenever it is not the rainy season, we move from one place to another"
"Aina kun ei ole sadekausi, siirrymme paikasta toiseen"
"we live according to the rules of the teachings passed on to us"
"elämme meille välitettyjen opetusten sääntöjen mukaan"
"we accept alms, and then we move on"
"otamme almua ja sitten siirrymme eteenpäin"
"It is always like this"

"Tällaista on aina"
"But you, Siddhartha, where are you going to?"
"Mutta sinä, Siddhartha, minne sinä menet?"
"for me it is as it is with you"
"Minulle se on niin kuin sinun kanssasi"
"I'm going nowhere; I'm just travelling"
"En ole menossa minnekään, minä vain matkustan"
"I'm also on a pilgrimage"
"Olen myös pyhiinvaelluksella"
Govinda spoke "You say you're on a pilgrimage, and I believe you"
Govinda puhui "Sinä sanot olevasi pyhiinvaelluksella, ja minä uskon sinua"
"But, forgive me, oh Siddhartha, you do not look like a pilgrim"
"Mutta anna anteeksi, oi Siddhartha, et näytä pyhiinvaeltajalta"
"You're wearing a rich man's garments"
"Sinulla on rikkaan miehen vaatteet"
"you're wearing the shoes of a distinguished gentleman"
"sinulla on ansioituneen herrasmiehen kengät"
"and your hair, with the fragrance of perfume, is not a pilgrim's hair"
"ja hiuksesi hajuveden tuoksussa eivät ole pyhiinvaeltajan hiuksia"
"you do not have the hair of a Samana"
"sinulla ei ole Samanan hiuksia"
"you are right, my dear"
"Olet oikeassa, kultaseni"
"you have observed things well"
"Olet tarkkaillut asioita hyvin"
"your keen eyes see everything"
"terävät silmäsi näkevät kaiken"
"But I haven't said to you that I was a Samana"
"Mutta en ole sanonut sinulle olevani Samana"
"I said I'm on a pilgrimage"

"Sanoin olevani pyhiinvaelluksella"
"And so it is, I'm on a pilgrimage"
"Ja niin se on, olen pyhiinvaelluksella"
"You're on a pilgrimage" said Govinda
"Olet pyhiinvaelluksella", sanoi Govinda
"But few would go on a pilgrimage in such clothes"
"Mutta harva lähtisi pyhiinvaellusmatkalle sellaisissa vaatteissa"
"few would pilger in such shoes"
"harvat pilaisivat sellaisissa kengissä"
"and few pilgrims have such hair"
"ja harvoilla pyhiinvaeltajilla on tällaiset hiukset"
"I have never met such a pilgrim"
"En ole koskaan tavannut sellaista pyhiinvaeltajaa"
"and I have been a pilgrim for many years"
"ja olen ollut pyhiinvaeltaja monta vuotta"
"I believe you, my dear Govinda"
"Uskon sinua, rakas Govinda"
"But now, today, you've met a pilgrim just like this"
"Mutta nyt, tänään, olet tavannut tällaisen pyhiinvaeltajan"
"a pilgrim wearing these kinds of shoes and garment"
"pyhiinvaeltaja, jolla on tällaisia kenkiä ja vaatteita"
"Remember, my dear, the world of appearances is not eternal"
"Muista, kultaseni, ulkonäön maailma ei ole ikuinen"
"our shoes and garments are anything but eternal"
"Kengämme ja vaatteemme ovat kaikkea muuta kuin ikuisia"
"our hair and bodies are not eternal either"
"hiuksemme ja ruumiimme eivät myöskään ole ikuisia"
I'm wearing a rich man's clothes"
Minulla on päälläni rikkaan miehen vaatteet"
"you've seen this quite right"
"Olet nähnyt tämän aivan oikein"
"I'm wearing them, because I have been a rich man"
"Pidän niitä päälläni, koska olen ollut rikas mies"

"and I'm wearing my hair like the worldly and lustful people"
"ja minulla on hiukset pääläni kuin maalliset ja himokkaat ihmiset"
"because I have been one of them"
"koska minä olen ollut yksi heistä"
"And what are you now, Siddhartha?" Govinda asked
"Ja mikä sinä olet nyt, Siddhartha?" Govinda kysyi
"I don't know it, just like you"
"En tiedä sitä, aivan kuten sinä"
"I was a rich man, and now I am not a rich man anymore"
"Olin rikas mies, enkä ole enää rikas mies"
"and what I'll be tomorrow, I don't know"
"Ja mikä minä olen huomenna, en tiedä"
"You've lost your riches?" asked Govinda
"Oletko menettänyt rikkautesi?" kysyi Govinda
"I've lost my riches, or they have lost me"
"Olen menettänyt rikkauteni, tai he ovat menettäneet minut"
"My riches somehow happened to slip away from me"
"Rikkauteni sattui jotenkin karkaamaan minulta"
"The wheel of physical manifestations is turning quickly, Govinda"
"Fyysisten ilmentymien pyörä pyörii nopeasti, Govinda"
"Where is Siddhartha the Brahman?"
"Missä on Siddhartha Brahman?"
"Where is Siddhartha the Samana?"
"Missä on Siddhartha Samana?"
"Where is Siddhartha the rich man?"
"Missä on rikas mies Siddhartha?"
"Non-eternal things change quickly, Govinda, you know it"
"Ei-ikuiset asiat muuttuvat nopeasti, Govinda, tiedät sen"
Govinda looked at the friend of his youth for a long time
Govinda katsoi nuoruuden ystäväänsä pitkään
he looked at him with doubt in his eyes
hän katsoi häntä epäilevästi silmissään

After that, he gave him the salutation which one would use on a gentleman
Sen jälkeen hän antoi hänelle tervehdyksen, jota käytetään herrasmiehelle
and he went on his way, and continued his pilgrimage
ja hän lähti matkaansa ja jatkoi pyhiinvaellusmatkaansa
With a smiling face, Siddhartha watched him leave
Siddhartha näki hänen lähtevän hymyillen
he loved him still, this faithful, fearful man
hän rakasti häntä yhä, tätä uskollista, pelokas miestä
how could he not have loved everybody and everything in this moment?
kuinka hän ei olisi voinut rakastaa kaikkia ja kaikkea tällä hetkellä?
in the glorious hour after his wonderful sleep, filled with Om!
loistavana hetkenä hänen ihanan unensa jälkeen, täynnä Om!
The enchantment, which had happened inside of him in his sleep
Lumoa, joka oli tapahtunut hänen sisällään unissaan
this enchantment was everything that he loved
tämä lumo oli kaikkea mitä hän rakasti
he was full of joyful love for everything he saw
hän oli täynnä iloista rakkautta kaikkea näkemäänsä kohtaan
exactly this had been his sickness before
juuri tämä oli hänen sairautensa ennen
he had not been able to love anybody or anything
hän ei ollut kyennyt rakastamaan ketään tai mitään
With a smiling face, Siddhartha watched the leaving monk
Hymyilevin kasvoin Siddhartha katseli lähtevää munkkia

The sleep had strengthened him a lot
Uni oli vahvistanut häntä paljon
but hunger gave him great pain
mutta nälkä aiheutti hänelle suurta kipua
by now he had not eaten for two days

tähän mennessä hän ei ollut syönyt kahteen päivään
the times were long past when he could resist such hunger
ajat olivat kauan menneitä, jolloin hän pystyi vastustamaan sellaista nälkää
With sadness, and yet also with a smile, he thought of that time
Surullisena ja kuitenkin myös hymyillen hän ajatteli sitä aikaa
In those days, so he remembered, he had boasted of three things to Kamala
Niinä päivinä, niin hän muisti, hän oli kehunut kolmesta asiasta Kamalalle
he had been able to do three noble and undefeatable feats
hän oli kyennyt tekemään kolme jaloa ja voittamatonta suoritusta
he was able to fast, wait, and think
hän pystyi paastoamaan, odottamaan ja ajattelemaan
These had been his possessions; his power and strength
Nämä olivat olleet hänen omaisuutensa; hänen voimansa ja voimansa
in the busy, laborious years of his youth, he had learned these three feats
nuoruutensa kiireisinä, työläisinä vuosina hän oli oppinut nämä kolme suoritusta
And now, his feats had abandoned him
Ja nyt hänen urotyönsä olivat hylänneet hänet
none of his feats were his any more
mikään hänen saavutuksistaan ei ollut enää hänen
neither fasting, nor waiting, nor thinking
ei paastoa, ei odottelua, enkä ajattelemista
he had given them up for the most wretched things
hän oli luopunut niistä kaikkein kurjimpien asioiden takia
what is it that fades most quickly?
mikä haalistuu nopeimmin?
sensual lust, the good life, and riches!
aistillinen himo, hyvä elämä ja rikkaus!
His life had indeed been strange

Hänen elämänsä oli todella outoa
And now, so it seemed, he had really become a childlike person
Ja nyt näytti siltä, että hänestä oli todella tullut lapsellinen ihminen
Siddhartha thought about his situation
Siddhartha mietti tilannettaan
Thinking was hard for him now
Ajattelu oli hänelle nyt vaikeaa
he did not really feel like thinking
hän ei todellakaan halunnut ajatella
but he forced himself to think
mutta hän pakotti itsensä ajattelemaan
"all these most easily perishing things have slipped from me"
"kaikki nämä helpoimmin katoavat asiat ovat karanneet minulta"
"again, now I'm standing here under the sun"
"taas, nyt seison täällä auringon alla"
"I am standing here just like a little child"
"Seison täällä kuin pieni lapsi"
"nothing is mine, I have no abilities"
"mikään ei ole minun, minulla ei ole kykyjä"
"there is nothing I could bring about"
"en voi saada aikaan mitään"
"I have learned nothing from my life"
"En ole oppinut elämästäni mitään"
"How wondrous all of this is!"
"Kuinka ihmeellistä tämä kaikki on!"
"it's wondrous that I'm no longer young"
"On ihmeellistä, etten ole enää nuori"
"my hair is already half gray and my strength is fading"
"hiukseni ovat jo puoliksi harmaat ja voimani hiipumassa"
"and now I'm starting again at the beginning, as a child!"
"ja nyt aloitan uudestaan alusta, lapsena!"
Again, he had to smile to himself

Jälleen hänen täytyi hymyillä itsekseen
Yes, his fate had been strange!
Kyllä, hänen kohtalonsa oli outo!
Things were going downhill with him
Asiat menivät alamäkeen hänen kanssaan
and now he was again facing the world naked and stupid
ja nyt hän oli jälleen päin maailmaa alaston ja tyhmänä
But he could not feel sad about this
Mutta hän ei voinut olla surullinen tästä
no, he even felt a great urge to laugh
ei, hän tunsi jopa suurta tarvetta nauraa
he felt an urge to laugh about himself
hän tunsi tarvetta nauraa itselleen
he felt an urge to laugh about this strange, foolish world
hän tunsi tarvetta nauraa tälle oudolle, typerälle maailmalle
"Things are going downhill with you!" he said to himself
"Asiat menevät alamäkeen kanssasi!" hän sanoi itselleen
and he laughed about his situation
ja hän nauroi tilanteelleen
as he was saying it he happened to glance at the river
kun hän sanoi sitä, hän sattui katsomaan jokea
and he also saw the river going downhill
ja hän näki myös joen laskevan alamäkeen
it was singing and being happy about everything
se lauloi ja oli iloinen kaikesta
He liked this, and kindly he smiled at the river
Hän piti tästä ja hymyili ystävällisesti joelle
Was this not the river in which he had intended to drown himself?
Eikö tämä ollut se joki, johon hän oli aikonut hukuttaa itsensä?
in past times, a hundred years ago
menneinä aikoina, sata vuotta sitten
or had he dreamed this?
vai oliko hän haaveillut tästä?
"Wondrous indeed was my life" he thought
"Elämäni oli todella ihmeellistä", hän ajatteli

"my life has taken wondrous detours"
"elämäni on ottanut ihmeellisiä kiertoteitä"
"As a boy, I only dealt with gods and offerings"
"Poikana tein vain jumalia ja uhreja"
"As a youth, I only dealt with asceticism"
"Nuoruudessani tein vain askeettisuutta"
"I spent my time in thinking and meditation"
"Vietin aikaani ajattelussa ja meditaatiossa"
"I was searching for Brahman"
"Etsin Brahmania
"and I worshipped the eternal in the Atman"
"ja minä palvoin ikuista Atmanissa"
"But as a young man, I followed the penitents"
"Mutta nuorena miehenä seurasin katuvia"
"I lived in the forest and suffered heat and frost"
"Asuin metsässä ja kärsin kuumuudesta ja pakkasesta"
"there I learned how to overcome hunger"
"siellä opin voittamaan nälän"
"and I taught my body to become dead"
"ja minä opetin ruumiini tulemaan kuolleeksi"
"Wonderfully, soon afterwards, insight came towards me"
"Ihanaa, pian sen jälkeen oivallus tuli luokseni"
"insight in the form of the great Buddha's teachings"
"ymmärrys suuren Buddhan opetusten muodossa"
"I felt the knowledge of the oneness of the world"
"Tunsin tiedon maailman ykseydestä"
"I felt it circling in me like my own blood"
"Tunsin sen kiertävän sisälläni kuin omaa vertani"
"But I also had to leave Buddha and the great knowledge"
"Mutta minun piti myös jättää Buddha ja suuri tieto"
"I went and learned the art of love with Kamala"
"Menin ja opin rakkauden taiteen Kamalan kanssa"
"I learned trading and business with Kamaswami"
"Opin kauppaa ja kauppaa Kamaswamin kanssa"
"I piled up money, and wasted it again"
"Kasasin rahaa ja tuhlasin sen taas"

"I learned to love my stomach and please my senses"
"Opin rakastamaan vatsaani ja miellyttämään aistejani"
"I had to spend many years losing my spirit"
"Minun piti viettää monta vuotta menettääkseni henkeni"
"and I had to unlearn thinking again"
"ja minun piti oppia ajattelemasta uudelleen"
"there I had forgotten the oneness"
"Sieltä olin unohtanut ykseyden"
"Isn't it just as if I had turned slowly from a man into a child"?
"Eikö ole aivan kuin olisin muuttunut hitaasti miehestä lapseksi"?
"from a thinker into a childlike person"
"ajattelijasta lapsenmieliseksi ihmiseksi"
"And yet, this path has been very good"
"Ja silti, tämä polku on ollut erittäin hyvä"
"and yet, the bird in my chest has not died"
"ja silti, lintu rinnassani ei ole kuollut"
"what a path has this been!"
"mikä polku tämä on ollut!"
"I had to pass through so much stupidity"
"Minun piti käydä läpi niin paljon typeryyttä"
"I had to pass through so much vice"
"Minun piti käydä läpi niin paljon pahetta"
"I had to make so many errors"
"Minun piti tehdä niin paljon virheitä"
"I had to feel so much disgust and disappointment"
"Minun piti tuntea niin paljon inhoa ja pettymystä"
"I had to do all this to become a child again"
"Minun täytyi tehdä tämä kaikki tullakseni taas lapseksi"
"and then I could start over again"
"ja sitten voisin aloittaa alusta"
"But it was the right way to do it"
"Mutta se oli oikea tapa tehdä se"
"my heart says yes to it and my eyes smile to it"
"Sydämeni sanoo kyllä sille ja silmäni hymyilevät sille"

"I've had to experience despair"
"Olen joutunut kokemaan epätoivoa"
"I've had to sink down to the most foolish of all thoughts"
"Minun on täytynyt vaipua kaikista typerimpiin ajatuksiin"
"I've had to think to the thoughts of suicide"
"Olen joutunut miettimään itsemurha-ajatuksia"
"only then would I be able to experience divine grace"
"vain silloin voisin kokea jumalallisen armon"
"only then could I hear Om again"
"vasta sitten kuulin taas Omin"
"only then would I be able to sleep properly and awake again"
"vain silloin pystyisin nukkumaan kunnolla ja heräämään taas"
"I had to become a fool, to find Atman in me again"
"Minun täytyi tulla hulluksi löytääkseni Atman minusta uudelleen"
"I had to sin, to be able to live again"
"Minun täytyi tehdä syntiä voidakseni elää uudelleen"
"Where else might my path lead me to?"
"Mihin muualle polkuni voi viedä minut?"
"It is foolish, this path, it moves in loops"
"Se on typerää, tämä polku, se liikkuu silmukoissa"
"perhaps it is going around in a circle"
"ehkä se pyörii ympyrää"
"Let this path go where it likes"
"Antaa tämän polun mennä minne haluaa"
"where ever this path goes, I want to follow it"
"Minne ikinä tämä polku menee, haluan seurata sitä"
he felt joy rolling like waves in his chest
hän tunsi ilon vierivän kuin aallot rinnassaan
he asked his heart, "from where did you get this happiness?"
hän kysyi sydämeltään: "Mistä sait tämän onnen?"
"does it perhaps come from that long, good sleep?"
"johtuuko se kenties pitkästä, hyvästä unesta?"
"the sleep which has done me so much good"

"uni, joka on tehnyt minulle niin paljon hyvää"
"or does it come from the word Om, which I said?"
"vai tuleeko se sanasta Om, jonka sanoin?"
"Or does it come from the fact that I have escaped?"
"Vai johtuuko se siitä, että olen paennut?"
"does this happiness come from standing like a child under the sky?"
"Tuleeko tämä onni siitä, että seisot kuin lapsi taivaan alla?"
"Oh how good is it to have fled"
"Voi kuinka hyvä on päästä pakoon"
"it is great to have become free!"
"On hienoa päästä vapaaksi!"
"How clean and beautiful the air here is"
"Kuinka puhdas ja kaunis ilma täällä on"
"the air is good to breath"
"Ilma on hyvä hengittää"
"where I ran away from everything smelled of ointments"
"missä pakenin kaikkea, se haisi voidelta"
"spices, wine, excess, sloth"
"mausteet, viini, ylimäärä, laiskuus"
"How I hated this world of the rich"
"Kuinka minä vihasin tätä rikkaiden maailmaa"
"I hated those who revel in fine food and the gamblers!"
"Vihasin niitä, jotka nauttivat hyvästä ruoasta ja uhkapelaajia!"
"I hated myself for staying in this terrible world for so long!
"Vihasin itseäni siitä, että olin niin kauan tässä kauheassa maailmassa!
"I have deprived, poisoned, and tortured myself"
"Olen riistänyt, myrkyttänyt ja kiduttanut itseni"
"I have made myself old and evil!"
"Olen tehnyt itsestäni vanhan ja pahan!"
"No, I will never again do the things I liked doing so much"
"Ei, en enää koskaan tee asioita, joista pidin niin paljon"
"I won't delude myself into thinking that Siddhartha was wise!"
"En aio pettää itseäni ajattelemalla, että Siddhartha oli viisas!"

"But this one thing I have done well"
"Mutta tämän yhden asian olen tehnyt hyvin"
"this I like, this I must praise"
"Tästä pidän, tätä minun täytyy kehua"
"I like that there is now an end to that hatred against myself"
"Pidän siitä, että viha itseäni kohtaan on nyt loppu"
"there is an end to that foolish and dreary life!"
"Tälle typerälle ja ankealle elämälle on loppu!"
"I praise you, Siddhartha, after so many years of foolishness"
"Kiitän sinua, Siddhartha, niin monen typeryyden jälkeen"
"you have once again had an idea"
"sinulla on taas kerran ollut idea"
"you have heard the bird in your chest singing"
"olet kuullut linnun laulun rinnassasi"
"and you followed the song of the bird!"
"ja sinä seurasit linnun laulua!"
with these thoughts he praised himself
näillä ajatuksilla hän ylisti itseään
he had found joy in himself again
hän oli löytänyt ilon itsestään
he listened curiously to his stomach rumbling with hunger
hän kuunteli uteliaana vatsansa korisevan nälästä
he had tasted and spat out a piece of suffering and misery
hän oli maistanut ja sylkenyt palan kärsimystä ja kurjuutta
in these recent times and days, this is how he felt
näinä viime aikoina ja päivinä hänestä tuntui siltä
he had devoured it up to the point of desperation and death
hän oli syönyt sen epätoivoon ja kuolemaan asti
how everything had happened was good
miten kaikki oli tapahtunut oli hyvä
he could have stayed with Kamaswami for much longer
hän olisi voinut jäädä Kamaswamin kanssa paljon pidempään
he could have made more money, and then wasted it
hän olisi voinut ansaita enemmän rahaa ja sitten tuhlata sen
he could have filled his stomach and let his soul die of thirst

hän olisi voinut täyttää vatsansa ja antaa sielunsa kuolla janoon
he could have lived in this soft upholstered hell much longer
hän olisi voinut elää tässä pehmeässä pehmustetussa helvetissä paljon pidempään
if this had not happened, he would have continued this life
jos näin ei olisi tapahtunut, hän olisi jatkanut tätä elämää
the moment of complete hopelessness and despair
täydellisen toivottomuuden ja epätoivon hetki
the most extreme moment when he hung over the rushing waters
äärimmäisin hetki, kun hän roikkui ryntäsillä vesillä
the moment he was ready to destroy himself
sillä hetkellä, kun hän oli valmis tuhoamaan itsensä
the moment he had felt this despair and deep disgust
sillä hetkellä, kun hän oli tuntenut tämän epätoivon ja syvän inhonsa
he had not succumbed to it
hän ei ollut antautunut sille
the bird was still alive after all
lintu oli vielä elossa
this was why he felt joy and laughed
siksi hän tunsi iloa ja nauroi
this was why his face was smiling brightly under his hair
tästä syystä hänen kasvonsa hymyilivät kirkkaasti hänen hiustensa alla
his hair which had now turned gray
hänen hiuksensa, jotka olivat nyt muuttuneet harmaiksi
"It is good," he thought, "to get a taste of everything for oneself"
"On hyvä", hän ajatteli, "maistaa kaikkea itse"
"everything which one needs to know"
"kaikki mitä pitää tietää"
"lust for the world and riches do not belong to the good things"

"Maailman himo ja rikkaudet eivät kuulu hyviin"
"I have already learned this as a child"
"Olen oppinut tämän jo lapsena"
"I have known it for a long time"
"Olen tiennyt sen jo kauan"
"but I hadn't experienced it until now"
"mutta en ollut kokenut sitä tähän asti"
"And now that I I've experienced it I know it"
"Ja nyt kun olen kokenut sen, tiedän sen"
"I don't just know it in my memory, but in my eyes, heart, and stomach"
"En tiedä sitä vain muistissani, vaan silmissäni, sydämessäni ja vatsassani"
"it is good for me to know this!"
"Minun on hyvä tietää tämä!"

For a long time, he pondered his transformation
Hän pohti muuttumistaan pitkään
he listened to the bird, as it sang for joy
hän kuunteli lintua, kun se lauloi ilosta
Had this bird not died in him?
Eikö tämä lintu ollut kuollut häneen?
had he not felt this bird's death?
eikö hän tuntenut tämän linnun kuolemaa?
No, something else from within him had died
Ei, jotain muuta hänen sisältä oli kuollut
something which yearned to die had died
jokin, joka kaipasi kuolla, oli kuollut
Was it not this that he used to intend to kill?
Eikö tämä ollut se, jonka hän ennen aikoi tappaa?
Was it not his his small, frightened, and proud self that had died?
Eikö se ollut hänen pieni, pelokas ja ylpeä minänsä, joka oli kuollut?
he had wrestled with his self for so many years
hän oli paininut itsensä kanssa niin monta vuotta

the self which had defeated him again and again
itse, joka oli voittanut hänet yhä uudelleen ja uudelleen
the self which was back again after every killing
itse, joka palasi takaisin jokaisen murhan jälkeen
the self which prohibited joy and felt fear?
itse, joka kielsi ilon ja tunsi pelkoa?
Was it not this self which today had finally come to its death?
Eikö se ollut tämä minä, joka tänään oli vihdoin kuollut?
here in the forest, by this lovely river
täällä metsässä, tämän ihanan joen rannalla
Was it not due to this death, that he was now like a child?
Eikö se johtunut tästä kuolemasta, että hän oli nyt kuin lapsi?
so full of trust and joy, without fear
niin täynnä luottamusta ja iloa, ilman pelkoa
Now Siddhartha also got some idea of why he had fought this self in vain
Nyt Siddhartha sai myös jonkinlaisen käsityksen siitä, miksi hän oli turhaan taistellut tätä itseään vastaan
he knew why he couldn't fight his self as a Brahman
hän tiesi, miksi hän ei voinut taistella itseään vastaan brahmanina
Too much knowledge had held him back
Liian paljon tietämystä oli pidätellyt häntä
too many holy verses, sacrificial rules, and self-castigation
liikaa pyhiä säkeitä, uhraussääntöjä ja itsensä halveksuntaa
all these things held him back
kaikki nämä asiat pidättelivät häntä
so much doing and striving for that goal!
niin paljon tekemistä ja pyrkimistä tämän tavoitteen eteen!
he had been full of arrogance
hän oli ollut täynnä ylimielisyyttä
he was always the smartest
hän oli aina älykkäin
he was always working the most
hän työskenteli aina eniten

he had always been one step ahead of all others
hän oli aina ollut askeleen edellä muita
he was always the knowing and spiritual one
hän oli aina tietävä ja hengellinen
he was always considered the priest or wise one
häntä pidettiin aina pappina tai viisaana
his self had retreated into being a priest, arrogance, and spirituality
hänen itsensä oli vetäytynyt papiksi, ylimielisyydeksi ja hengellisyydeksi
there it sat firmly and grew all this time
siellä se istui lujasti ja kasvoi koko tämän ajan
and he had thought he could kill it by fasting
ja hän oli luullut voivansa tappaa sen paastoamalla
Now he saw his life as it had become
Nyt hän näki elämänsä sellaisena kuin siitä oli tullut
he saw that the secret voice had been right
hän näki, että salainen ääni oli ollut oikeassa
no teacher would ever have been able to bring about his salvation
yksikään opettaja ei olisi koskaan pystynyt saamaan pelastukseensa
Therefore, he had to go out into the world
Siksi hänen täytyi lähteä maailmaan
he had to lose himself to lust and power
hänen täytyi menettää itsensä himoon ja valtaan
he had to lose himself to women and money
hänen täytyi menettää itsensä naisille ja rahalle
he had to become a merchant, a dice-gambler, a drinker
hänestä piti tulla kauppias, noppapeluri, juomari
and he had to become a greedy person
ja hänestä piti tulla ahne ihminen
he had to do this until the priest and Samana in him was dead
hänen täytyi tehdä tämä, kunnes pappi ja Samana hänessä kuolivat

Therefore, he had to continue bearing these ugly years
Siksi hänen täytyi jatkaa näiden rumien vuosien sietämistä
he had to bear the disgust and the teachings
hänen täytyi kestää inho ja opetukset
he had to bear the pointlessness of a dreary and wasted life
hänen täytyi kestää synkän ja hukkaan elämän turhuutta
he had to conclude it up to its bitter end
hänen oli päätettävä se katkeraan loppuun asti
he had to do this until Siddhartha the lustful could also die
hänen täytyi tehdä tämä, kunnes myös himokas Siddhartha saattoi kuolla
He had died and a new Siddhartha had woken up from the sleep
Hän oli kuollut ja uusi Siddhartha oli herännyt unesta
this new Siddhartha would also grow old
tämä uusi Siddhartha myös vanhenee
he would also have to die eventually
hänen täytyisi myös kuolla lopulta
Siddhartha was still mortal, as is every physical form
Siddhartha oli edelleen kuolevainen, kuten jokainen fyysinen muoto
But today he was young and a child and full of joy
Mutta tänään hän oli nuori ja lapsi ja täynnä iloa
He thought these thoughts to himself
Hän ajatteli näitä ajatuksia itsekseen
he listened with a smile to his stomach
hän kuunteli hymyillen vatsalleen
he listened gratefully to a buzzing bee
hän kuunteli kiitollisena surisevaa mehiläistä
Cheerfully, he looked into the rushing river
Iloisena hän katsoi ryntäävään jokeen
he had never before liked a water as much as this one
hän ei ollut koskaan ennen pitänyt vedestä niin paljon kuin tästä
he had never before perceived the voice so stronger

hän ei ollut koskaan ennen nähnyt ääntä näin
voimakkaampana
he had never understood the parable of the moving water so strongly
hän ei ollut koskaan ymmärtänyt vertausta liikkuvasta vedestä niin voimakkaasti
he had never before noticed how beautifully the river moved
hän ei ollut koskaan ennen huomannut, kuinka kauniisti joki liikkui
It seemed to him, as if the river had something special to tell him
Hänestä tuntui, että joella olisi jotain erityistä kerrottavaa
something he did not know yet, which was still awaiting him
jotain, jota hän ei vielä tiennyt, mikä vielä odotti häntä
In this river, Siddhartha had intended to drown himself
Tähän jokeen Siddhartha oli aikonut hukuttaa itsensä
in this river the old, tired, desperate Siddhartha had drowned today
tähän jokeen vanha, väsynyt, epätoivoinen Siddhartha oli hukkunut tänään
But the new Siddhartha felt a deep love for this rushing water
Mutta uusi Siddhartha tunsi syvää rakkautta tätä ryntäävää vettä kohtaan
and he decided for himself, not to leave it very soon
ja hän päätti itse, ettei lähde siitä kovin pian

The Ferryman
Lauttamies

"By this river I want to stay," thought Siddhartha
"Tämän joen rannalla haluan jäädä", ajatteli Siddhartha
"it is the same river which I have crossed a long time ago"
"Se on sama joki, jonka olen ylittänyt kauan sitten"
"I was on my way to the childlike people"
"Olin matkalla lapsellisten ihmisten luo"
"a friendly ferryman had guided me across the river"
"Ystävällinen lauttamies oli ohjannut minut joen yli"
"he is the one I want to go to"
"hän on se jonka luokse haluan mennä"
"starting out from his hut, my path led me to a new life"
"Hänen mökistä lähtien polkuni johti minut uuteen elämään"
"a path which had grown old and is now dead"
"polku, joka oli vanhentunut ja on nyt kuollut"
"my present path shall also take its start there!"
"Sieltä lähtee myös nykyinen polkuni!"
Tenderly, he looked into the rushing water
Hän katsoi hellästi tulvaan veteen
he looked into the transparent green lines the water drew
hän katsoi läpinäkyviin vihreisiin linjoihin, joita vesi piirsi
the crystal lines of water were rich in secrets
veden kristalliviivat olivat täynnä salaisuuksia
he saw bright pearls rising from the deep
hän näki kirkkaita helmiä nousevan syvyydestä
quiet bubbles of air floating on the reflecting surface
hiljaiset ilmakuplat kelluvat heijastavalla pinnalla
the blue of the sky depicted in the bubbles
taivaan sininen kuvattuna kuplissa
the river looked at him with a thousand eyes
joki katsoi häntä tuhannella silmällä
the river had green eyes and white eyes
joella oli vihreät silmät ja valkoiset silmät
the river had crystal eyes and sky-blue eyes

joella oli kristallin silmät ja taivaansiniset silmät
he loved this water very much, it delighted him
hän rakasti tätä vettä kovasti, se ilahdutti häntä
he was grateful to the water
hän oli kiitollinen vedestä
In his heart he heard the voice talking
Hän kuuli sydämessään äänen puhuvan
"Love this water! Stay near it!"
"Rakasta tätä vettä! Pysy lähellä sitä!"
"Learn from the water!" his voice commanded him
"Opi vedestä!" hänen äänensä käski häntä
Oh yes, he wanted to learn from it
Voi kyllä, hän halusi oppia siitä
he wanted to listen to the water
hän halusi kuunnella vettä
He who would understand this water's secrets
Hän, joka ymmärtäisi tämän veden salaisuudet
he would also understand many other things
hän ymmärtäisi myös monia muita asioita
this is how it seemed to him
tältä se hänestä näytti
But out of all secrets of the river, today he only saw one
Mutta kaikista joen salaisuuksista hän näki tänään vain yhden
this secret touched his soul
tämä salaisuus kosketti hänen sieluaan
this water ran and ran, incessantly
tämä vesi juoksi ja juoksi, lakkaamatta
the water ran, but nevertheless it was always there
vesi juoksi, mutta silti se oli aina siellä
the water always, at all times, was the same
vesi oli aina, kaikkina aikoina sama
and at the same time it was new in every moment
ja samalla se oli uutta joka hetki
he who could grasp this would be great
hän, joka voisi ymmärtää tämän, olisi mahtava
but he didn't understand or grasp it

mutta hän ei ymmärtänyt tai ymmärtänyt sitä
he only felt some idea of it stirring
hän tunsi vain jonkinlaisen käsityksen siitä, että se sekoitti
it was like a distant memory, a divine voices
se oli kuin kaukainen muisto, jumalalliset äänet

Siddhartha rose as the workings of hunger in his body became unbearable
Siddhartha nousi, kun nälän toiminta hänen kehossaan muuttui sietämättömäksi
In a daze he walked further away from the city
Hämmentyneenä hän käveli kauemmaksi kaupungista
he walked up the river along the path by the bank
hän käveli ylös jokea pitkin rantapolkua
he listened to the current of the water
hän kuunteli veden virtausta
he listened to the rumbling hunger in his body
hän kuunteli jylisevää nälkää kehossaan
When he reached the ferry, the boat was just arriving
Kun hän saapui lautalle, vene oli juuri saapumassa
the same ferryman who had once transported the young Samana across the river
sama lauttamies, joka oli kerran kuljettanut nuoren Samanan joen yli
he stood in the boat and Siddhartha recognised him
hän seisoi veneessä ja Siddhartha tunnisti hänet
he had also aged very much
hän oli myös vanhentunut paljon
the ferryman was astonished to see such an elegant man walking on foot
lauttamies oli hämmästynyt nähdessään niin tyylikkään miehen kävelemässä jalkaisin
"Would you like to ferry me over?" he asked
"Haluaisitko viedä minut luokseni?" hän kysyi
he took him into his boat and pushed it off the bank
hän vei hänet veneeseensä ja työnsi sen pois rannalta

"It's a beautiful life you have chosen for yourself" the passenger spoke
"Se on kaunis elämä, jonka olet valinnut itsellesi", matkustaja sanoi
"It must be beautiful to live by this water every day"
"Tämän veden äärellä on varmasti kaunista elää joka päivä"
"and it must be beautiful to cruise on it on the river"
"ja sillä täytyy olla kaunista risteilyä joella"
With a smile, the man at the oar moved from side to side
Mies airon ääressä liikkui hymyillen puolelta toiselle
"It is as beautiful as you say, sir"
"Se on niin kaunis kuin sanotte, sir"
"But isn't every life and all work beautiful?"
"Mutta eikö jokainen elämä ja kaikki työ ole kaunista?"
"This may be true" replied Siddhartha
"Tämä voi olla totta", vastasi Siddhartha
"But I envy you for your life"
"Mutta minä kadehdin sinua henkesi puolesta"
"Ah, you would soon stop enjoying it"
"Ah, lakkaisit pian nauttimasta siitä"
"This is no work for people wearing fine clothes"
"Tämä ei ole työtä ihmisille, joilla on hienoja vaatteita"
Siddhartha laughed at the observation
Siddhartha nauroi havainnolle
"Once before, I have been looked upon today because of my clothes"
"Kerran aiemmin minua on katsottu tänään vaatteideni takia"
"I have been looked upon with distrust"
"Minua on katsottu epäluottamuksella"
"they are a nuisance to me"
"ne haittaavat minua"
"Wouldn't you, ferryman, like to accept these clothes"
"Etkö sinä, lauttamies, haluaisi ottaa vastaan nämä vaatteet?"
"because you must know, I have no money to pay your fare"
"Koska sinun täytyy tietää, minulla ei ole rahaa maksaa matkasi"

"You're joking, sir," the ferryman laughed
"Te vitsailette, sir", lauttamies nauroi
"I'm not joking, friend"
"En vitsaile, ystäväni"
"once before you have ferried me across this water in your boat"
"kerran ennen olet kuljettanut minut tämän veden yli veneessäsi"
"you did it for the immaterial reward of a good deed"
"teit sen hyvän teon aineettomana palkkiona"
"ferry me across the river and accept my clothes for it"
"Lautta minut joen yli ja hyväksy vaatteeni sitä varten"
"And do you, sir, intent to continue travelling without clothes?"
"Ja aiotteko, sir, jatkaa matkustamista ilman vaatteita?"
"Ah, most of all I wouldn't want to continue travelling at all"
"Ah, ennen kaikkea en haluaisi jatkaa matkustamista ollenkaan"
"I would rather you gave me an old loincloth"
"Mieluummin antaisit minulle vanhan lannekankaan"
"I would like it if you kept me with you as your assistant"
"Haluaisin, jos pitäisitte minut kanssasi avustajanasi"
"or rather, I would like if you accepted me as your trainee"
"tai pikemminkin haluaisin, jos hyväksyisitte minut harjoittelijaksi"
"because first I'll have to learn how to handle the boat"
"koska minun on ensin opittava käsittelemään venettä"
For a long time, the ferryman looked at the stranger
Lauttamies katsoi pitkään muukalaista
he was searching in his memory for this strange man
hän etsi muistissaan tätä outoa miestä
"Now I recognise you," he finally said
"Nyt minä tunnistan sinut", hän sanoi lopulta
"At one time, you've slept in my hut"
"Kerran olet nukkunut mökissäni"
"this was a long time ago, possibly more than twenty years"

"tämä oli kauan sitten, ehkä yli kaksikymmentä vuotta"
"and you've been ferried across the river by me"
"ja minä olen kuljettanut sinut joen yli"
"that day we parted like good friends"
"sinä päivänä erosimme kuin hyviä ystäviä"
"Haven't you been a Samana?"
"Etkö ole ollut Samana?"
"I can't think of your name anymore"
"En voi enää ajatella nimeäsi"
"My name is Siddhartha, and I was a Samana"
"Nimeni on Siddhartha ja olin Samana"
"I had still been a Samana when you last saw me"
"Olin edelleen Samana, kun viimeksi näit minut"
"So be welcome, Siddhartha. My name is Vasudeva"
"Olkaa siis tervetulleita, Siddhartha. Nimeni on Vasudeva"
"You will, so I hope, be my guest today as well"
"Toivon, että tulet olemaan vieraani myös tänään"
"and you may sleep in my hut"
"ja voit nukkua mökissäni"
"and you may tell me, where you're coming from"
"Ja voit kertoa minulle, mistä olet kotoisin"
"and you may tell me why these beautiful clothes are such a nuisance to you"
"Ja voit kertoa minulle, miksi nämä kauniit vaatteet ovat sinulle niin haitallisia"
They had reached the middle of the river
He olivat tulleet joen keskelle
Vasudeva pushed the oar with more strength
Vasudeva työnsi airoa voimakkaammin
in order to overcome the current
virran voittamiseksi
He worked calmly, with brawny arms
Hän työskenteli rauhallisesti, lihavilla käsivarsilla
his eyes were fixed in on the front of the boat
hänen silmänsä olivat kiinnittyneet veneen etuosaan
Siddhartha sat and watched him

Siddhartha istui ja katseli häntä
he remembered his time as a Samana
hän muisti aikansa Samanana
he remembered how love for this man had stirred in his heart
hän muisti, kuinka rakkaus tätä miestä kohtaan oli syttynyt hänen sydämessään
Gratefully, he accepted Vasudeva's invitation
Kiitollisena hän otti Vasudevan kutsun vastaan
When they had reached the bank, he helped him to tie the boat to the stakes
Kun he olivat saavuttaneet pankin, hän auttoi häntä sitomaan veneen paaluihin
after this, the ferryman asked him to enter the hut
tämän jälkeen lauttamies pyysi häntä tulemaan sisään
he offered him bread and water, and Siddhartha ate with eager pleasure
hän tarjosi hänelle leipää ja vettä, ja Siddhartha söi innokkaasti
and he also ate with eager pleasure of the mango fruits Vasudeva offered him
ja hän söi myös innokkaasti niitä mangohedelmiä, joita Vasudeva tarjosi hänelle

Afterwards, it was almost the time of the sunset
Sen jälkeen oli melkein auringonlaskun aika
they sat on a log by the bank
he istuivat puun päällä pankin vieressä
Siddhartha told the ferryman about where he originally came from
Siddhartha kertoi lauttamiehelle, mistä hän alun perin tuli
he told him about his life as he had seen it today
hän kertoi hänelle elämästään sellaisena kuin hän oli nähnyt sen tänään
the way he had seen it in that hour of despair
niin kuin hän oli nähnyt sen tuona epätoivon hetkenä
the tale of his life lasted late into the night

tarina hänen elämästään kesti myöhään yöhön
Vasudeva listened with great attention
Vasudeva kuunteli suurella huomiolla
Listening carefully, he let everything enter his mind
Kuuntelemalla tarkasti hän antoi kaiken tulla mieleensä
birthplace and childhood, all that learning
syntymäpaikka ja lapsuus, kaikki se oppiminen
all that searching, all joy, all distress
kaikki se etsiminen, kaikki ilo, kaikki ahdistus
This was one of the greatest virtues of the ferryman
Tämä oli yksi lauttamiehen suurimmista hyveistä
like only a few, he knew how to listen
kuten vain harvat, hän tiesi kuinka kuunnella
he did not have to speak a word
hänen ei tarvinnut puhua sanaakaan
but the speaker sensed how Vasudeva let his words enter his mind
mutta puhuja aisti, kuinka Vasudeva päästi sanansa mieleensä
his mind was quiet, open, and waiting
hänen mielensä oli hiljainen, avoin ja odottava
he did not lose a single word
hän ei menettänyt sanaakaan
he did not await a single word with impatience
hän ei odottanut sanaakaan kärsimättömänä
he did not add his praise or rebuke
hän ei lisännyt kehujaan tai moitteitaan
he was just listening, and nothing else
hän vain kuunteli, ei mitään muuta
Siddhartha felt what a happy fortune it is to confess to such a listener
Siddhartha tunsi, kuinka onnellinen onni on tunnustaa tällaiselle kuuntelijalle
he felt fortunate to bury in his heart his own life
hän tunsi onnensa haudata sydämeensä oman elämänsä
he buried his own search and suffering
hän hautasi oman etsintönsä ja kärsimyksensä

he told the tale of Siddhartha's life
hän kertoi tarinan Siddharthan elämästä
when he spoke of the tree by the river
kun hän puhui puusta joen varrella
when he spoke of his deep fall
kun hän puhui syvästä lankeemuksestaan
when he spoke of the holy Om
kun hän puhui pyhästä Omista
when he spoke of how he had felt such a love for the river
kun hän puhui siitä, kuinka hän oli tuntenut sellaista rakkautta jokea kohtaan
the ferryman listened to these things with twice as much attention
lauttamies kuunteli näitä asioita kaksi kertaa niin suurella huomiolla
he was entirely and completely absorbed by it
hän oli täysin ja täysin imeytynyt siihen
he was listening with his eyes closed
hän kuunteli silmät kiinni
when Siddhartha fell silent a long silence occurred
kun Siddhartha vaikeni, tuli pitkä hiljaisuus
then Vasudeva spoke "It is as I thought"
sitten Vasudeva puhui "Se on niin kuin ajattelin"
"The river has spoken to you"
"Joki on puhunut sinulle"
"the river is your friend as well"
"joki on myös ystäväsi"
"the river speaks to you as well"
"joki puhuu myös sinulle"
"That is good, that is very good"
"Se on hyvä, se on erittäin hyvä"
"Stay with me, Siddhartha, my friend"
"Pysy kanssani, Siddhartha, ystäväni"
"I used to have a wife"
"Minulla oli vaimo"
"her bed was next to mine"

"hänen sänky oli minun vieressäni"
"but she has died a long time ago"
"mutta hän on kuollut kauan sitten"
"for a long time, I have lived alone"
"Olen asunut pitkään yksin"
"Now, you shall live with me"
"Nyt sinä tulet asumaan kanssani"
"there is enough space and food for both of us"
"Meille molemmille riittää tilaa ja ruokaa"
"I thank you," said Siddhartha
"Kiitos", sanoi Siddhartha
"I thank you and accept"
"Kiitän ja hyväksyn"
"And I also thank you for this, Vasudeva"
"Ja minäkin kiitän sinua tästä, Vasudeva"
"I thank you for listening to me so well"
"Kiitos, että kuuntelitte minua niin hyvin"
"people who know how to listen are rare"
"Ihmiset, jotka osaavat kuunnella, ovat harvinaisia"
"I have not met a single person who knew it as well as you do"
"En ole tavannut ainuttakaan ihmistä, joka tietäisi sen niin hyvin kuin sinä"
"I will also learn in this respect from you"
"Minäkin opin sinulta tässä suhteessa"
"You will learn it," spoke Vasudeva
"Sinä opit sen", sanoi Vasudeva
"but you will not learn it from me"
"mutta sinä et opi sitä minulta"
"The river has taught me to listen"
"Joki on opettanut minut kuuntelemaan"
"you will learn to listen from the river as well"
"Opit kuuntelemaan myös joesta"
"It knows everything, the river"
"Se tietää kaiken, joki"
"everything can be learned from the river"

"Josta voi oppia kaiken"
"See, you've already learned this from the water too"
"Katso, olet jo oppinut tämän myös vedestä"
"you have learned that it is good to strive downwards"
"olet oppinut, että alaspäin on hyvä pyrkiä"
"you have learned to sink and to seek depth"
"olet oppinut vajoamaan ja etsimään syvyyttä"
"The rich and elegant Siddhartha is becoming an oarsman's servant"
"Rikkasta ja elegantista Siddharthasta on tulossa soutumiehen palvelija"
"the learned Brahman Siddhartha becomes a ferryman"
"oppineesta Brahman Siddharthasta tulee lauttamies"
"this has also been told to you by the river"
"tämä on myös kerrottu sinulle joen rannalla"
"You'll learn the other thing from it as well"
"Opit siitä myös toisen asian"
Siddhartha spoke after a long pause
Siddhartha puhui pitkän tauon jälkeen
"What other things will I learn, Vasudeva?"
"Mitä muita asioita opin, Vasudeva?"
Vasudeva rose. "It is late," he said
Vasudeva nousi. "On myöhäistä", hän sanoi
and Vasudeva proposed going to sleep
ja Vasudeva ehdotti mennä nukkumaan
"I can't tell you that other thing, oh friend"
"En voi kertoa sinulle sitä muuta asiaa, oi ystävä"
"You'll learn the other thing, or perhaps you know it already"
"Sinä opit toisen asian, tai ehkä tiedät sen jo"
"See, I'm no learned man"
"Katso, en ole oppinut mies"
"I have no special skill in speaking"
"Minulla ei ole erityistä puhetaitoa"
"I also have no special skill in thinking"
"Minulla ei myöskään ole erityistä ajattelutaitoa"

"All I'm able to do is to listen and to be godly"
"Kaikki, mitä voin tehdä, on kuunnella ja olla jumalallinen"
"I have learned nothing else"
"En ole oppinut mitään muuta"
"If I was able to say and teach it, I might be a wise man"
"Jos kykenisin sanomaan ja opettamaan sen, voisin olla viisas mies"
"but like this I am only a ferryman"
"mutta näin minä olen vain lauttamies"
"and it is my task to ferry people across the river"
"ja minun tehtäväni on kuljettaa ihmisiä joen yli"
"I have transported many thousands of people"
"Olen kuljettanut tuhansia ihmisiä"
"and to all of them, my river has been nothing but an obstacle"
"ja heille kaikille jokini on ollut vain este"
"it was something that got in the way of their travels"
"Se oli jotain, joka häiritsi heidän matkojaan"
"they travelled to seek money and business"
"he matkustivat etsimään rahaa ja bisnestä"
"they travelled for weddings and pilgrimages"
"he matkustivat häihin ja pyhiinvaelluksille"
"and the river was obstructing their path"
"ja joki esti heidän polkunsa"
"the ferryman's job was to get them quickly across that obstacle"
"Lauttamiehen tehtävä oli saada heidät nopeasti esteen yli"
"But for some among thousands, a few, the river has stopped being an obstacle"
"Mutta joillekin tuhansista, muutamista joki on lakannut olemasta este"
"they have heard its voice and they have listened to it"
"he ovat kuulleet sen äänen ja he ovat kuunnelleet sitä"
"and the river has become sacred to them"
"ja joesta on tullut heille pyhä"
"it become sacred to them as it has become sacred to me"

"heille siitä on tullut pyhää, niinkuin siitä on tullut pyhää minulle"
"for now, let us rest, Siddhartha"
"toistaiseksi levätkäämme, Siddhartha"

Siddhartha stayed with the ferryman and learned to operate the boat
Siddhartha jäi lautturiin ja oppi käyttämään venettä
when there was nothing to do at the ferry, he worked with Vasudeva in the rice-field
kun lautalla ei ollut mitään tekemistä, hän työskenteli Vasudevan kanssa riisipellolla
he gathered wood and plucked the fruit off the banana-trees
hän keräsi puuta ja poimi hedelmät banaanipuista
He learned to build an oar and how to mend the boat
Hän oppi rakentamaan airon ja korjaamaan venettä
he learned how to weave baskets and repaid the hut
hän oppi kutomaan koreja ja maksoi kota
and he was joyful because of everything he learned
ja hän oli iloinen kaikesta oppimastaan
the days and months passed quickly
päivät ja kuukaudet kuluivat nopeasti
But more than Vasudeva could teach him, he was taught by the river
Mutta enemmän kuin Vasudeva pystyi opettamaan hänelle, hänet opetti joki
Incessantly, he learned from the river
Hän oppi lakkaamatta joesta
Most of all, he learned to listen
Ennen kaikkea hän oppi kuuntelemaan
he learned to pay close attention with a quiet heart
hän oppi kiinnittämään huomiota hiljaisella sydämellä
he learned to keep a waiting, open soul
hän oppi pitämään odottavan, avoimen sielun
he learned to listen without passion
hän oppi kuuntelemaan ilman intohimoa

he learned to listen without a wish
hän oppi kuuntelemaan ilman halua
he learned to listen without judgement
hän oppi kuuntelemaan tuomitsematta
he learned to listen without an opinion
hän oppi kuuntelemaan ilman mielipidettä

In a friendly manner, he lived side by side with Vasudeva
Ystävällisesti hän asui rinnakkain Vasudevan kanssa
occasionally they exchanged some words
silloin tällöin he vaihtoivat sanoja
then, at length, they thought about the words
sitten he miettivät sanoja pitkään
Vasudeva was no friend of words
Vasudeva ei ollut sanojen ystävä
Siddhartha rarely succeeded in persuading him to speak
Siddhartha onnistui harvoin suostuttelemaan hänet puhumaan
"did you too learn that secret from the river?"
"Oppitko sinäkin tuon salaisuuden joesta?"
"the secret that there is no time?"
"salaisuus, ettei aikaa ole?"
Vasudeva's face was filled with a bright smile
Vasudevan kasvot olivat täynnä kirkasta hymyä
"Yes, Siddhartha," he spoke
"Kyllä, Siddhartha", hän sanoi
"I learned that the river is everywhere at once"
"Opin, että joki on kaikkialla kerralla"
"it is at the source and at the mouth of the river"
"se on lähteellä ja joen suulla"
"it is at the waterfall and at the ferry"
"se on vesiputouksella ja lautalla"
"it is at the rapids and in the sea"
"se on koskessa ja meressä"
"it is in the mountains and everywhere at once"
"se on vuorilla ja kaikkialla kerralla"

"and I learned that there is only the present time for the river"
"ja opin, että joelle on vain nykyinen aika"
"it does not have the shadow of the past"
"Sillä ei ole menneisyyden varjoa"
"and it does not have the shadow of the future"
"eikä sillä ole tulevaisuuden varjoa"
"is this what you mean?" he asked
"tätäkö tarkoitat?" hän kysyi
"This is what I meant," said Siddhartha
"Tätä minä tarkoitin", sanoi Siddhartha
"And when I had learned it, I looked at my life"
"Ja kun olin oppinut sen, katsoin elämääni"
"and my life was also a river"
"ja elämäni oli myös joki"
"the boy Siddhartha was only separated from the man Siddhartha by a shadow"
"poika Siddhartha erotti miehestä Siddharthasta vain varjo"
"and a shadow separated the man Siddhartha from the old man Siddhartha"
"ja varjo erotti miehen Siddharthan vanhasta miehestä Siddhartha"
"things are separated by a shadow, not by something real"
"asioita erottaa varjo, ei mikään todellinen"
"Also, Siddhartha's previous births were not in the past"
"Lisäksi Siddharthan aiemmat syntymät eivät olleet menneisyydessä"
"and his death and his return to Brahma is not in the future"
"ja hänen kuolemansa ja paluunsa Brahmaan eivät ole tulevaisuudessa"
"nothing was, nothing will be, but everything is"
"mitään ei ollut, mitään ei tule olemaan, mutta kaikki on"
"everything has existence and is present"
"kaikki on olemassa ja on läsnä"
Siddhartha spoke with ecstasy
Siddhartha puhui hurmioituneena

this enlightenment had delighted him deeply
tämä valaistuminen oli ilahduttanut häntä syvästi
"was not all suffering time?"
"eikö kaikki ollut kärsimyksen aikaa?"
"were not all forms of tormenting oneself a form of time?"
"Eivätkö kaikki itsensä piinaamisen muodot olleet ajan muotoa?"
"was not everything hard and hostile because of time?"
"Eikö kaikki ollut vaikeaa ja vihamielistä ajan takia?"
"is not everything evil overcome when one overcomes time?"
"eikö kaikki paha voitetaan, kun voittaa aika?"
"as soon as time leaves the mind, does suffering leave too?"
"Heti kun aika lähtee mielestä, lähteekö kärsimys myös?"
Siddhartha had spoken in ecstatic delight
Siddhartha oli puhunut hurmioituneena
but Vasudeva smiled at him brightly and nodded in confirmation
mutta Vasudeva hymyili hänelle kirkkaasti ja nyökkäsi vahvistukseksi
silently he nodded and brushed his hand over Siddhartha's shoulder
hiljaa hän nyökkäsi ja harjaili kätensä Siddharthan olkapäälle
and then he turned back to his work
ja sitten hän palasi työhönsä

And Siddhartha asked Vasudeva again another time
Ja Siddhartha kysyi Vasudevalta toisen kerran
the river had just increased its flow in the rainy season
joki oli juuri lisännyt virtaamaansa sadekaudella
and it made a powerful noise
ja se piti voimakasta ääntä
"Isn't it so, oh friend, the river has many voices?"
"Eikö niin, voi ystävä, joella on monta ääntä?"
"Hasn't it the voice of a king and of a warrior?"
"Eikö se ole kuninkaan ja soturin ääni?"
"Hasn't it the voice of of a bull and of a bird of the night?"

"Eikö se ole härän ja yön linnun ääni?"
"Hasn't it the voice of a woman giving birth and of a sighing man?"
"Eikö se ole synnyttävän naisen ja huokaavan miehen ääni?"
"and does it not also have a thousand other voices?"
"ja eikö sillä ole myös tuhat muuta ääntä?"
"it is as you say it is," Vasudeva nodded
"Se on niin kuin sanotte sen olevan", Vasudeva nyökkäsi
"all voices of the creatures are in its voice"
"kaikki olentojen äänet ovat sen äänessä"
"And do you know..." Siddhartha continued
"Ja tiedätkö..." Siddhartha jatkoi
"what word does it speak when you succeed in hearing all of voices at once?"
"mitä sanaa se puhuu, kun onnistut kuulemaan kaikki äänet kerralla?"
Happily, Vasudeva's face was smiling
Onneksi Vasudevan kasvot hymyilivät
he bent over to Siddhartha and spoke the holy Om into his ear
hän kumartui Siddhartan puoleen ja puhui pyhän Omin hänen korvaansa
And this had been the very thing which Siddhartha had also been hearing
Ja tämä oli juuri se asia, jonka Siddhartha oli myös kuullut

time after time, his smile became more similar to the ferryman's
kerta toisensa jälkeen hänen hymynsä muistutti lauttamiehen hymyä
his smile became almost just as bright as the ferryman's
hänen hymynsä tuli melkein yhtä kirkkaaksi kuin lauttamiehen hymy
it was almost just as thoroughly glowing with bliss
se oli melkein yhtä perusteellisesti autuutta hehkuvaa
shining out of thousand small wrinkles

loistaa tuhansista pienistä ryppyistä
just like the smile of a child
aivan kuin lapsen hymy
just like the smile of an old man
aivan kuin vanhan miehen hymy
Many travellers, seeing the two ferrymen, thought they were brothers
Monet matkustajat, nähdessään nämä kaksi lauttajaa, luulivat heidän olevan veljiä
Often, they sat in the evening together by the bank
Usein he istuivat iltaisin yhdessä pankissa
they said nothing and both listened to the water
he eivät sanoneet mitään ja molemmat kuuntelivat vettä
the water, which was not water to them
vesi, joka ei ollut heille vettä
it wasn't water, but the voice of life
se ei ollut vesi, vaan elämän ääni
the voice of what exists and what is eternally taking shape
ääni siitä, mikä on olemassa ja mikä on ikuisesti muotoutumassa
it happened from time to time that both thought of the same thing
tapahtui silloin tällöin, että molemmat ajattelivat samaa
they thought of a conversation from the day before
he ajattelivat keskustelua edellisenä päivänä
they thought of one of their travellers
he ajattelivat yhtä matkailijaansa
they thought of death and their childhood
he ajattelivat kuolemaa ja lapsuuttaan
they heard the river tell them the same thing
he kuulivat joen kertovan heille saman asian
both delighted about the same answer to the same question
molemmat iloitsevat samasta vastauksesta samaan kysymykseen
There was something about the two ferrymen which was transmitted to others

Kahdessa lauttamiehessä oli jotain, mikä välitettiin muille
it was something which many of the travellers felt
se oli jotain, mitä monet matkustajat tunsivat
travellers would occasionally look at the faces of the ferrymen
matkailijat katsoivat silloin tällöin lauttamiesten kasvoja
and then they told the story of their life
ja sitten he kertoivat elämästään
they confessed all sorts of evil things
he tunnustivat kaikenlaisia pahoja asioita
and they asked for comfort and advice
ja he pyysivät lohdutusta ja neuvoja
occasionally someone asked for permission to stay for a night
joskus joku pyysi lupaa jäädä yöksi
they also wanted to listen to the river
he halusivat myös kuunnella jokea
It also happened that curious people came
Sattui myös uteliaita ihmisiä paikalle
they had been told that there were two wise men
heille oli kerrottu, että siellä oli kaksi viisasta miestä
or they had been told there were two sorcerers
tai heille oli kerrottu, että velhoja oli kaksi
The curious people asked many questions
Uteliaat kysyivät monia kysymyksiä
but they got no answers to their questions
mutta he eivät saaneet vastauksia kysymyksiinsä
they found neither sorcerers nor wise men
he eivät löytäneet velhoja eivätkä viisaita miehiä
they only found two friendly little old men, who seemed to be mute
he löysivät vain kaksi ystävällistä pientä vanhaa miestä, jotka näyttivät olevan mykkä
they seemed to have become a bit strange in the forest by themselves
ne näyttivät tulleen hieman oudoksi metsässä itsestään

And the curious people laughed about what they had heard
Ja uteliaat nauroivat kuulemilleen
they said common people were foolishly spreading empty rumours
he sanoivat, että tavalliset ihmiset levittävät typerästi tyhjiä huhuja

The years passed by, and nobody counted them
Vuodet kuluivat, eikä kukaan laskenut niitä
Then, at one time, monks came by on a pilgrimage
Sitten kerran munkit tulivat pyhiinvaellukselle
they were followers of Gotama, the Buddha
he olivat Gotaman, Buddhan, seuraajia
they asked to be ferried across the river
he pyysivät saada lautalla joen yli
they told them they were in a hurry to get back to their wise teacher
he kertoivat heille, että heillä oli kiire palata viisaan opettajansa luo
news had spread the exalted one was deadly sick
uutiset olivat levinneet, että ylevä oli tappavan sairas
he would soon die his last human death
hän kuolisi pian viimeisen ihmiskuolemansa
in order to become one with the salvation
tullakseen yhdeksi pelastuksen kanssa
It was not long until a new flock of monks came
Ei kestänyt kauan, kun uusi munkkiparvi saapui
they were also on their pilgrimage
he olivat myös pyhiinvaelluksellaan
most of the travellers spoke of nothing other than Gotama
useimmat matkustajat eivät puhuneet mistään muusta kuin Gotamasta
his impending death was all they thought about
hänen lähestyvä kuolemansa oli kaikki mitä he ajattelivat
if there had been war, just as many would travel
jos sota olisi ollut, niin monet matkustaisivat

just as many would come to the coronation of a king
aivan kuten monet tulisivat kuninkaan kruunajaisiin
they gathered like ants in droves
he kokoontuivat kuin muurahaiset laumoiksi
they flocked, like being drawn onwards by a magic spell
he parvesivat kuin taikaloitsun vetämät
they went to where the great Buddha was awaiting his death
he menivät sinne, missä suuri Buddha odotti kuolemaansa
the perfected one of an era was to become one with the glory
aikakauden täydellistyneestä piti tulla yhtä kirkkauden kanssa
Often, Siddhartha thought in those days of the dying wise man
Usein Siddhartha ajatteli noina aikoina kuolevasta viisasta miestä
the great teacher whose voice had admonished nations
suuri opettaja, jonka ääni oli varoittanut kansoja
the one who had awoken hundreds of thousands
se, joka oli herännyt satojatuhansia
a man whose voice he had also once heard
mies, jonka äänen hän oli joskus kuullut
a teacher whose holy face he had also once seen with respect
opettaja, jonka pyhät kasvot hänkin oli kerran nähnyt kunnioituksella
Kindly, he thought of him
Ystävällisesti hän ajatteli häntä
he saw his path to perfection before his eyes
hän näki polkunsa täydellisyyteen silmiensä edessä
and he remembered with a smile those words he had said to him
ja hän muisti hymyillen ne sanat, jotka hän oli sanonut hänelle
when he was a young man and spoke to the exalted one
kun hän oli nuori mies ja puhui korotetulle
They had been, so it seemed to him, proud and precious words
Ne olivat olleet, niin hänestä tuntui, ylpeitä ja arvokkaita sanoja

with a smile, he remembered the the words
hymyillen hän muisti sanat
he knew that there was nothing standing between Gotama and him any more
hän tiesi, ettei Gotaman ja hänen välillään ollut enää mitään
he had known this for a long time already
hän oli tiennyt tämän jo pitkään
though he was still unable to accept his teachings
vaikka hän ei vieläkään kyennyt hyväksymään opetuksiaan
there was no teaching a truly searching person
ei opetettu todella etsivää henkilöä
someone who truly wanted to find, could accept
joku, joka todella halusi löytää, voisi hyväksyä
But he who had found the answer could approve of any teaching
Mutta se, joka oli löytänyt vastauksen, saattoi hyväksyä minkä tahansa opetuksen
every path, every goal, they were all the same
jokainen polku, jokainen tavoite, ne kaikki olivat samoja
there was nothing standing between him and all the other thousands any more
hänen ja kaikkien muiden tuhansien välillä ei ollut enää mitään
the thousands who lived in that what is eternal
ne tuhannet, jotka elivät siinä, mikä on ikuista
the thousands who breathed what is divine
tuhannet, jotka hengittivät sitä, mikä on jumalallista

On one of these days, Kamala also went to him
Eräänä näistä päivistä Kamala meni myös hänen luokseen
she used to be the most beautiful of the courtesans
hän oli ennen kurtisaaneista kaunein
A long time ago, she had retired from her previous life
Kauan sitten hän oli jäänyt eläkkeelle edellisestä elämästään
she had given her garden to the monks of Gotama as a gift
hän oli antanut puutarhansa lahjaksi Gotaman munkeille

she had taken her refuge in the teachings
hän oli turvautunut opetuksiin
she was among the friends and benefactors of the pilgrims
hän oli pyhiinvaeltajien ystävien ja hyväntekijöiden joukossa
she was together with Siddhartha, the boy
hän oli yhdessä Siddharthan, pojan, kanssa
Siddhartha the boy was her son
Siddhartha poika oli hänen poikansa
she had gone on her way due to the news of the near death of Gotama
hän oli lähtenyt matkaansa, koska uutinen Gotaman kuolemasta oli lähellä
she was in simple clothes and on foot
hän oli yksinkertaisissa vaatteissa ja jalan
and she was With her little son
ja hän oli pienen poikansa kanssa
she was travelling by the river
hän matkusti joen varrella
but the boy had soon grown tired
mutta poika oli pian väsynyt
he desired to go back home
hän halusi palata kotiin
he desired to rest and eat
hän halusi levätä ja syödä
he became disobedient and started whining
hänestä tuli tottelematon ja alkoi valittaa
Kamala often had to take a rest with him
Kamalan piti usein levätä hänen kanssaan
he was accustomed to getting what he wanted
hän oli tottunut saamaan mitä halusi
she had to feed him and comfort him
hänen täytyi ruokkia häntä ja lohduttaa häntä
she had to scold him for his behaviour
hänen täytyi moittia häntä tämän käytöksestä
He did not comprehend why he had to go on this exhausting pilgrimage

Hän ei ymmärtänyt, miksi hänen piti mennä tälle uuvuttavalle
pyhiinvaellukselle
he did not know why he had to go to an unknown place
hän ei tiennyt, miksi hänen piti mennä tuntemattomaan
paikkaan
he did know why he had to see a holy dying stranger
hän tiesi, miksi hänen piti nähdä pyhä kuoleva muukalainen
"So what if he died?" he complained
"Entä jos hän kuolisi?" hän valitti
why should this concern him?
miksi tämän pitäisi koskea häntä?
The pilgrims were getting close to Vasudeva's ferry
Pyhiinvaeltajat olivat lähestymässä Vasudevan lauttaa
little Siddhartha once again forced his mother to rest
pieni Siddhartha pakotti jälleen kerran äitinsä lepäämään
Kamala had also become tired
Kamala oli myös väsynyt
while the boy was chewing a banana, she crouched down on the ground
kun poika pureskeli banaania, hän kyyristyi maahan
she closed her eyes a bit and rested
hän sulki hieman silmänsä ja lepäsi
But suddenly, she uttered a wailing scream
Mutta yhtäkkiä hän kuului itkuhuudon
the boy looked at her in fear
poika katsoi häntä peloissaan
he saw her face had grown pale from horror
hän näki, että hänen kasvonsa olivat kalpeat kauhusta
and from under her dress, a small, black snake fled
ja hänen mekkonsa alta pakeni pieni, musta käärme
a snake by which Kamala had been bitten
käärme, joka oli purrut Kamalaa
Hurriedly, they both ran along the path, to reach people
Kiireesti he molemmat juoksivat polkua pitkin tavoittaakseen
ihmisiä
they got near to the ferry and Kamala collapsed

he pääsivät lähelle lauttaa ja Kamala romahti
she was not able to go any further
hän ei voinut mennä pidemmälle
the boy started crying miserably
poika alkoi itkeä surkeasti
his cries were only interrupted when he kissed his mother
hänen itkunsa keskeytettiin vasta, kun hän suuteli äitiään
she also joined his loud screams for help
hän myös liittyi hänen äänekkäisiin avunhuutoihinsa
she screamed until the sound reached Vasudeva's ears
hän huusi, kunnes ääni pääsi Vasudevan korviin
Vasudeva quickly came and took the woman on his arms
Vasudeva tuli nopeasti ja otti naisen syliinsä
he carried her into the boat and the boy ran along
hän kantoi hänet veneeseen ja poika juoksi mukana
soon they reached the hut, where Siddhartha stood by the stove
pian he saavuttivat kota, jossa Siddhartha seisoi liesi
he was just lighting the fire
hän vain sytytti tulen
He looked up and first saw the boy's face
Hän katsoi ylös ja näki ensin pojan kasvot
it wondrously reminded him of something
se muistutti häntä ihmeellisesti jostain
like a warning to remember something he had forgotten
kuin varoitus muistaa jotain, jonka hän oli unohtanut
Then he saw Kamala, whom he instantly recognised
Sitten hän näki Kamalan, jonka hän tunnisti välittömästi
she lay unconscious in the ferryman's arms
hän makasi tajuttomana lauttamiehen sylissä
now he knew that it was his own son
nyt hän tiesi, että se oli hänen oma poikansa
his son whose face had been such a warning reminder to him
hänen poikansa, jonka kasvot olivat olleet hänelle niin varoitusmuistutus

and the heart stirred in his chest
ja sydän sekoitti hänen rinnassaan
Kamala's wound was washed, but had already turned black
Kamalan haava oli pesty, mutta se oli jo muuttunut mustaksi
and her body was swollen
ja hänen ruumiinsa oli turvonnut
she was made to drink a healing potion
hänet pakotettiin juomaan parantavaa juomaa
Her consciousness returned and she lay on Siddhartha's bed
Hänen tajuntansa palasi ja hän makasi Siddharthan sängyllä
Siddhartha stood over Kamala, who he used to love so much
Siddhartha seisoi Kamalan päällä, jota hän rakasti niin paljon
It seemed like a dream to her
Hänestä se näytti unelmalta
with a smile, she looked at her friend's face
hymyillen hän katsoi ystävänsä kasvoja
slowly she realized her situation
hitaasti hän tajusi tilanteensa
she remembered she had been bitten
hän muisti, että häntä oli purtu
and she timidly called for her son
ja hän arasti kutsui poikaansa
"He's with you, don't worry," said Siddhartha
"Hän on kanssasi, älä huoli", sanoi Siddhartha
Kamala looked into his eyes
Kamala katsoi hänen silmiinsä
She spoke with a heavy tongue, paralysed by the poison
Hän puhui raskaalla kielellä, myrkyn halvaantuneena
"You've become old, my dear," she said
"Sinä olet tullut vanhaksi, kultaseni", hän sanoi
"you've become gray," she added
"Teistä on tullut harmaa", hän lisäsi
"But you are like the young Samana, who came without clothes"
"Mutta sinä olet kuin nuori Samana, joka tuli ilman vaatteita"

"you're like the Samana who came into my garden with dusty feet"
"Olet kuin Samana, joka tuli puutarhaani pölyisillä jaloilla"
"You are much more like him than you were when you left me"
"Olet paljon enemmän hänen kaltainen kuin olit, kun jätit minut"
"In the eyes, you're like him, Siddhartha"
"Silmissä olet kuin hän, Siddhartha"
"Alas, I have also grown old"
"Voi, minäkin olen vanhentunut"
"could you still recognise me?"
"Tunnistatko minut silti?"
Siddhartha smiled, "Instantly, I recognised you, Kamala, my dear"
Siddhartha hymyili: "Tunsin sinut heti, Kamala, rakkaani."
Kamala pointed to her boy
Kamala osoitti poikaansa
"Did you recognise him as well?"
"Tunnistatko sinä myös hänet?"
"He is your son," she confirmed
"Hän on sinun poikasi", hän vahvisti
Her eyes became confused and fell shut
Hänen silmänsä hämmentyivät ja painuivat kiinni
The boy wept and Siddhartha took him on his knees
Poika itki ja Siddhartha otti hänet polvilleen
he let him weep and petted his hair
hän antoi hänen itkeä ja silitti hänen hiuksiaan
at the sight of the child's face, a Brahman prayer came to his mind
lapsen kasvoja nähdessään hänen mieleensä tuli brahman-rukous
a prayer which he had learned a long time ago
rukouksen, jonka hän oli oppinut kauan sitten
a time when he had been a little boy himself
aikana, jolloin hän oli itse ollut pieni poika

Slowly, with a singing voice, he started to speak
Hitaasti, lauluäänellä, hän alkoi puhua
from his past and childhood, the words came flowing to him
hänen menneisyydestään ja lapsuudestaan, sanat virtasivat hänelle
And with that song, the boy became calm
Ja tuon laulun myötä poika rauhoittui
he was only now and then uttering a sob
hän vain silloin tällöin itki
and finally he fell asleep
ja lopulta hän nukahti
Siddhartha placed him on Vasudeva's bed
Siddhartha asetti hänet Vasudevan sänkyyn
Vasudeva stood by the stove and cooked rice
Vasudeva seisoi lieden vieressä ja keitti riisiä
Siddhartha gave him a look, which he returned with a smile
Siddhartha katsoi häneen, jonka hän vastasi hymyillen
"She'll die," Siddhartha said quietly
"Hän kuolee", Siddhartha sanoi hiljaa
Vasudeva knew it was true, and nodded
Vasudeva tiesi sen olevan totta ja nyökkäsi
over his friendly face ran the light of the stove's fire
hänen ystävällisten kasvojensa yli levisi uunin tulen valo
once again, Kamala returned to consciousness
jälleen kerran, Kamala palasi tajuihinsa
the pain of the poison distorted her face
myrkyn tuska väänsi hänen kasvonsa
Siddhartha's eyes read the suffering on her mouth
Siddharthan silmät lukivat kärsimyksen hänen suustaan
from her pale cheeks he could see that she was suffering
hänen kalpeilta poskiltaan hän näki, että hän kärsi
Quietly, he read the pain in her eyes
Hiljaa hän luki tuskan hänen silmistään
attentively, waiting, his mind become one with her suffering
tarkkaavaisesti, odottaen, hänen mielensä tulee yhtä hänen kärsimyksensä kanssa

Kamala felt it and her gaze sought his eyes
Kamala tunsi sen ja hänen katseensa etsi hänen silmiään
Looking at him, she spoke
Hän katsoi häntä ja puhui
"Now I see that your eyes have changed as well"
"Nyt näen, että myös sinun silmäsi ovat muuttuneet"
"They've become completely different"
"Heistä on tullut täysin erilaisia"
"what do I still recognise in you that is Siddhartha?
"Mitä minä vielä tunnistan sinussa sen Siddharthan?
"It's you, and it's not you"
"Se olet sinä, etkä sinä"
Siddhartha said nothing, quietly his eyes looked at hers
Siddhartha ei sanonut mitään, hiljaa hänen silmänsä katsoivat häntä
"You have achieved it?" she asked
"Oletko saavuttanut sen?" hän kysyi
"You have found peace?"
"Oletko löytänyt rauhan?"
He smiled and placed his hand on hers
Hän hymyili ja laittoi kätensä hänen käteensä
"I'm seeing it" she said
"Näen sen", hän sanoi
"I too will find peace"
"Minäkin löydän rauhan"
"You have found it," Siddhartha spoke in a whisper
"Sinä olet löytänyt sen", Siddhartha sanoi kuiskaten
Kamala never stopped looking into his eyes
Kamala ei koskaan lakannut katsomasta hänen silmiinsä
She thought about her pilgrimage to Gotama
Hän ajatteli pyhiinvaellusmatkaansa Gotamaan
the pilgrimage which she wanted to take
pyhiinvaellus, jonka hän halusi tehdä
in order to see the face of the perfected one
nähdäkseen täydelliseksi tulleen kasvot
in order to breathe his peace

hengittääkseen hänen rauhaansa
but she had now found it in another place
mutta hän oli nyt löytänyt sen toisesta paikasta
and this she thought that was good too
ja tämä oli hänen mielestään myös hyvä
it was just as good as if she had seen the other one
se oli yhtä hyvä kuin jos hän olisi nähnyt toisen
She wanted to tell this to him
Hän halusi kertoa tämän hänelle
but her tongue no longer obeyed her will
mutta hänen kielensä ei enää totellut hänen tahtoaan
Without speaking, she looked at him
Puhumatta hän katsoi häneen
he saw the life fading from her eyes
hän näki elämän häipyvän hänen silmistään
the final pain filled her eyes and made them grow dim
viimeinen kipu täytti hänen silmänsä ja sai ne himmeäksi
the final shiver ran through her limbs
viimeiset väreet juoksivat hänen raajoissaan
his finger closed her eyelids
hänen sormensa sulki hänen silmäluomet

For a long time, he sat and looked at her peacefully dead face
Pitkän aikaa hän istui ja katsoi hänen rauhallisesti kuolleita kasvojaan
For a long time, he observed her mouth
Pitkän aikaa hän tarkkaili hänen suutaan
her old, tired mouth, with those lips, which had become thin
hänen vanha, väsynyt suunsa noilla huulilla, joista oli tullut ohuita
he remembered he used to compare this mouth with a freshly cracked fig
hän muisti vertaaneensa tätä suuta juuri halkeilevaan viikunaan
this was in the spring of his years

tämä oli hänen vuosiensa keväällä
For a long time, he sat and read the pale face
Kauan hän istui ja luki kalpeat kasvot
he read the tired wrinkles
hän luki väsyneitä ryppyjä
he filled himself with this sight
hän täytti itsensä tällä näkyllä
he saw his own face in the same manner
hän näki omat kasvonsa samalla tavalla
he saw his face was just as white
hän näki, että hänen kasvonsa olivat yhtä valkoiset
he saw his face was just as quenched out
hän näki, että hänen kasvonsa olivat aivan yhtä sammuneet
at the same time he saw his face and hers being young
samaan aikaan hän näki kasvonsa ja hänen kasvonsa nuorina
their faces with red lips and fiery eyes
heidän kasvonsa punaiset huulet ja tuliset silmät
the feeling of both being real at the same time
tunne siitä, että molemmat ovat todellisia samaan aikaan
the feeling of eternity completely filled every aspect of his being
ikuisuuden tunne täytti täysin hänen olemuksensa kaikki puolet
in this hour he felt more deeply than than he had ever felt before
tällä hetkellä hän tunsi syvemmin kuin koskaan ennen
he felt the indestructibility of every life
hän tunsi jokaisen elämän tuhoutumattomuuden
he felt the eternity of every moment
hän tunsi jokaisen hetken ikuisuuden
When he rose, Vasudeva had prepared rice for him
Kun hän nousi, Vasudeva oli valmistanut hänelle riisiä
But Siddhartha did not eat that night
Mutta Siddhartha ei syönyt sinä yönä
In the stable their goat stood
Heidän vuohinsa seisoi tallissa

the two old men prepared beds of straw for themselves
kaksi vanhaa miestä valmistivat itselleen olkipenyt
Vasudeva laid himself down to sleep
Vasudeva asettui nukkumaan
But Siddhartha went outside and sat before the hut
Mutta Siddhartha meni ulos ja istui kotan eteen
he listened to the river, surrounded by the past
hän kuunteli jokea menneisyyden ympäröimänä
he was touched and encircled by all times of his life at the same time
kaikki hänen elämänsä ajat koskettivat ja ympäröivät häntä samaan aikaan
occasionally he rose and he stepped to the door of the hut
silloin tällöin hän nousi ja astui kotan ovelle
he listened whether the boy was sleeping
hän kuunteli nukkuuko poika

before the sun could be seen, Vasudeva came out of the stable
ennen kuin aurinko näkyi, Vasudeva tuli ulos tallista
he walked over to his friend
hän käveli ystävänsä luo
"You haven't slept," he said
"Et ole nukkunut", hän sanoi
"No, Vasudeva. I sat here"
"Ei, Vasudeva. Istuin tässä"
"I was listening to the river"
"Kuulin jokea"
"the river has told me a lot"
"joki on kertonut minulle paljon"
"it has deeply filled me with the healing thought of oneness"
"se on syvästi täyttänyt minut ykseyden parantavalla ajatuksella"
"You've experienced suffering, Siddhartha"
"Olet kokenut kärsimystä, Siddhartha"
"but I see no sadness has entered your heart"

"mutta en näe, ettei sydämeesi ole tullut surua"
"No, my dear, how should I be sad?"
"Ei, kultaseni, kuinka minun pitäisi olla surullinen?"
"I, who have been rich and happy"
"Minä, joka olen ollut rikas ja onnellinen"
"I have become even richer and happier now"
"Minusta on tullut entistä rikkaampi ja onnellisempi nyt"
"My son has been given to me"
"Poikani on annettu minulle"
"Your son shall be welcome to me as well"
"Poikasi on myös tervetullut luokseni"
"But now, Siddhartha, let's get to work"
"Mutta nyt, Siddhartha, ryhdytään töihin"
"there is much to be done"
"tekemistä on paljon"
"Kamala has died on the same bed on which my wife had died"
"Kamala on kuollut samalle sängylle, johon vaimoni oli kuollut"
"Let us build Kamala's funeral pile on the hill"
"Rakennetaan Kamalan hautakasa kukkulalle"
"the hill on which I my wife's funeral pile is"
"kukkula, jolla minun vaimoni hautajaisko on"
While the boy was still asleep, they built the funeral pile
Kun poika vielä nukkui, he rakensivat hautauspaalun

The Son
Poika

Timid and weeping, the boy had attended his mother's funeral
Arka ja itkevä poika oli osallistunut äitinsä hautajaisiin
gloomy and shy, he had listened to Siddhartha
synkkä ja ujo, hän oli kuunnellut Siddharthaa
Siddhartha greeted him as his son
Siddhartha tervehti häntä poikanaan
he welcomed him at his place in Vasudeva's hut
hän toivotti hänet tervetulleeksi hänen luokseen Vasudevan mökissä
Pale, he sat for many days by the hill of the dead
Kalpeana hän istui monta päivää kuolleiden kukkulalla
he did not want to eat
hän ei halunnut syödä
he did not look at anyone
hän ei katsonut ketään
he did not open his heart
hän ei avannut sydäntään
he met his fate with resistance and denial
hän kohtasi kohtalonsa vastustamalla ja kieltämällä
Siddhartha spared giving him lessons
Siddhartha säästi antamasta hänelle oppitunteja
and he let him do as he pleased
ja hän antoi hänen tehdä mitä halusi
Siddhartha honoured his son's mourning
Siddhartha kunnioitti poikansa surua
he understood that his son did not know him
hän ymmärsi, ettei hänen poikansa tuntenut häntä
he understood that he could not love him like a father
hän ymmärsi, ettei hän voinut rakastaa häntä kuin isäänsä
Slowly, he also understood that the eleven-year-old was a pampered boy

Pikkuhiljaa hän ymmärsi myös, että yksitoistavuotias oli
hemmoteltu poika
he saw that he was a mother's boy
hän näki olevansa äidin poika
he saw that he had grown up in the habits of rich people
hän näki, että hän oli kasvanut rikkaiden ihmisten tapoihin
he was accustomed to finer food and a soft bed
hän oli tottunut hienompaan ruokaan ja pehmeään sänkyyn
he was accustomed to giving orders to servants
hän oli tottunut antamaan käskyjä palvelijoille
the mourning child could not suddenly be content with a life among strangers
sureva lapsi ei voinut yhtäkkiä olla tyytyväinen elämään vieraiden ihmisten parissa
Siddhartha understood the pampered child would not willingly be in poverty
Siddhartha ymmärsi, ettei hemmoteltu lapsi joutuisi vapaaehtoisesti köyhyyteen
He did not force him to do these these things
Hän ei pakottanut häntä tekemään näitä asioita
Siddhartha did many chores for the boy
Siddhartha teki monia askareita pojalle
he always saved the best piece of the meal for him
hän säästi aina parhaan palan ateriaa hänelle
Slowly, he hoped to win him over, by friendly patience
Hitaasti hän toivoi voittavansa hänet ystävällisellä kärsivällisyydellä
Rich and happy, he had called himself, when the boy had come to him
Rikas ja onnellinen, hän oli kutsunut itseään, kun poika oli tullut hänen luokseen
Since then some time had passed
Siitä on kulunut jonkin verran aikaa
but the boy remained a stranger and in a gloomy disposition
mutta poika pysyi vieraana ja synkän oloisena
he displayed a proud and stubbornly disobedient heart

hän osoitti ylpeää ja itsepäisen tottelematonta sydäntä
he did not want to do any work
hän ei halunnut tehdä mitään työtä
he did not pay his respect to the old men
hän ei kunnioittanut vanhoja miehiä
he stole from Vasudeva's fruit-trees
hän varasti Vasudevan hedelmäpuista
his son had not brought him happiness and peace
hänen poikansa ei ollut tuonut hänelle onnea ja rauhaa
the boy had brought him suffering and worry
poika oli tuonut hänelle kärsimystä ja huolta
slowly Siddhartha began to understand this
hitaasti Siddhartha alkoi ymmärtää tämän
But he loved him regardless of the suffering he brought him
Mutta hän rakasti häntä huolimatta siitä kärsimyksestä, jonka hän hänelle aiheutti
he preferred the suffering and worries of love over happiness and joy without the boy
hän piti parempana rakkauden kärsimystä ja huolia kuin onnea ja iloa ilman poikaa
from when young Siddhartha was in the hut the old men had split the work
siitä lähtien kun nuori Siddhartha oli mökissä, vanhat miehet olivat jakaneet työn
Vasudeva had again taken on the job of the ferryman
Vasudeva oli jälleen ottanut lauttamiehen tehtävän
and Siddhartha, in order to be with his son, did the work in the hut and the field
ja Siddhartha, ollakseen poikansa kanssa, teki työtä mökissä ja pellolla

for long months Siddhartha waited for his son to understand him
pitkiä kuukausia Siddhartha odotti poikansa ymmärtävän häntä
he waited for him to accept his love

hän odotti hänen hyväksyvän rakkautensa
and he waited for his son to perhaps reciprocate his love
ja hän odotti, että hänen poikansa ehkä vastaisi rakkauttaan
For long months Vasudeva waited, watching
Pitkiä kuukausia Vasudeva odotti ja katseli
he waited and said nothing
hän odotti eikä sanonut mitään
One day, young Siddhartha tormented his father very much
Eräänä päivänä nuori Siddhartha kiusasi isäänsä kovasti
he had broken both of his rice-bowls
hän oli rikkonut molemmat riisikulhonsa
Vasudeva took his friend aside and talked to him
Vasudeva vei ystävänsä syrjään ja puhui hänelle
"Pardon me," he said to Siddhartha
"Anteeksi", hän sanoi Siddharthalle
"from a friendly heart, I'm talking to you"
"Ystävällisestä sydämestä, puhun sinulle"
"I'm seeing that you are tormenting yourself"
"Näen, että kiusat itseäsi"
"I'm seeing that you're in grief"
"Näen, että olet surussa"
"Your son, my dear, is worrying you"
"Poikasi, kultaseni, huolestuttaa sinua"
"and he is also worrying me"
"ja hän myös huolestuttaa minua"
"That young bird is accustomed to a different life"
"Se nuori lintu on tottunut erilaiseen elämään"
"he is used to living in a different nest"
"hän on tottunut asumaan eri pesässä"
"he has not, like you, run away from riches and the city"
"hän ei ole paennut rikkauksia ja kaupunkia, kuten sinä"
"he was not disgusted and fed up with the life in Sansara"
"hän ei ollut inhonnut ja kyllästynyt Sansaran elämään"
"he had to do all these things against his will"
"hänen täytyi tehdä kaikki nämä asiat vastoin tahtoaan"
"he had to leave all this behind"

"hänen piti jättää kaikki tämä taakseen"
"I asked the river, oh friend"
"Kysyin joelta, oi ystävä"
"many times I have asked the river"
"Monet kertaa olen kysynyt joelta"
"But the river laughs at all of this"
"Mutta joki nauraa tälle kaikelle"
"it laughs at me and it laughs at you"
"se nauraa minulle ja se nauraa sinulle"
"the river is shaking with laughter at our foolishness"
"joki tärisee naurusta meidän typeryydestämme"
"Water wants to join water as youth wants to join youth"
"Vesi haluaa liittyä veteen, kuten nuoret haluavat liittyä nuoriin"
"your son is not in the place where he can prosper"
"Poikasi ei ole paikassa, jossa hän voi menestyä"
"you too should ask the river"
"Sinunkin pitäisi kysyä joelta"
"you too should listen to it!"
"Sinunkin pitäisi kuunnella se!"
Troubled, Siddhartha looked into his friendly face
Huolestuneena Siddhartha katsoi hänen ystävällisiä kasvojaan
he looked at the many wrinkles in which there was incessant cheerfulness
hän katsoi monia ryppyjä, joissa oli lakkaamatonta iloisuutta
"How could I part with him?" he said quietly, ashamed
"Kuinka voisin erota hänestä?" hän sanoi hiljaa häpeissään
"Give me some more time, my dear"
"Anna minulle lisää aikaa, kultaseni"
"See, I'm fighting for him"
"Katso, minä taistelen hänen puolestaan"
"I'm seeking to win his heart"
"Yritän voittaa hänen sydämensä"
"with love and with friendly patience I intend to capture it"
"rakkaudella ja ystävällisellä kärsivällisyydellä aion vangita sen"

"One day, the river shall also talk to him"
"Jonain päivänä joki puhuu myös hänelle"
"he also is called upon"
"Häntäkin kutsutaan"
Vasudeva's smile flourished more warmly
Vasudevan hymy kukoisti lämpimämmin
"Oh yes, he too is called upon"
"Kyllä, häntäkin kutsutaan"
"he too is of the eternal life"
"Hänkin on iankaikkisesta elämästä"
"But do we, you and me, know what he is called upon to do?"
"Mutta tiedämmekö me, sinä ja minä, mitä hänen on tehtävä?"
"we know what path to take and what actions to perform"
"Tiedämme, mitä polkua on valittava ja mitä toimia tehdä"
"we know what pain we have to endure"
"Tiedämme, mitä kipua meidän on kestettävä"
"but does he know these things?"
"mutta tietääkö hän nämä asiat?"
"Not a small one, his pain will be"
"Ei pieni, hänen kipunsa tulee olemaan"
"after all, his heart is proud and hard"
"hänen sydämensä on ylpeä ja kova"
"people like this have to suffer and err a lot"
"Tällaisten ihmisten täytyy kärsiä ja erehtyä paljon"
"they have to do much injustice"
"he joutuvat tekemään paljon vääryyttä"
"and they have burden themselves with much sin"
"ja he ovat kuormittaneet itsensä paljolla synnillä"
"Tell me, my dear," he asked of Siddhartha
"Kerro minulle, kultaseni", hän kysyi Siddharthalta
"you're not taking control of your son's upbringing?"
"etkö hallitse poikasi kasvatusta?"
"You don't force him, beat him, or punish him?"
"Etkö pakota häntä, lyö häntä tai rankaise häntä?"
"No, Vasudeva, I don't do any of these things"

"Ei, Vasudeva, en tee mitään näistä"
"I knew it. You don't force him"
"Tiesin sen. Et pakota häntä."
"you don't beat him and you don't give him orders"
"et lyö häntä etkä anna hänelle käskyjä"
"because you know softness is stronger than hard"
"koska tiedät, että pehmeys on vahvempaa kuin kova"
"you know water is stronger than rocks"
"Tiedät, että vesi on kiveä vahvempaa"
"and you know love is stronger than force"
"ja sinä tiedät, että rakkaus on vahvempaa kuin voima"
"Very good, I praise you for this"
"Erittäin hyvä, ylistän sinua tästä"
"But aren't you mistaken in some way?"
"Mutta etkö ole jotenkin erehtynyt?"
"don't you think that you are forcing him?"
"Etkö luule, että pakotat häntä?"
"don't you perhaps punish him a different way?"
"Etkö ehkä rankaise häntä eri tavalla?"
"Don't you shackle him with your love?"
"Etkö kahlita häntä rakkaudellasi?"
"Don't you make him feel inferior every day?"
"Etkö saa hänet tuntemaan olonsa huonommaksi joka päivä?"
"doesn't your kindness and patience make it even harder for him?"
"Eikö ystävällisyytesi ja kärsivällisyytesi tee siitä vielä vaikeampaa hänelle?"
"aren't you forcing him to live in a hut with two old banana-eaters?"
"Etkö pakota häntä asumaan mökissä kahden vanhan banaaninsyöjän kanssa?"
"old men to whom even rice is a delicacy"
"vanhat miehet, joille riisikin on herkkua"
"old men whose thoughts can't be his"
"vanhat miehet, joiden ajatukset eivät voi olla hänen"
"old men whose hearts are old and quiet"

"vanhat miehet, joiden sydämet ovat vanhat ja hiljaiset"
"old men whose hearts beat in a different pace than his"
"vanhat miehet, joiden sydämet sykkivät eri tahtia kuin hänen"
"Isn't he forced and punished by all this?""
"Eikö hän ole tämän kaiken pakotettu ja rangaistettu?"
Troubled, Siddhartha looked to the ground
Huolestuneena Siddhartha katsoi maahan
Quietly, he asked, "What do you think should I do?"
Hän kysyi hiljaa: "Mitä minun pitäisi mielestäsi tehdä?"
Vasudeva spoke, "Bring him into the city"
Vasudeva puhui: "Tuo hänet kaupunkiin"
"bring him into his mother's house"
"tuo hänet äitinsä kotiin"
"there'll still be servants around, give him to them"
"Ympärillä on edelleen palvelijoita, anna hänet heille"
"And if there aren't any servants, bring him to a teacher"
"Ja jos ei ole palvelijoita, tuokaa hänet opettajan luo."
"but don't bring him to a teacher for teachings' sake"
"mutta älkää viekö häntä opettajan luo opetusten vuoksi"
"bring him to a teacher so that he is among other children"
"tuo hänet opettajan luo, jotta hän on muiden lasten joukossa"
"and bring him to the world which is his own"
"ja tuo hänet maailmaan, joka on hänen omansa"
"have you never thought of this?"
"Etkö ole koskaan ajatellut tätä?"
"you're seeing into my heart," Siddhartha spoke sadly
"Näet sydämeeni", Siddhartha sanoi surullisesti
"Often, I have thought of this"
"Usein olen ajatellut tätä"
"but how can I put him into this world?"
"mutta kuinka voin laittaa hänet tähän maailmaan?"
"Won't he become exuberant?"
"Eikö hänestä tule ylenpalttista?"
"won't he lose himself to pleasure and power?"
"eikö hän menetä itseään nautinnolle ja vallalle?"

"won't he repeat all of his father's mistakes?"
"Eikö hän toista kaikkia isänsä virheitä?"
"won't he perhaps get entirely lost in Sansara?"
"Eikö hän ehkä eksy Sansaraan kokonaan?"
Brightly, the ferryman's smile lit up
Lauttamiehen hymy loisti kirkkaasti
softly, he touched Siddhartha's arm
pehmeästi hän kosketti Siddharthan käsivartta
"Ask the river about it, my friend!"
"Kysy joelta, ystäväni!"
"Hear the river laugh about it!"
"Kuule joki nauramaan siitä!"
"Would you actually believe that you had committed your foolish acts?
"Uskotko todella, että olit tehnyt typeriä tekosi?
"in order to spare your son from committing them too"
"säästääkseni poikasikin tekemästä niitä"
"And could you in any way protect your son from Sansara?"
"Ja voisitko millään tavalla suojella poikaasi Sansaralta?"
"How could you protect him from Sansara?"
"Kuinka voit suojella häntä Sansaralta?"
"By means of teachings, prayer, admonition?"
"Opetuksilla, rukouksella, varoituksella?"
"My dear, have you entirely forgotten that story?"
"Rakas, oletko unohtanut tuon tarinan kokonaan?"
"the story containing so many lessons"
"tarina, joka sisältää niin monia opetuksia"
"the story about Siddhartha, a Brahman's son"
"tarina Siddharthasta, Brahmanin pojasta"
"the story which you once told me here on this very spot?"
"tarina, jonka kerroit minulle täällä juuri tässä paikassa?"
"Who has kept the Samana Siddhartha safe from Sansara?"
"Kuka on pitänyt Samana Siddharthan turvassa Sansaralta?"
"who has kept him from sin, greed, and foolishness?"
"Kuka on varjellut häntä synniltä, ahneudelta ja hulluudelta?"
"Were his father's religious devotion able to keep him safe?

"Pystyikö hänen isänsä uskonnollinen omistautuminen pitämään hänet turvassa?
"were his teacher's warnings able to keep him safe?"
"pystyivätkö hänen opettajan varoitukset pitämään hänet turvassa?"
"could his own knowledge keep him safe?"
"voiko hänen oma tietonsa pitää hänet turvassa?"
"was his own search able to keep him safe?"
"Onko hänen oma etsintänsä voinut pitää hänet turvassa?"
"What father has been able to protect his son?"
"Mikä isä on kyennyt suojelemaan poikaansa?"
"what father could keep his son from living his life for himself?"
"Mikä isä voisi estää poikaansa elämästä elämäänsä itselleen?"
"what teacher has been able to protect his student?"
"mikä opettaja on kyennyt suojelemaan oppilaansa?"
"what teacher can stop his student from soiling himself with life?"
"Mikä opettaja voi estää oppilaansa saastuttamasta itseään elämällä?"
"who could stop him from burdening himself with guilt?"
"Kuka voisi estää häntä rasittamasta itseään syyllisyydellä?"
"who could stop him from drinking the bitter drink for himself?"
"Kuka voisi estää häntä juomasta katkeraa juomaa itselleen?"
"who could stop him from finding his path for himself?"
"Kuka voisi estää häntä löytämästä polkua itselleen?"
"did you think anybody could be spared from taking this path?"
"Luulitko, että kukaan voisi säästyä ottamasta tätä polkua?"
"did you think that perhaps your little son would be spared?"
"Ajattelitko, että ehkä pieni poikasi säästyisi?"
"did you think your love could do all that?"
"Luulitko, että rakkautesi voisi tehdä kaiken tämän?"
"did you think your love could keep him from suffering"

"Luulitko, että rakkautesi voisi estää häntä kärsimästä"
"did you think your love could protect him from pain and disappointment?"
"Luulitko, että rakkautesi voisi suojella häntä tuskalta ja pettymykseltä?"
"you could die ten times for him"
"Voit kuolla kymmenen kertaa hänen puolestaan"
"but you could take no part of his destiny upon yourself"
"mutta et voinut ottaa osaa hänen kohtalostaan itsellesi"
Never before, Vasudeva had spoken so many words
Vasudeva ei ollut koskaan ennen puhunut niin monta sanaa
Kindly, Siddhartha thanked him
Ystävällisesti Siddhartha kiitti häntä
he went troubled into the hut
hän meni vaivautuneena kotaan

he could not sleep for a long time
hän ei voinut nukkua pitkään aikaan
Vasudeva had told him nothing he had not already thought and known
Vasudeva ei ollut kertonut hänelle mitään, mitä hän ei ollut jo ajatellut ja tiennyt
But this was a knowledge he could not act upon
Mutta tämä oli tieto, jonka perusteella hän ei voinut toimia
stronger than knowledge was his love for the boy
Tietoa vahvempi oli hänen rakkautensa poikaa kohtaan
stronger than knowledge was his tenderness
Tietoa vahvempi oli hänen hellyytensä
stronger than knowledge was his fear to lose him
Tietoa vahvempi oli hänen pelkonsa menettää hänet
had he ever lost his heart so much to something?
oliko hän koskaan menettänyt sydämensä jollekin niin paljon?
had he ever loved any person so blindly?
onko hän koskaan rakastanut ketään niin sokeasti?
had he ever suffered for someone so unsuccessfully?

onko hän koskaan kärsinyt jonkun puolesta niin
epäonnistuneesti?
**had he ever made such sacrifices for anyone and yet been so
unhappy?**
onko hän koskaan tehnyt sellaisia uhrauksia kenenkään
puolesta ja silti ollut niin onneton?
Siddhartha could not heed his friend's advice
Siddhartha ei voinut kuunnella ystävänsä neuvoa
he could not give up the boy
hän ei voinut luopua pojasta
He let the boy give him orders
Hän antoi pojan antaa käskyjä
he let him disregard him
hän antoi hänen olla välittämättä itsestään
He said nothing and waited
Hän ei sanonut mitään ja odotti
daily, he attempted the struggle of friendliness
päivittäin hän yritti kamppailla ystävällisyyden puolesta
he initiated the silent war of patience
hän aloitti hiljaisen kärsivällisyyden sodan
Vasudeva also said nothing and waited
Vasudeva ei myöskään sanonut mitään ja odotti
They were both masters of patience
He olivat molemmat kärsivällisyyden mestareita

one time the boy's face reminded him very much of Kamala
kerran pojan kasvot muistuttivat häntä kovasti Kamalasta
**Siddhartha suddenly had to think of something Kamala had
once said**
Siddharthan täytyi yhtäkkiä ajatella jotain, mitä Kamala oli
kerran sanonut
"You cannot love" she had said to him
"Et voi rakastaa", hän oli sanonut hänelle
and he had agreed with her
ja hän oli samaa mieltä hänen kanssaan
and he had compared himself with a star

ja hän oli vertannut itseään tähteen
and he had compared the childlike people with falling leaves
ja hän oli vertannut lapsenomaisia ihmisiä putoaviin lehtiin
but nevertheless, he had also sensed an accusation in that line
mutta siitä huolimatta hän oli aistinut myös syytöksen tässä linjassa
Indeed, he had never been able to love
Hän ei todellakaan ollut koskaan kyennyt rakastamaan
he had never been able to devote himself completely to another person
hän ei ollut koskaan kyennyt omistautumaan täysin toiselle henkilölle
he had never been able to to forget himself
hän ei ollut koskaan kyennyt unohtamaan itseään
he had never been able to commit foolish acts for the love of another person
hän ei ollut koskaan voinut tehdä typeriä tekoja toisen ihmisen rakkauden vuoksi
at that time it seemed to set him apart from the childlike people
tuolloin se näytti erottavan hänet lapsenmielisistä ihmisistä
But ever since his son was here, Siddhartha also become a childlike person
Mutta siitä lähtien kun hänen poikansa oli täällä, Siddharthasta on tullut myös lapsellinen ihminen
he was suffering for the sake of another person
hän kärsi toisen ihmisen vuoksi
he was loving another person
hän rakasti toista ihmistä
he was lost to a love for someone else
hän menetti rakkauden jotakuta toista kohtaan
he had become a fool on account of love
hänestä oli tullut hullu rakkauden tähden
Now he too felt the strongest and strangest of all passions

Nyt hänkin tunsi intohimoista vahvimman ja oudoimman
he suffered from this passion miserably
hän kärsi tästä intohimosta surkeasti
and he was nevertheless in bliss
ja hän oli kuitenkin autuudessa
he was nevertheless renewed in one respect
hän kuitenkin uudistettiin yhdessä suhteessa
he was enriched by this one thing
hän rikastui tästä yhdestä asiasta
He sensed very well that this blind love for his son was a passion
Hän aisti hyvin, että tämä sokea rakkaus poikaansa kohtaan oli intohimo
he knew that it was something very human
hän tiesi, että se oli jotain hyvin inhimillistä
he knew that it was Sansara
hän tiesi, että se oli Sansara
he knew that it was a murky source, dark waters
hän tiesi, että se oli hämärä lähde, tummat vedet
but he felt it was not worthless, but necessary
mutta hänen mielestään se ei ollut arvotonta, vaan tarpeellista
it came from the essence of his own being
se tuli hänen oman olemuksensa olemuksesta
This pleasure also had to be atoned for
Tämä ilo oli myös sovitettava
this pain also had to be endured
tämäkin kipu piti kestää
these foolish acts also had to be committed
myös nämä typerät teot piti tehdä
Through all this, the son let him commit his foolish acts
Kaiken tämän kautta poika antoi hänen tehdä typeriä tekojaan
he let him court for his affection
hän antoi hänen tuomita kiintymyksensä vuoksi
he let him humiliate himself every day
hän antoi hänen nöyrtyä joka päivä
he gave in to the moods of his son

hän antoi periksi poikansa tunnelmille
his father had nothing which could have delighted him
isällä ei ollut mitään, mikä olisi voinut ilahduttaa häntä
and he nothing that the boy feared
eikä hän mitään, mitä poika pelkäsi
He was a good man, this father
Hän oli hyvä mies, tämä isä
he was a good, kind, soft man
hän oli hyvä, kiltti, pehmeä mies
perhaps he was a very devout man
ehkä hän oli erittäin harras mies
perhaps he was a saint, the boy thought
ehkä hän oli pyhimys, poika ajatteli
but all these attributes could not win the boy over
mutta kaikki nämä ominaisuudet eivät voineet voittaa poikaa
He was bored by this father, who kept him imprisoned
Hän oli kyllästynyt tähän isään, joka piti hänet vangittuna
a prisoner in this miserable hut of his
vanki tässä kurjassa mökissään
he was bored of him answering every naughtiness with a smile
hän oli kyllästynyt siihen, että hän vastasi jokaiseen tuhmaan hymyillen
he didn't appreciate insults being responded to by friendliness
hän ei arvostanut sitä, että loukkauksiin vastattiin ystävällisesti
he didn't like viciousness returned in kindness
hän ei pitänyt pahuudesta, joka palautettiin ystävällisyydellä
this very thing was the hated trick of this old sneak
juuri tämä oli tämän vanhan hiipiä vihattu temppu
Much more the boy would have liked it if he had been threatened by him
Poika olisi pitänyt siitä paljon enemmän, jos hän olisi uhkaillut häntä
he wanted to be abused by him

hän halusi tulla hyväksikäytetyksi

A day came when young Siddhartha had had enough
Tuli päivä, jolloin nuori Siddhartha oli saanut tarpeekseen
what was on his mind came bursting forth
mitä hänen mielessään oli, puhkesi esiin
and he openly turned against his father
ja hän kääntyi avoimesti isäänsä vastaan
Siddhartha had given him a task
Siddhartha oli antanut hänelle tehtävän
he had told him to gather brushwood
hän oli käskenyt häntä keräämään risua
But the boy did not leave the hut
Mutta poika ei lähtenyt kotasta
in stubborn disobedience and rage, he stayed where he was
itsepäisessä tottelemattomuudessa ja raivossa hän pysyi paikoillaan
he thumped on the ground with his feet
hän löi jaloillaan maahan
he clenched his fists and screamed in a powerful outburst
hän puristi nyrkkinsä ja huusi voimakkaana
he screamed his hatred and contempt into his father's face
hän huusi vihansa ja halveksunnan isänsä kasvoille
"Get the brushwood for yourself!" he shouted, foaming at the mouth
"Hae pensas itsellesi!" hän huusi vaahtoaen suusta
"I'm not your servant"
"En ole palvelijasi"
"I know that you won't hit me, you wouldn't dare"
"Tiedän, että et lyö minua, et uskaltaisi"
"I know that you constantly want to punish me"
"Tiedän, että haluat jatkuvasti rankaista minua"
"you want to put me down with your religious devotion and your indulgence"
"Haluat pettää minut uskonnollisella omistautumisellasi ja hemmottelullasi"

"You want me to become like you"
"Haluat minun tulevan sinun kaltaiseksi"
"you want me to be just as devout, soft, and wise as you"
"Haluat minun olevan yhtä harras, pehmeä ja viisas kuin sinä"
"but I won't do it, just to make you suffer"
"mutta en tee sitä, vain saadakseni sinut kärsimään"
"I would rather become a highway-robber than be as soft as you"
"Minusta tulee mieluummin valtatieryöstäjä kuin olla yhtä pehmeä kuin sinä"
"I would rather be a murderer than be as wise as you"
"Olen mieluummin murhaaja kuin yhtä viisas kuin sinä"
"I would rather go to hell, than to become like you!"
"Minä menisin mieluummin helvettiin, kuin että tulisin sinun kaltaiseksi!"
"I hate you, you're not my father
"Vihaan sinua, et ole isäni
"even if you've slept with my mother ten times, you are not my father!"
"Vaikka olisit nukkunut äitini kanssa kymmenen kertaa, et ole isäni!"
Rage and grief boiled over in him
Raivo ja suru kiehuivat hänessä
he foamed at his father in a hundred savage and evil words
hän vaahtoi isälleen sadalla villillä ja pahalla sanalla
Then the boy ran away into the forest
Sitten poika juoksi metsään
it was late at night when the boy returned
oli myöhään illalla, kun poika palasi
But the next morning, he had disappeared
Mutta seuraavana aamuna hän oli kadonnut
What had also disappeared was a small basket
Se, mikä oli myös kadonnut, oli pieni kori
the basket in which the ferrymen kept those copper and silver coins
kori, jossa lauttamiehet pitivät kupari- ja hopeakolikoita

the coins which they received as a fare
kolikot, jotka he saivat hintana
The boat had also disappeared
Myös vene oli kadonnut
Siddhartha saw the boat lying by the opposite bank
Siddhartha näki veneen makaavan vastarannalla
Siddhartha had been shivering with grief
Siddhartha oli vapistanut surusta
the ranting speeches the boy had made touched him
pojan pitelevät puheet koskettivat häntä
"I must follow him," said Siddhartha
"Minun täytyy seurata häntä", sanoi Siddhartha
"A child can't go through the forest all alone, he'll perish"
"Lapsi ei voi mennä metsän läpi yksin, hän hukkuu"
"We must build a raft, Vasudeva, to get over the water"
"Meidän täytyy rakentaa lautta, Vasudeva, päästäksemme veden yli"
"We will build a raft" said Vasudeva
"Me rakennamme lautan", sanoi Vasudeva
"we will build it to get our boat back"
"Rakennamme sen saadaksemme veneemme takaisin"
"But you shall not run after your child, my friend"
"Mutta et saa juosta lapsesi perässä, ystäväni"
"he is no child anymore"
"hän ei ole enää lapsi"
"he knows how to get around"
"hän tietää kuinka kiertää"
"He's looking for the path to the city"
"Hän etsii polkua kaupunkiin"
"and he is right, don't forget that"
"ja hän on oikeassa, älä unohda sitä"
"he's doing what you've failed to do yourself"
"hän tekee sen, mitä sinä et ole itse tehnyt"
"he's taking care of himself"
"hän pitää itsestään huolta"
"he's taking his course for himself"

"hän ottaa kurssin itselleen"
"Alas, Siddhartha, I see you suffering"
"Voi, Siddhartha, näen sinun kärsivän"
"but you're suffering a pain at which one would like to laugh"
"mutta sinä kärsit tuskasta, jolle tekisi mieli nauraa"
"you're suffering a pain at which you'll soon laugh yourself"
"kärsit tuskasta, jolle tulet pian nauramaan itseäsi"
Siddhartha did not answer his friend
Siddhartha ei vastannut ystävälleen
He already held the axe in his hands
Hän piti jo kirvestä käsissään
and he began to make a raft of bamboo
ja hän alkoi tehdä bambulauttaa
Vasudeva helped him to tie the canes together with ropes of grass
Vasudeva auttoi häntä sitomaan kepit yhteen ruohoköysien avulla
When they crossed the river they drifted far off their course
Kun he ylittivät joen, he ajautuivat kauas reitiltä
they pulled the raft upriver on the opposite bank
he vetivät lautan vastakkaiselle rannalle jokeen
"Why did you take the axe along?" asked Siddhartha
"Miksi otit kirveen mukaan?" kysyi Siddhartha
"It might have been possible that the oar of our boat got lost"
"On voinut olla mahdollista, että veneemme airo katosi"
But Siddhartha knew what his friend was thinking
Mutta Siddhartha tiesi, mitä hänen ystävänsä ajatteli
He thought, the boy would have thrown away the oar
Hän ajatteli, että poika olisi heittänyt airon pois
in order to get some kind of revenge
saadakseen jonkinlaisen koston
and in order to keep them from following him
ja estääkseen heitä seuraamasta häntä
And in fact, there was no oar left in the boat
Ja itse asiassa veneessä ei ollut airoa jäljellä

Vasudeva pointed to the bottom of the boat
Vasudeva osoitti veneen pohjaa
and he looked at his friend with a smile
ja hän katsoi ystäväänsä hymyillen
he smiled as if he wanted to say something
hän hymyili kuin olisi halunnut sanoa jotain
"Don't you see what your son is trying to tell you?"
"Etkö ymmärrä, mitä poikasi yrittää kertoa sinulle?"
"Don't you see that he doesn't want to be followed?"
"Etkö huomaa, että hän ei halua, että häntä seurataan?"
But he did not say this in words
Mutta hän ei sanonut tätä sanoin
He started making a new oar
Hän alkoi valmistaa uutta airoa
But Siddhartha bid his farewell, to look for the run-away
Mutta Siddhartha jätti hyvästinsä etsiäkseen karkuun paennutta
Vasudeva did not stop him from looking for his child
Vasudeva ei estänyt häntä etsimästä lastaan

Siddhartha had been walking through the forest for a long time
Siddhartha oli kävellyt metsän läpi pitkän aikaa
the thought occurred to him that his search was useless
hänelle tuli ajatus, että hänen etsintönsä oli turhaa
Either the boy was far ahead and had already reached the city
Joko poika oli kaukana edellä ja oli jo saapunut kaupunkiin
or he would conceal himself from him
tai hän piiloutuisi häneltä
he continued thinking about his son
hän jatkoi poikansa ajattelua
he found that he was not worried for his son
hän huomasi, ettei hän ollut huolissaan poikastaan
he knew deep inside that he had not perished
hän tiesi syvällä sisällään, ettei hän ollut menehtynyt

nor was he in any danger in the forest
eikä hän ollut missään vaarassa metsässä
Nevertheless, he ran without stopping
Siitä huolimatta hän juoksi pysähtymättä
he was not running to save him
hän ei juoksenut pelastamaan häntä
he was running to satisfy his desire
hän juoksi tyydyttääkseen halunsa
he wanted to perhaps see him one more time
hän halusi ehkä nähdä hänet vielä kerran
And he ran up to just outside of the city
Ja hän juoksi aivan kaupungin ulkopuolelle
When, near the city, he reached a wide road
Kun hän lähellä kaupunkia saavutti leveän tien
he stopped, by the entrance of the beautiful pleasure-garden
hän pysähtyi kauniin huvipuutarhan sisäänkäynnin luo
the garden which used to belong to Kamala
puutarha, joka kuului aiemmin Kamalalle
the garden where he had seen her for the first time
puutarhaan, jossa hän oli nähnyt hänet ensimmäistä kertaa
when she was sitting in her sedan-chair
kun hän istui sedan-tuolissaan
The past rose up in his soul
Menneisyys nousi hänen sielussaan
again, he saw himself standing there
jälleen hän näki itsensä seisomassa siellä
a young, bearded, naked Samana
nuori, parrakas, alaston Samana
his hair hair was full of dust
hänen hiuksensa olivat täynnä pölyä
For a long time, Siddhartha stood there
Siddhartha seisoi siellä pitkään
he looked through the open gate into the garden
hän katsoi avoimen portin läpi puutarhaan
he saw monks in yellow robes walking among the beautiful trees

hän näki munkkien kävelevän kauniiden puiden keskuudessa keltaisissa kaapuissa
For a long time, he stood there, pondering
Kauan hän seisoi siinä pohtien
he saw images and listened to the story of his life
hän näki kuvia ja kuunteli tarinaa elämästään
For a long time, he stood there looking at the monks
Kauan hän seisoi siellä ja katsoi munkkeja
he saw young Siddhartha in their place
hän näki nuoren Siddhartan heidän paikallaan
he saw young Kamala walking among the high trees
hän näki nuoren Kamalan kävelevän korkeiden puiden keskellä
Clearly, he saw himself being served food and drink by Kamala
Hän näki selvästi, että Kamala tarjosi itselleen ruokaa ja juomaa
he saw himself receiving his first kiss from her
hän näki saavansa ensimmäisen suudelmansa häneltä
he saw himself looking proudly and disdainfully back on his life as a Brahman
hän näki itsensä katsovan ylpeänä ja halveksivasti elämäänsä Brahmanina
he saw himself beginning his worldly life, proudly and full of desire
hän näki itsensä aloittamassa maallista elämäänsä ylpeänä ja täynnä haluja
He saw Kamaswami, the servants, the orgies
Hän näki Kamaswamin, palvelijat, orgiat
he saw the gamblers with the dice
hän näki uhkapelaajien noppaa
he saw Kamala's song-bird in the cage
hän näki Kamalan laululinnun häkissä
he lived through all this again
hän koki tämän kaiken uudelleen
he breathed Sansara and was once again old and tired

hän hengitti Sansaraa ja oli jälleen vanha ja väsynyt
he felt the disgust and the wish to annihilate himself again
hän tunsi inhoa ja halun tuhota itsensä uudelleen
and he was healed again by the holy Om
ja pyhä Om paransi hänet jälleen
for a long time Siddhartha had stood by the gate
kauan Siddhartha oli seisonut portilla
he realised his desire was foolish
hän tajusi, että hänen halunsa oli typerä
he realized it was foolishness which had made him go up to this place
hän tajusi, että se oli hulluutta, joka oli saanut hänet menemään tähän paikkaan
he realized he could not help his son
hän tajusi, ettei voinut auttaa poikaansa
and he realized that he was not allowed to cling to him
ja hän tajusi, että hänen ei annettu tarttua häneen
he felt the love for the run-away deeply in his heart
hän tunsi rakkauden pakoon syvästi sydämessään
the love for his son felt like a wound
rakkaus poikaansa kohtaan tuntui haavalta
but this wound had not been given to him in order to turn the knife in it
mutta tätä haavaa ei ollut annettu hänelle, jotta se voisi kääntää siinä olevaa veistä
the wound had to become a blossom
haavasta piti tulla kukka
and his wound had to shine
ja hänen haavansa piti loistaa
That this wound did not blossom or shine yet made him sad
Se, että tämä haava ei vielä kukoistanut tai loistanut, teki hänet surulliseksi
Instead of the desired goal, there was emptiness
Halutun tavoitteen sijaan vallitsi tyhjyys
emptiness had drawn him here, and sadly he sat down
tyhjyys oli vetänyt hänet tänne, ja valitettavasti hän istuutui

he felt something dying in his heart
hän tunsi jotain kuolevan sydämessään
he experienced emptiness and saw no joy any more
hän koki tyhjyyden eikä nähnyt enää iloa
there was no goal for which to aim for
ei ollut tavoitetta, jota tavoitella
He sat lost in thought and waited
Hän istui ajatuksissaan ja odotti
This he had learned by the river
Tämän hän oli oppinut joen varrella
waiting, having patience, listening attentively
odottaa, olla kärsivällinen, kuunnella tarkkaavaisesti
And he sat and listened, in the dust of the road
Ja hän istui ja kuunteli tien tomussa
he listened to his heart, beating tiredly and sadly
hän kuunteli sydäntään sykkien väsyneesti ja surullisesti
and he waited for a voice
ja hän odotti ääntä
Many an hour he crouched, listening
Monta tuntia hän kyyristyi ja kuunteli
he saw no images any more
hän ei nähnyt enää kuvia
he fell into emptiness and let himself fall
hän putosi tyhjyyteen ja antoi itsensä pudota
he could see no path in front of him
hän ei nähnyt edessään polkua
And when he felt the wound burning, he silently spoke the Om
Ja kun hän tunsi haavan polttavan, hän puhui hiljaa Omin
he filled himself with Om
hän täytti itsensä Omilla
The monks in the garden saw him
Munkit puutarhassa näkivät hänet
dust was gathering on his gray hair
hänen harmaille hiuksilleen kerääntyi pölyä

since he crouched for many hours, one of monks placed two bananas in front of him
koska hän kyyristyi monta tuntia, yksi munkeista asetti kaksi banaania eteensä
The old man did not see him
Vanhus ei nähnyt häntä

From this petrified state, he was awoken by a hand touching his shoulder
Tästä kivettyneestä tilasta hänet heräsi käsi, joka kosketti hänen olkapäätään
Instantly, he recognised this tender bashful touch
Välittömästi hän tunnisti tämän hellästi iljettävän kosketuksen
Vasudeva had followed him and waited
Vasudeva oli seurannut häntä ja odottanut
he regained his senses and rose to greet Vasudeva
hän sai järkensä takaisin ja nousi tervehtimään Vasudevaa
he looked into Vasudeva's friendly face
hän katsoi Vasudevan ystävällisiin kasvoihin
he looked into the small wrinkles
hän katsoi pieniä ryppyjä
his wrinkles were as if they were filled with nothing but his smile
hänen ryppynsä olivat ikään kuin ne olisivat täynnä muuta kuin hänen hymyään
he looked into the happy eyes, and then he smiled too
hän katsoi iloisiin silmiin ja hymyili sitten
Now he saw the bananas lying in front of him
Nyt hän näki banaanit makaamassa edessään
he picked the bananas up and gave one to the ferryman
hän poimi banaanit ja antoi yhden lauttamiehelle
After eating the bananas, they silently went back into the forest
Syötyään banaanit he menivät hiljaa takaisin metsään
they returned home to the ferry
he palasivat kotiin lautalle

Neither one talked about what had happened that day
Kumpikaan ei puhunut siitä, mitä sinä päivänä oli tapahtunut
neither one mentioned the boy's name
kumpikaan ei maininnut pojan nimeä
neither one spoke about him running away
kumpikaan ei puhunut hänen pakenemisestaan
neither one spoke about the wound
kumpikaan ei puhunut haavasta
In the hut, Siddhartha lay down on his bed
Mökissä Siddhartha makasi sängylleen
after a while Vasudeva came to him
hetken kuluttua Vasudeva tuli hänen luokseen
he offered him a bowl of coconut-milk
hän tarjosi hänelle kulhon kookosmaitoa
but he was already asleep
mutta hän oli jo nukkumassa

Om

For a long time the wound continued to burn
Pitkän aikaa haava jatkoi polttamista
Siddhartha had to ferry many travellers across the river
Siddharthan täytyi kuljettaa monia matkustajia joen yli
many of the travellers were accompanied by a son or a daughter
monilla matkustajista oli mukana poika tai tytär
and he saw none of them without envying them
eikä hän nähnyt ketään heistä kadehtimatta heitä
he couldn't see them without thinking about his lost son
hän ei voinut nähdä niitä ajattelematta kadonnutta poikaansa
"So many thousands possess the sweetest of good fortunes"
"Niin monilla tuhansilla on suloisin onni"
"why don't I also possess this good fortune?"
"Miksi en myös omista tätä onnea?"
"even thieves and robbers have children and love them"
"jopa varkailla ja rosvoilla on lapsia ja he rakastavat heitä"
"and they are being loved by their children"
"ja lapsensa rakastavat heitä"
"all are loved by their children except for me"
"kaikki ovat lastensa rakastamia paitsi minua"
he now thought like the childlike people, without reason
hän ajatteli nyt kuin lapsenmieliset ihmiset ilman syytä
he had become one of the childlike people
hänestä oli tullut yksi lapsenmielisiä ihmisiä
he looked upon people differently than before
hän katsoi ihmisiin eri tavalla kuin ennen
he was less smart and less proud of himself
hän oli vähemmän älykäs ja vähemmän ylpeä itsestään
but instead, he was warmer and more curious
mutta sen sijaan hän oli lämpimämpi ja utelias
when he ferried travellers, he was more involved than before

kun hän kuljetti matkustajia, hän oli enemmän mukana kuin
ennen
childlike people, businessmen, warriors, women
lapsellisia ihmisiä, liikemiehiä, sotureita, naisia
these people did not seem alien to him, as they used to
nämä ihmiset eivät vaikuttaneet hänestä vierailta, kuten ennen
he understood them and shared their life
hän ymmärsi heidät ja jakoi heidän elämänsä
a life which was not guided by thoughts and insight
elämä, jota ajatukset ja oivallukset eivät ohjanneet
but a life guided solely by urges and wishes
mutta elämä, jota ohjaavat yksinomaan halut ja toiveet
he felt like the the childlike people
hän tunsi olevansa lapsellisia ihmisiä
he was bearing his final wound
hän kantoi viimeistä haavaansa
he was nearing perfection
hän oli lähellä täydellisyyttä
but the childlike people still seemed like his brothers
mutta lapsenkaltaiset ihmiset näyttivät silti hänen veljiltään
their vanities, desires for possession were no longer
ridiculous to him
heidän turhuutensa, omistushalunsa eivät enää olleet hänelle
naurettavia
they became understandable and lovable
niistä tuli ymmärrettäviä ja rakastettuja
they even became worthy of veneration to him
heistä tuli jopa kunnioituksen arvoisia hänelle
The blind love of a mother for her child
Äidin sokea rakkaus lastaan
the stupid, blind pride of a conceited father for his only son
omahyväisen isän typerä, sokea ylpeys ainoasta pojastaan
the blind, wild desire of a young, vain woman for jewellery
nuoren, turhan naisen sokea, villi halu saada koruja
her wish for admiring glances from men
hänen toiveensa ihailevista katseista miehiltä

all of these simple urges were not childish notions
kaikki nämä yksinkertaiset halut eivät olleet lapsellisia käsityksiä
but they were immensely strong, living, and prevailing urges
mutta he olivat äärettömän vahvoja, eläviä ja vallitsevia haluja
he saw people living for the sake of their urges
hän näki ihmisten elävän halujensa vuoksi
he saw people achieving rare things for their urges
hän näki ihmisten saavuttavan harvinaisia asioita halunsa vuoksi
travelling, conducting wars, suffering
matkustaa, käydä sotia, kärsiä
they bore an infinite amount of suffering
he kärsivät äärettömän paljon
and he could love them for it, because he saw life
ja hän saattoi rakastaa heitä sen tähden, koska hän näki elämän
that what is alive was in each of their passions
että se, mikä on elävää, oli heidän jokaisessa intohimossaan
that what is is indestructible was in their urges, the Brahman
että se, mikä on, on tuhoutumatonta, oli heidän haluissaan, Brahmanissa
these people were worthy of love and admiration
nämä ihmiset olivat rakkauden ja ihailun arvoisia
they deserved it for their blind loyalty and blind strength
he ansaitsivat sen sokean uskollisuutensa ja sokeutensa voimansa vuoksi
there was nothing that they lacked
heiltä ei puuttunut mitään
Siddhartha had nothing which would put him above the rest, except one thing
Siddharthalla ei ollut mitään, mikä nostaisi hänet muiden yläpuolelle, paitsi yksi asia
there still was a small thing he had which they didn't
Hänellä oli vielä pieni asia, jota heillä ei ollut

he had the conscious thought of the oneness of all life
hänellä oli tietoinen ajatus koko elämän ykseydestä
but Siddhartha even doubted whether this knowledge should be valued so highly
mutta Siddhartha jopa epäili, pitäisikö tätä tietoa arvostaa niin paljon
it might also be a childish idea of the thinking people
se voi olla myös ajattelevien ihmisten lapsellinen käsitys
the worldly people were of equal rank to the wise men
maalliset ihmiset olivat tasa-arvoisia kuin viisaat
animals too can in some moments seem to be superior to humans
myös eläimet voivat toisinaan näyttää olevan parempia kuin ihmiset
they are superior in their tough, unrelenting performance of what is necessary
he ovat ylivoimaisia kovalla, hellittämättömällä suorituksellaan siinä, mitä tarvitaan
an idea slowly blossomed in Siddhartha
ajatus kukoisti hitaasti Siddharthassa
and the idea slowly ripened in him
ja ajatus kypsyi hänessä hitaasti
he began to see what wisdom actually was
hän alkoi nähdä, mitä viisaus todella on
he saw what the goal of his long search was
hän näki, mikä hänen pitkän etsintönsä tavoite oli
his search was nothing but a readiness of the soul
hänen etsintönsä ei ollut muuta kuin sielun valmiutta
a secret art to think every moment, while living his life
salainen taide ajatella joka hetki elämänsä aikana
it was the thought of oneness
se oli ajatus ykseydestä
to be able to feel and inhale the oneness
voidakseen tuntea ja hengittää ykseyttä
Slowly this awareness blossomed in him
Hitaasti tämä tietoisuus kukoisti hänessä

it was shining back at him from Vasudeva's old, childlike face
se loisti häneen takaisin Vasudevan vanhoilta, lapsellisilta kasvoilta
harmony and knowledge of the eternal perfection of the world
harmoniaa ja tietoa maailman ikuisesta täydellisyydestä
smiling and to be part of the oneness
hymyillen ja olla osa ykseyttä
But the wound still burned
Mutta haava paloi silti
longingly and bitterly Siddhartha thought of his son
ikävästi ja katkerasti Siddhartha ajatteli poikaansa
he nurtured his love and tenderness in his heart
hän vaali rakkauttaan ja hellyyttään sydämessään
he allowed the pain to gnaw at him
hän antoi kivun puristaa itseään
he committed all foolish acts of love
hän teki kaikki typerät rakkauden teot
this flame would not go out by itself
tämä liekki ei sammuisi itsestään

one day the wound burned violently
eräänä päivänä haava paloi rajusti
driven by a yearning, Siddhartha crossed the river
kaipauksen ohjaamana Siddhartha ylitti joen
he got off the boat and was willing to go to the city
hän nousi veneestä ja oli valmis menemään kaupunkiin
he wanted to look for his son again
hän halusi etsiä poikaansa uudelleen
The river flowed softly and quietly
Joki virtasi pehmeästi ja hiljaa
it was the dry season, but its voice sounded strange
oli kuiva kausi, mutta sen ääni kuulosti oudolta
it was clear to hear that the river laughed
oli selvää kuulla, että joki nauroi

it laughed brightly and clearly at the old ferryman
se nauroi kirkkaasti ja selkeästi vanhalle lauttamiehelle
he bent over the water, in order to hear even better
hän kumartui veden yli kuullakseen vielä paremmin
and he saw his face reflected in the quietly moving waters
ja hän näki kasvonsa heijastuvan hiljaa liikkuvista vesistä
in this reflected face there was something
näissä heijastuneissa kasvoissa oli jotain
something which reminded him, but he had forgotten
jotain, joka muistutti häntä, mutta hän oli unohtanut
as he thought about it, he found it
kun hän ajatteli sitä, hän löysi sen
this face resembled another face which he used to know and love
nämä kasvot muistuttivat toisia kasvoja, jotka hän tunsi ja rakasti
but he also used to fear this face
mutta hän myös pelkäsi näitä kasvoja
It resembled his father's face, the Brahman
Se muistutti hänen isänsä, Brahmanin, kasvoja
he remembered how he had forced his father to let him go
hän muisti kuinka hän oli pakottanut isänsä päästämään hänet
he remembered how he had bid his farewell to him
hän muisti kuinka hän oli jättänyt hyvästit hänelle
he remembered how he had gone and had never come back
hän muisti kuinka oli mennyt eikä ollut koskaan palannut
Had his father not also suffered the same pain for him?
Eikö hänen isänsä ollut kärsinyt samaa kipua hänen puolestaan?
was his father's pain not the pain Siddhartha is suffering now?
eikö hänen isänsä kipu ollut se tuska, jota Siddhartha kärsii nyt?
Had his father not long since died?
Eikö hänen isänsä ollut kuollut kauan sitten?
had he died without having seen his son again?

oliko hän kuollut näkemättä poikaansa enää?
Did he not have to expect the same fate for himself?
Eikö hänen tarvinnut odottaa samaa kohtaloa itselleen?
Was it not a comedy in a fateful circle?
Eikö se ollut komedia kohtalokkaassa kehässä?
The river laughed about all of this
Joki nauroi tälle kaikelle
everything came back which had not been suffered
kaikki tuli takaisin mitä ei ollut kärsitty
everything came back which had not been solved
kaikki palasi, mitä ei ollut ratkaistu
the same pain was suffered over and over again
samaa kipua kärsittiin uudestaan ja uudestaan
Siddhartha went back into the boat
Siddhartha meni takaisin veneeseen
and he returned back to the hut
ja hän palasi takaisin mökille
he was thinking of his father and of his son
hän ajatteli isäänsä ja poikaansa
he thought of having been laughed at by the river
hän luuli saaneensa joen nauraman
he was at odds with himself and tending towards despair
hän oli ristiriidassa itsensä kanssa ja taipui epätoivoon
but he was also tempted to laugh
mutta hän myös houkutteli nauramaan
he could laugh at himself and the entire world
hän pystyi nauramaan itselleen ja koko maailmalle
Alas, the wound was not blossoming yet
Valitettavasti haava ei ollut vielä kukkinut
his heart was still fighting his fate
hänen sydämensä taisteli edelleen kohtaloaan vastaan
cheerfulness and victory were not yet shining from his suffering
iloisuus ja voitto eivät vielä loistaneet hänen kärsimyksestään
Nevertheless, he felt hope along with the despair
Siitä huolimatta hän tunsi toivoa epätoivon ohella

once he returned to the hut he felt an undefeatable desire to open up to Vasudeva
palattuaan mökille hän tunsi voittamattoman halun avautua Vasudevalle
he wanted to show him everything
hän halusi näyttää hänelle kaiken
he wanted to say everything to the master of listening
hän halusi sanoa kaiken kuuntelun mestarille

Vasudeva was sitting in the hut, weaving a basket
Vasudeva istui mökissä ja kutoi koria
He no longer used the ferry-boat
Hän ei enää käyttänyt lauttavenettä
his eyes were starting to get weak
hänen silmänsä alkoivat heikentyä
his arms and hands were getting weak as well
myös hänen kätensä ja kätensä heikkenivät
only the joy and cheerful benevolence of his face was unchanging
vain hänen kasvojensa ilo ja iloinen hyväntahtoisuus oli muuttumatonta
Siddhartha sat down next to the old man
Siddhartha istuutui vanhan miehen viereen
slowly, he started talking about what they had never spoke about
hitaasti hän alkoi puhua asioista, joista he eivät olleet koskaan puhuneet
he told him of his walk to the city
hän kertoi hänelle kävelystään kaupunkiin
he told at him of the burning wound
hän kertoi hänelle palavasta haavasta
he told him about the envy of seeing happy fathers
hän kertoi hänelle kateudesta nähdä onnellisia isiä
his knowledge of the foolishness of such wishes
hänen tietonsa tällaisten toiveiden typeryydestä
his futile fight against his wishes

hänen turhaan taistelunsa hänen toiveitaan vastaan
he was able to say everything, even the most embarrassing parts
hän pystyi sanomaan kaiken, jopa kiusallisimmat kohdat
he told him everything he could tell him
hän kertoi hänelle kaiken mitä voi kertoa
he showed him everything he could show him
hän näytti hänelle kaiken, mitä hän voi näyttää hänelle
He presented his wound to him
Hän esitti haavansa hänelle
he also told him how he had fled today
hän kertoi hänelle myös, kuinka hän oli paennut tänään
he told him how he ferried across the water
hän kertoi hänelle, kuinka hän lautalla veden yli
a childish run-away, willing to walk to the city
lapsellinen karkuun, halukas kävelemään kaupunkiin
and he told him how the river had laughed
ja hän kertoi hänelle kuinka joki oli nauranut
he spoke for a long time
hän puhui pitkään
Vasudeva was listening with a quiet face
Vasudeva kuunteli hiljaisin kasvoin
Vasudeva's listening gave Siddhartha a stronger sensation than ever before
Vasudevan kuuntelu antoi Siddharthalle voimakkaamman tunteen kuin koskaan ennen
he sensed how his pain and fears flowed over to him
hän aisti, kuinka hänen tuskansa ja pelkonsa virtasivat hänen ylleen
he sensed how his secret hope flowed over him
hän aisti, kuinka hänen salainen toivonsa virtasi hänen ylitseen
To show his wound to this listener was the same as bathing it in the river
Haavansa näyttäminen tälle kuulijalle oli sama kuin sen uiminen joessa

the river would have cooled Siddhartha's wound
joki olisi jäähdyttänyt Siddharthan haavan
the quiet listening cooled Siddhartha's wound
hiljainen kuuntelu jäähdytti Siddharthan haavan
it cooled him until he become one with the river
se jäähdytti häntä, kunnes hän tuli yhdeksi joen kanssa
While he was still speaking, still admitting and confessing
Kun hän vielä puhui, myönsi ja tunnusti
Siddhartha felt more and more that this was no longer Vasudeva
Siddhartha tunsi yhä enemmän, ettei tämä ollut enää Vasudeva
it was no longer a human being who was listening to him
se ei ollut enää ihminen, joka kuunteli häntä
this motionless listener was absorbing his confession into himself
tämä liikkumaton kuuntelija imetti tunnustuksensa itseensä
this motionless listener was like a tree the rain
tämä liikkumaton kuuntelija oli kuin puu sade
this motionless man was the river itself
tämä liikkumaton mies oli itse joki
this motionless man was God himself
tämä liikkumaton mies oli itse Jumala
the motionless man was the eternal itself
liikkumaton ihminen oli itse ikuinen
Siddhartha stopped thinking of himself and his wound
Siddhartha lakkasi ajattelemasta itseään ja haavaansa
this realisation of Vasudeva's changed character took possession of him
tämä Vasudevan muuttuneen luonteen tajuaminen otti hänet haltuunsa
and the more he entered into it, the less wondrous it became
ja mitä enemmän hän meni siihen, sitä vähemmän ihmeellistä siitä tuli
the more he realised that everything was in order and natural

sitä enemmän hän tajusi, että kaikki oli kunnossa ja
luonnollista
**he realised that Vasudeva had already been like this for a
long time**
hän tajusi, että Vasudeva oli ollut tällainen jo pitkään
he had just not quite recognised it yet
hän ei vain ollut vielä täysin tunnistanut sitä
yes, he himself had almost reached the same state
kyllä, hän itse oli saavuttanut melkein saman tilan
**He felt, that he was now seeing old Vasudeva as the people
see the gods**
Hän tunsi näkevänsä nyt vanhan Vasudevan, kuten ihmiset
näkevät jumalat
and he felt that this could not last
ja hänestä tuntui, ettei tämä voinut kestää
in his heart, he started bidding his farewell to Vasudeva
sydämessään hän alkoi jättää hyvästit Vasudevalle
Throughout all this, he talked incessantly
Kaiken tämän ajan hän puhui lakkaamatta
**When he had finished talking, Vasudeva turned his friendly
eyes at him**
Kun hän oli lopettanut puhumisen, Vasudeva käänsi
ystävälliset katseensa häneen
the eyes which had grown slightly weak
silmät, jotka olivat hieman heikentyneet
**he said nothing, but let his silent love and cheerfulness
shine**
hän ei sanonut mitään, vaan antoi hiljaisen rakkautensa ja
iloisuutensa loistaa
his understanding and knowledge shone from him
hänen ymmärryksensä ja tietonsa loisti hänestä
**He took Siddhartha's hand and led him to the seat by the
bank**
Hän tarttui Siddharthan kädestä ja vei hänet pankin viereen
he sat down with him and smiled at the river
hän istui hänen kanssaan ja hymyili joelle

"You've heard it laugh," he said
"Olet kuullut sen nauravan", hän sanoi
"But you haven't heard everything"
"Mutta et ole kuullut kaikkea"
"Let's listen, you'll hear more"
"Kuuntele, kuulet lisää"
Softly sounded the river, singing in many voices
Joki soi pehmeästi, laulaen monilla äänillä
Siddhartha looked into the water
Siddhartha katsoi veteen
images appeared to him in the moving water
kuvia ilmestyi hänelle liikkuvassa vedessä
his father appeared, lonely and mourning for his son
hänen isänsä ilmestyi yksinäisenä ja suri poikaansa
he himself appeared in the moving water
hän itse ilmestyi liikkuvaan veteen
he was also being tied with the bondage of yearning to his distant son
hän oli myös sidottu kaukaiseen poikaansa kaipauksen kahlaan
his son appeared, lonely as well
hänen poikansa ilmestyi, myös yksinäiseksi
the boy, greedily rushing along the burning course of his young wishes
poika ryntäsi ahneesti nuorten toiveidensa polttavalla tiellä
each one was heading for his goal
jokainen oli matkalla kohti maaliaan
each one was obsessed by the goal
jokainen oli pakkomielle tavoitteesta
each one was suffering from the pursuit
jokainen kärsi takaa-ajoon
The river sang with a voice of suffering
Joki lauloi kärsimyksen äänellä
longingly it sang and flowed towards its goal
ikävästi se lauloi ja virtasi kohti päämääräänsä
"Do you hear?" Vasudeva asked with a mute gaze

"Kuuletko?" Vasudeva kysyi mykkä katse
Siddhartha nodded in reply
Siddhartha nyökkäsi vastaukseksi
"Listen better!" Vasudeva whispered
"Kuuntele paremmin!" Vasudeva kuiskasi
Siddhartha made an effort to listen better
Siddhartha yritti kuunnella paremmin
The image of his father appeared
Hänen isänsä kuva ilmestyi
his own image merged with his father's
hänen oma kuvansa sulautui isänsä imagoon
the image of his son merged with his image
hänen poikansa kuva sulautui hänen kuvaansa
Kamala's image also appeared and was dispersed
Myös Kamalan kuva ilmestyi ja hajaantui
and the image of Govinda, and other images
ja Govindan kuva ja muita kuvia
and all the imaged merged with each other
ja kaikki kuvat sulautuivat toisiinsa
all the imaged turned into the river
kaikki kuvatut muuttuivat joeksi
being the river, they all headed for the goal
koska joki, he kaikki suuntasivat kohti maalia
longing, desiring, suffering flowed together
kaipaus, halu, kärsimys virtasivat yhteen
and the river's voice sounded full of yearning
ja joen ääni kuulosti täynnä kaipausta
the river's voice was full of burning woe
joen ääni oli täynnä polttavaa tuskaa
the river's voice was full of unsatisfiable desire
joen ääni oli täynnä tyydyttämätöntä halua
For the goal, the river was heading
Maalia kohti joki oli menossa
Siddhartha saw the river hurrying towards its goal
Siddhartha näki joen kiiruhtavan kohti tavoitettaan

the river of him and his loved ones and of all people he had ever seen
hänen ja hänen rakkaidensa ja kaikkien ihmisten joki, joita hän oli koskaan nähnyt
all of these waves and waters were hurrying
kaikki nämä aallot ja vedet kiirehtivät
they were all suffering towards many goals
he kaikki kärsivät kohti monia tavoitteita
the waterfall, the lake, the rapids, the sea
vesiputous, järvi, koski, meri
and all goals were reached
ja kaikki tavoitteet saavutettiin
and every goal was followed by a new one
ja jokaista maalia seurasi uusi
and the water turned into vapour and rose to the sky
ja vesi muuttui höyryksi ja nousi taivaalle
the water turned into rain and poured down from the sky
vesi muuttui sateeksi ja valui alas taivaalta
the water turned into a source
vesi muuttui lähteeksi
then the source turned into a stream
sitten lähde muuttui puroksi
the stream turned into a river
puro muuttui joeksi
and the river headed forwards again
ja joki suuntasi jälleen eteenpäin
But the longing voice had changed
Mutta kaipaava ääni oli muuttunut
It still resounded, full of suffering, searching
Se kaikui edelleen, täynnä kärsimystä, etsintää
but other voices joined the river
mutta muut äänet liittyivät jokeen
there were voices of joy and of suffering
kuului ilon ja kärsimyksen ääniä
good and bad voices, laughing and sad ones
hyviä ja huonoja ääniä, nauravia ja surullisia

a hundred voices, a thousand voices
sata ääntä, tuhat ääntä
Siddhartha listened to all these voices
Siddhartha kuunteli kaikkia näitä ääniä
He was now nothing but a listener
Hän oli nyt vain kuuntelija
he was completely concentrated on listening
hän keskittyi täysin kuuntelemaan
he was completely empty now
hän oli nyt täysin tyhjä
he felt that he had now finished learning to listen
hänestä tuntui, että hän oli nyt oppinut kuuntelemaan
Often before, he had heard all this
Usein ennenkin hän oli kuullut tämän kaiken
he had heard these many voices in the river
hän oli kuullut nämä monet äänet joessa
today the voices in the river sounded new
tänään äänet joessa kuulostivat uusilta
Already, he could no longer tell the many voices apart
Hän ei voinut enää erottaa monia ääniä toisistaan
there was no difference between the happy voices and the weeping ones
iloisten ja itkevien äänien välillä ei ollut eroa
the voices of children and the voices of men were one
lasten äänet ja miesten äänet olivat yhtä
all these voices belonged together
kaikki nämä äänet kuuluivat yhteen
the lamentation of yearning and the laughter of the knowledgeable one
kaipauksen itkua ja tietävän naurua
the scream of rage and the moaning of the dying ones
raivohuuto ja kuolevaisten valittaminen
everything was one and everything was intertwined
kaikki oli yhtä ja kaikki kietoutui
everything was connected and entangled a thousand times
kaikki oli yhdistetty ja kietoutunut tuhat kertaa

everything together, all voices, all goals
kaikki yhdessä, kaikki äänet, kaikki tavoitteet
all yearning, all suffering, all pleasure
kaikki kaipuu, kaikki kärsimys, kaikki ilo
all that was good and evil
kaikkea hyvää ja pahaa
all of this together was the world
kaikki tämä yhdessä oli maailma
All of it together was the flow of events
Kaikki se yhdessä oli tapahtumien virtaa
all of it was the music of life
kaikki se oli elämän musiikkia
when Siddhartha was listening attentively to this river
kun Siddhartha kuunteli tarkkaavaisesti tätä jokea
the song of a thousand voices
tuhannen äänen laulu
when he neither listened to the suffering nor the laughter
kun hän ei kuunnellut kärsimystä eikä naurua
when he did not tie his soul to any particular voice
kun hän ei sitonut sieluaan mihinkään tiettyyn ääneen
when he submerged his self into the river
kun hän upposi itsensä jokeen
but when he heard them all he perceived the whole, the oneness
mutta kun hän kuuli ne kaikki, hän ymmärsi kokonaisuuden, ykseyden
then the great song of the thousand voices consisted of a single word
sitten tuhannen äänen suuri laulu koostui yhdestä sanasta
this word was Om; the perfection
tämä sana oli Om; täydellisyyttä

"Do you hear" Vasudeva's gaze asked again
"Kuuletko" Vasudevan katse kysyi uudelleen
Brightly, Vasudeva's smile was shining
Kirkkaasti Vasudevan hymy loisti

it was floating radiantly over all the wrinkles of his old face
se leijui säteilevästi kaikkien hänen vanhojen kasvojensa
ryppyjen päällä
the same way the Om was floating in the air over all the voices of the river
samalla tavalla Om leijui ilmassa kaikkien joen äänien päällä
Brightly his smile was shining, when he looked at his friend
Hänen hymynsä loisti kirkkaasti, kun hän katsoi ystäväänsä
and brightly the same smile was now starting to shine on Siddhartha's face
ja kirkkaasti sama hymy alkoi nyt loistaa Siddharthan kasvoilla
His wound had blossomed and his suffering was shining
Hänen haavansa oli kukoistanut ja hänen kärsimyksensä loisti
his self had flown into the oneness
hänen itsensä oli lentänyt ykseyteen
In this hour, Siddhartha stopped fighting his fate
Tällä hetkellä Siddhartha lopetti taistelun kohtaloaan vastaan
at the same time he stopped suffering
samalla hän lopetti kärsimyksen
On his face flourished the cheerfulness of a knowledge
Hänen kasvoillaan kukoistaa tiedon iloisuus
a knowledge which was no longer opposed by any will
tieto, jota mikään tahto ei enää vastustanut
a knowledge which knows perfection
tieto, joka tuntee täydellisyyden
a knowledge which is in agreement with the flow of events
tieto, joka on sopusoinnussa tapahtumien virran kanssa
a knowledge which is with the current of life
tieto, joka on elämän virran mukana
full of sympathy for the pain of others
täynnä myötätuntoa toisten tuskaa kohtaan
full of sympathy for the pleasure of others
täynnä myötätuntoa toisten iloksi
devoted to the flow, belonging to the oneness
omistettu virtaukselle, kuuluva ykseyteen

Vasudeva rose from the seat by the bank
Vasudeva nousi istuimelta pankin vieressä
he looked into Siddhartha's eyes
hän katsoi Siddharthan silmiin
and he saw the cheerfulness of the knowledge shining in his eyes
ja hän näki tiedon iloisuuden loistavan hänen silmissään
he softly touched his shoulder with his hand
hän kosketti pehmeästi olkapäätään kädellä
"I've been waiting for this hour, my dear"
"Olen odottanut tätä tuntia, kultaseni"
"Now that it has come, let me leave"
"Nyt kun se on tullut, anna minun lähteä"
"For a long time, I've been waiting for this hour"
"Olen odottanut tätä tuntia pitkään"
"for a long time, I've been Vasudeva the ferryman"
"Olen ollut pitkään Vasudeva lauttamies"
"Now it's enough. Farewell"
"Nyt riittää. Hyvästi"
"farewell river, farewell Siddhartha!"
"hyvästi joki, hyvästi Siddhartha!"
Siddhartha made a deep bow before him who bid his farewell
Siddhartha kumarsi syvästi hänen edessään, joka jätti hyvästit
"I've known it," he said quietly
"Olen tiennyt sen", hän sanoi hiljaa
"You'll go into the forests?"
"Menetkö metsään?"
"I'm going into the forests"
"Menen metsään"
"I'm going into the oneness" spoke Vasudeva with a bright smile
"Minä menen ykseyteen", sanoi Vasudeva kirkkaasti hymyillen
With a bright smile, he left
Hän lähti kirkkaasti hymyillen

Siddhartha watched him leaving
Siddhartha katseli hänen lähtevän
With deep joy, with deep solemnity he watched him leave
Syvällä ilolla, syvällä juhlallisesti hän katseli hänen lähtevän
he saw his steps were full of peace
hän näki askeleensa olevan täynnä rauhaa
he saw his head was full of lustre
hän näki päänsä olevan täynnä kiiltoa
he saw his body was full of light
hän näki hänen ruumiinsa olevan täynnä valoa

Govinda

Govinda had been with the monks for a long time
Govinda oli ollut munkkien kanssa pitkään
when not on pilgrimages, he spent his time in the pleasure-garden
kun hän ei ollut pyhiinvaelluksella, hän vietti aikansa huvipuutarhassa
the garden which the courtesan Kamala had given the followers of Gotama
puutarha, jonka kurtisaani Kamala oli antanut Gotaman seuraajille
he heard talk of an old ferryman, who lived a day's journey away
hän kuuli puheen vanhasta lauttamiehestä, joka asui päivän matkan päässä
he heard many regarded him as a wise man
hän kuuli, että monet pitivät häntä viisaana miehenä
When Govinda went back, he chose the path to the ferry
Kun Govinda palasi, hän valitsi polun lautalle
he was eager to see the ferryman
hän oli innokas näkemään lauttamiehen
he had lived his entire life by the rules
hän oli elänyt koko elämänsä sääntöjen mukaan
he was looked upon with veneration by the younger monks
nuoremmat munkit katsoivat häntä kunnioittavasti
they respected his age and modesty
he kunnioittivat hänen ikänsä ja vaatimattomuutensa
but his restlessness had not perished from his heart
mutta hänen levottomuutensa ei ollut kadonnut hänen sydämestään
he was searching for what he had not found
hän etsi sitä, mitä ei ollut löytänyt
He came to the river and asked the old man to ferry him over
Hän tuli joelle ja pyysi vanhaa miestä kuljettamaan hänet yli

when they got off the boat on the other side, he spoke with the old man
kun he nousivat veneestä toisella puolella, hän puhui vanhan miehen kanssa

"You're very good to us monks and pilgrims"
"Olet erittäin hyvä meille munkkeja ja pyhiinvaeltajia kohtaan"
"you have ferried many of us across the river"
"Olet kuljettanut monet meistä joen yli"
"Aren't you too, ferryman, a searcher for the right path?"
"Etkö sinäkin, lauttamies, ole oikean tien etsijä?"
smiling from his old eyes, Siddhartha spoke
hymyillen vanhoista silmistään, Siddhartha puhui
"oh venerable one, do you call yourself a searcher?"
"Oi arvoisa, kutsutko itseäsi etsijäksi?"
"are you still a searcher, although already well in years?"
"Oletko edelleen etsijä, vaikka jo vuosien takaa?"
"do you search while wearing the robe of Gotama's monks?"
"etsitkö Gotaman munkkien viitta päällä?"
"It's true, I'm old," spoke Govinda
"Se on totta, olen vanha", sanoi Govinda
"but I haven't stopped searching"
"mutta en ole lopettanut etsimistä"
"I will never stop searching"
"En koskaan lopeta etsimistä"
"this seems to be my destiny"
"Tämä näyttää olevan kohtaloni"
"You too, so it seems to me, have been searching"
"Sinäkin, niin minusta näyttää, olet etsinyt"
"Would you like to tell me something, oh honourable one?"
"Haluaisitko kertoa minulle jotain, oi arvoisa?"
"What might I have that I could tell you, oh venerable one?"
"Mitä minulla voisi olla kertoa sinulle, oi kunnioitettava?"
"Perhaps I could tell you that you're searching far too much?"

"Ehkä voisin kertoa sinulle, että etsit aivan liikaa?"
"Could I tell you that you don't make time for finding?"
"Voinko kertoa teille, että teillä ei ole aikaa löytää?"
"How come?" asked Govinda
"Miten niin?" kysyi Govinda
"When someone is searching they might only see what they search for"
"Kun joku tekee haun, hän saattaa nähdä vain sen, mitä hän etsii"
"he might not be able to let anything else enter his mind"
"hän ei ehkä pysty päästämään mitään muuta mieleensä"
"he doesn't see what he is not searching for"
"hän ei näe mitä ei etsi"
"because he always thinks of nothing but the object of his search"
"koska hän ei aina ajattele muuta kuin etsimiskohdetta"
"he has a goal, which he is obsessed with"
"hänellä on tavoite, johon hän on pakkomielle"
"Searching means having a goal"
"Etsiminen tarkoittaa tavoitetta"
"But finding means being free, open, and having no goal"
"Mutta löytäminen tarkoittaa sitä, että on vapaa, avoin ja ilman päämäärää."
"You, oh venerable one, are perhaps indeed a searcher"
"Sinä, oi kunnioitettava, olet ehkä todellakin etsijä"
"because, when striving for your goal, there are many things you don't see"
"koska tavoitteeseen pyrkiessä on monia asioita, joita et näe"
"you might not see things which are directly in front of your eyes"
"et ehkä näe asioita, jotka ovat suoraan silmiesi edessä"
"I don't quite understand yet," said Govinda, "what do you mean by this?"
"En oikein vielä ymmärrä", sanoi Govinda, "mitä tarkoitat tällä?"

"oh venerable one, you've been at this river before, a long time ago"
"Voi kunniallinen, olet ollut tällä joella ennenkin, kauan sitten"
"and you have found a sleeping man by the river"
"ja olet löytänyt nukkuvan miehen joen rannalta"
"you have sat down with him to guard his sleep"
"Olet istunut hänen kanssaan vartioimaan hänen untaan"
"but, oh Govinda, you did not recognise the sleeping man"
"mutta oi Govinda, et tunnistanut nukkuvaa miestä"
Govinda was astonished, as if he had been the object of a magic spell
Govinda oli hämmästynyt, ikään kuin hän olisi ollut taikuuden kohteena
the monk looked into the ferryman's eyes
munkki katsoi lauttamiehen silmiin
"Are you Siddhartha?" he asked with a timid voice
"Oletko sinä Siddhartha?" hän kysyi aralla äänellä
"I wouldn't have recognised you this time either!"
"En olisi tunnistanut sinua tälläkään kertaa!"
"from my heart, I'm greeting you, Siddhartha"
"Sydämeni, tervehdin sinua, Siddhartha"
"from my heart, I'm happy to see you once again!"
"Sydämestäni, olen iloinen nähdessäni sinut jälleen!"
"You've changed a lot, my friend"
"Olet muuttunut paljon, ystäväni"
"and you've now become a ferryman?"
"ja sinusta on nyt tullut lauttamies?"
In a friendly manner, Siddhartha laughed
Ystävällisesti Siddhartha nauroi
"yes, I am a ferryman"
"kyllä, olen lauttamies"
"Many people, Govinda, have to change a lot"
"Monien ihmisten, Govinda, on muututtava paljon"
"they have to wear many robes"
"heillä on oltava monta kaapua"
"I am one of those who had to change a lot"

"Olen yksi niistä, joiden piti muuttua paljon"
"Be welcome, Govinda, and spend the night in my hut"
"Tervetuloa, Govinda, ja vietä yö mökissäni"
Govinda stayed the night in the hut
Govinda jäi yöksi mökissä
he slept on the bed which used to be Vasudeva's bed
hän nukkui sängyssä, joka oli ennen Vasudevan sänky
he posed many questions to the friend of his youth
hän esitti monia kysymyksiä nuoruuden ystävälle
Siddhartha had to tell him many things from his life
Siddharthan oli kerrottava hänelle monia asioita elämästään

then the next morning came
sitten tuli seuraava aamu
the time had come to start the day's journey
oli aika aloittaa päivän matka
without hesitation, Govinda asked one more question
epäröimättä Govinda esitti vielä yhden kysymyksen
"Before I continue on my path, Siddhartha, permit me to ask one more question"
"Ennen kuin jatkan tielläni, Siddhartha, salli minun esittää vielä yksi kysymys"
"Do you have a teaching that guides you?"
"Onko sinulla opetus, joka ohjaa sinua?"
"Do you have a faith or a knowledge you follow"
"Onko sinulla uskoa tai tietoa, jota seuraat"
"is there a knowledge which helps you to live and do right?"
"Onko olemassa tietoa, joka auttaa sinua elämään ja tekemään oikein?"
"You know well, my dear, I have always been distrustful of teachers"
"Tiedät hyvin, kultaseni, olen aina ollut epäluuloinen opettajia kohtaan"
"as a young man I already started to doubt teachers"
"Aloin jo nuorena epäillä opettajia"

"when we lived with the penitents in the forest, I distrusted their teachings"
"Kun asuimme katuvien kanssa metsässä, en luottanut heidän opetuksiinsa"
"and I turned my back to them"
"ja käänsin selkäni heille"
"I have remained distrustful of teachers"
"Olen pysynyt epäluuloisena opettajia kohtaan"
"Nevertheless, I have had many teachers since then"
"Minulla on kuitenkin ollut monia opettajia sen jälkeen"
"A beautiful courtesan has been my teacher for a long time"
"Kaunis kurtisaani on ollut opettajani pitkään"
"a rich merchant was my teacher"
"rikas kauppias oli opettajani"
"and some gamblers with dice taught me"
"ja jotkut uhkapelurit opettivat minulle"
"Once, even a follower of Buddha has been my teacher"
"Kerran jopa Buddhan seuraaja on ollut opettajani"
"he was travelling on foot, pilgering"
"hän matkusti jalan, ryöstelemässä"
"and he sat with me when I had fallen asleep in the forest"
"ja hän istui kanssani, kun olin nukahtanut metsään"
"I've also learned from him, for which I'm very grateful"
"Olen myös oppinut häneltä, mistä olen erittäin kiitollinen"
"But most of all, I have learned from this river"
"Mutta ennen kaikkea olen oppinut tästä joesta"
"and I have learned most from my predecessor, the ferryman Vasudeva"
"ja olen oppinut eniten edeltäjältäni, lauttasauttaja Vasudevalta"
"He was a very simple person, Vasudeva, he was no thinker"
"Hän oli hyvin yksinkertainen ihminen, Vasudeva, hän ei ollut ajattelija"
"but he knew what is necessary just as well as Gotama"
"mutta hän tiesi tarpeellisen yhtä hyvin kuin Gotama"
"he was a perfect man, a saint"

"hän oli täydellinen mies, pyhimys"
"Siddhartha still loves to mock people, it seems to me"
"Siddhartha rakastaa edelleen ihmisten pilkkaamista, minusta näyttää"
"I believe in you and I know that you haven't followed a teacher"
"Uskon sinuun ja tiedän, että et ole seurannut opettajaa"
"But haven't you found something by yourself?"
"Mutta etkö ole löytänyt jotain itse?"
"though you've found no teachings, you still found certain thoughts"
"Vaikka et ole löytänyt opetuksia, olet silti löytänyt tiettyjä ajatuksia"
"certain insights, which are your own"
"tietyt oivallukset, jotka ovat omiasi"
"insights which help you to live"
"oivalluksia, jotka auttavat sinua elämään"
"Haven't you found something like this?"
"Etkö ole löytänyt jotain tällaista?"
"If you would like to tell me, you would delight my heart"
"Jos haluat kertoa minulle, ilahduttaisit sydäntäni"
"you are right, I have had thoughts and gained many insights"
"Olet oikeassa, minulla on ollut ajatuksia ja saanut monia oivalluksia"
"Sometimes I have felt knowledge in me for an hour"
"Joskus olen tuntenut tiedon itsessäni tunnin ajan"
"at other times I have felt knowledge in me for an entire day"
"toisinaan olen tuntenut tietoa itsestäni kokonaisen päivän"
"the same knowledge one feels when one feels life in one's heart"
"sama tieto, jonka tuntee, kun tuntee elämän sydämessään"
"There have been many thoughts"
"Ajatuksia on ollut monia"

"but it would be hard for me to convey these thoughts to you"
"Mutta minun olisi vaikea välittää näitä ajatuksia sinulle"
"my dear Govinda, this is one of my thoughts which I have found"
"Rakas Govinda, tämä on yksi ajatuksistani, jotka olen löytänyt"
"wisdom cannot be passed on"
"viisautta ei voi välittää"
"Wisdom which a wise man tries to pass on always sounds like foolishness"
"Viisaus, jota viisas yrittää välittää, kuulostaa aina typeryydeltä"
"Are you kidding?" asked Govinda
"Vitsitkö sinä?" kysyi Govinda
"I'm not kidding, I'm telling you what I have found"
"En vitsaile, vaan kerron mitä olen löytänyt"
"Knowledge can be conveyed, but wisdom can't"
"Tietoa voidaan välittää, mutta viisautta ei"
"wisdom can be found, it can be lived"
"Viisautta löytyy, sitä voi elää"
"it is possible to be carried by wisdom"
"on mahdollista olla viisauden kantama"
"miracles can be performed with wisdom"
"Ihmeitä voidaan tehdä viisaasti"
"but wisdom cannot be expressed in words or taught"
"mutta viisautta ei voi ilmaista sanoin tai opettaa"
"This was what I sometimes suspected, even as a young man"
"Tätä minäkin joskus nuorena miehenä epäilin"
"this is what has driven me away from the teachers"
"Tämä on ajanut minut pois opettajista"
"I have found a thought which you'll regard as foolishness"
"Olen löytänyt ajatuksen, jota pidät typeryksenä"
"but this thought has been my best"
"mutta tämä ajatus on ollut paras"

"**The opposite of every truth is just as true!**"
"Jokaisen totuuden vastakohta on yhtä totta!"
"**any truth can only be expressed when it is one-sided**"
"totuus voidaan ilmaista vain, kun se on yksipuolinen"
"**only one sided things can be put into words**"
"vain yksipuoliset asiat voidaan pukea sanoiksi"
"**Everything which can be thought is one-sided**"
"Kaikki mitä voidaan ajatella on yksipuolista"
"**it's all one-sided, so it's just one half**"
"kaikki on yksipuolista, joten se on vain yksi puolikas"
"**it all lacks completeness, roundness, and oneness**"
"Kaikesta puuttuu täydellisyys, pyöreys ja ykseys"
"**the exalted Gotama spoke in his teachings of the world**"
"yletetty Gotama puhui opetuksissaan maailmasta"
"**but he had to divide the world into Sansara and Nirvana**"
"mutta hänen täytyi jakaa maailma Sansaraan ja Nirvanaan"
"**he had divided the world into deception and truth**"
"hän oli jakanut maailman petokseen ja totuuteen"
"**he had divided the world into suffering and salvation**"
"hän oli jakanut maailman kärsimykseen ja pelastukseen"
"**the world cannot be explained any other way**"
"maailmaa ei voi selittää millään muulla tavalla"
"**there is no other way to explain it, for those who want to teach**"
"Ei ole muuta tapaa selittää sitä niille, jotka haluavat opettaa"
"**But the world itself is never one-sided**"
"Mutta maailma itsessään ei ole koskaan yksipuolinen"
"**the world exists around us and inside of us**"
"Maailma on olemassa ympärillämme ja sisällämme"
"**A person or an act is never entirely Sansara or entirely Nirvana**"
"Ihminen tai teko ei koskaan ole kokonaan Sansara tai kokonaan Nirvana"
"**a person is never entirely holy or entirely sinful**"
"ihminen ei ole koskaan täysin pyhä tai täysin syntinen"
"**It seems like the world can be divided into these opposites**"

"Näyttää siltä, että maailma voidaan jakaa näihin vastakohtiin"
"but that's because we are subject to deception"
"mutta se johtuu siitä, että olemme petoksen kohteena"
"it's as if the deception was something real"
"on kuin petos olisi jotain todellista"
"Time is not real, Govinda"
"Aika ei ole todellista, Govinda"
"I have experienced this often and often again"
"Olen kokenut tämän usein ja usein uudestaan"
"when time is not real, the gap between the world and the eternity is also a deception"
"Kun aika ei ole todellista, maailman ja ikuisuuden välinen kuilu on myös petos"
"the gap between suffering and blissfulness is not real"
"kuilu kärsimyksen ja autuuden välillä ei ole todellinen"
"there is no gap between evil and good"
"pahan ja hyvän välillä ei ole kuilua"
"all of these gaps are deceptions"
"kaikki nämä aukot ovat petoksia"
"but these gaps appear to us nonetheless"
"mutta nämä aukot näkyvät meille siitä huolimatta"
"How come?" asked Govinda timidly
"Miten niin?" kysyi Govinda arasti
"Listen well, my dear," answered Siddhartha
"Kuule hyvin, kultaseni", vastasi Siddhartha
"The sinner, which I am and which you are, is a sinner"
"Syntinen, joka minä olen ja joka sinä olet, on syntinen"
"but in times to come the sinner will be Brahma again"
"mutta tulevina aikoina syntinen on jälleen Brahma"
"he will reach the Nirvana and be Buddha"
"hän saavuttaa Nirvanan ja on Buddha"
"the times to come are a deception"
"Tulevat ajat ovat petosta"
"the times to come are only a parable!"
"Tulevat ajat ovat vain vertaus!"

"The sinner is not on his way to become a Buddha"
"Syntinen ei ole matkalla Buddhaksi"
"he is not in the process of developing"
"hän ei ole kehitysvaiheessa"
"our capacity for thinking does not know how else to picture these things"
"Ajattelukykymme ei osaa muuten kuvata näitä asioita"
"No, within the sinner there already is the future Buddha"
"Ei, syntisessä sisällä on jo tuleva Buddha"
"his future is already all there"
"hänen tulevaisuutensa on jo olemassa"
"you have to worship the Buddha in the sinner"
"sinun täytyy palvoa Buddhaa syntisessä"
"you have to worship the Buddha hidden in everyone"
"sinun täytyy palvoa jokaiseen kätkettyä Buddhaa"
"the hidden Buddha which is coming into being the possible"
"Piilotettu Buddha, joka on tulossa mahdolliseksi"
"The world, my friend Govinda, is not imperfect"
"Maailma, ystäväni Govinda, ei ole epätäydellinen"
"the world is on no slow path towards perfection"
"Maailma ei ole hidas tiellä kohti täydellisyyttä"
"no, the world is perfect in every moment"
"Ei, maailma on täydellinen joka hetki"
"all sin already carries the divine forgiveness in itself"
"kaikki synti tuo jo itsessään jumalallisen anteeksiannon"
"all small children already have the old person in themselves"
"kaikilla pienillä lapsilla on jo vanha ihminen itsessään"
"all infants already have death in them"
"Kaikissa vauvoissa on jo kuolema"
"all dying people have the eternal life"
"Kaikilla kuolevilla on iankaikkinen elämä"
"we can't see how far another one has already progressed on his path"
"emme näe kuinka pitkälle toinen on jo edennyt tiellään"

"in the robber and dice-gambler, the Buddha is waiting"
"ryöstössä ja noppapelurissa Buddha odottaa"
"in the Brahman, the robber is waiting"
"Brahmanissa rosvo odottaa"
"in deep meditation, there is the possibility to put time out of existence"
"syvässä meditaatiossa on mahdollisuus laittaa aika pois olemassaolosta"
"there is the possibility to see all life simultaneously"
"on mahdollisuus nähdä koko elämä samanaikaisesti"
"it is possible to see all life which was, is, and will be"
"on mahdollista nähdä kaikki elämä, joka oli, on ja tulee olemaan"
"and there everything is good, perfect, and Brahman"
"ja siellä kaikki on hyvää, täydellistä ja Brahman"
"Therefore, I see whatever exists as good"
"Siksi minä näen kaiken olemassa olevan hyvänä"
"death is to me like life"
"kuolema on minulle kuin elämä"
"to me sin is like holiness"
"Minulle synti on kuin pyhyyttä"
"wisdom can be like foolishness"
"Viisaus voi olla kuin hulluutta"
"everything has to be as it is"
"kaiken pitää olla niin kuin on"
"everything only requires my consent and willingness"
"kaikki vaatii vain suostumukseni ja halukkuuttani"
"all that my view requires is my loving agreement to be good for me"
"Kaikki mitä näkemykseni vaatii on rakastava suostumukseni olla hyvä minulle"
"my view has to do nothing but work for my benefit"
"näkemykseni ei saa tehdä muuta kuin työskennellä minun hyödykseni"
"and then my perception is unable to ever harm me"
"ja sitten havaintoni ei voi koskaan vahingoittaa minua"

"I have experienced that I needed sin very much"
"Olen kokenut, että tarvitsin syntiä kovasti"
"I have experienced this in my body and in my soul"
"Olen kokenut tämän ruumiissani ja sielussani"
"I needed lust, the desire for possessions, and vanity"
"Tarvitsin himoa, omaisuudenhalua ja turhamaisuutta"
"and I needed the most shameful despair"
"ja tarvitsin häpeällisimmän epätoivon"
"in order to learn how to give up all resistance"
"oppiakseen luopumaan kaikesta vastustuksesta"
"in order to learn how to love the world"
"Oppiakseen rakastamaan maailmaa"
"in order to stop comparing things to some world I wished for"
"Lopettaakseni asioiden vertaamisen johonkin maailmaan, jota toivoin"
"I imagined some kind of perfection I had made up"
"Kuvittelin jonkinlaista täydellisyyttä, jonka olin keksinyt"
"but I have learned to leave the world as it is"
"mutta olen oppinut jättämään maailman sellaisena kuin se on"
"I have learned to love the world as it is"
"Olen oppinut rakastamaan maailmaa sellaisena kuin se on"
"and I learned to enjoy being a part of it"
"ja opin nauttimaan siitä, että olen osa sitä"
"These, oh Govinda, are some of the thoughts which have come into my mind"
"Nämä, oi Govinda, ovat joitain ajatuksia, jotka ovat tulleet mieleeni"

Siddhartha bent down and picked up a stone from the ground
Siddhartha kumartui ja poimi kiven maasta
he weighed the stone in his hand
hän punnitsi kiven kädessään
"This here," he said playing with the rock, "is a stone"

"Tämä täällä", hän sanoi leikkiessään kivellä, "on kivi"
"this stone will, after a certain time, perhaps turn into soil"
"Tämä kivi saattaa muuttua tietyn ajan kuluttua maaperäksi"
"it will turn from soil into a plant or animal or human being"
"se muuttuu maaperästä kasviksi, eläimeksi tai ihmiseksi"
"In the past, I would have said this stone is just a stone"
"Aiemmin olisin sanonut, että tämä kivi on vain kivi"
"I might have said it is worthless"
"Olisin ehkä sanonut, että se on arvoton"
"I would have told you this stone belongs to the world of the Maya"
"Olisin sanonut, että tämä kivi kuuluu mayojen maailmaan"
"but I wouldn't have seen that it has importance"
"mutta en olisi nähnyt, että sillä on merkitystä"
"it might be able to become a spirit in the cycle of transformations"
"se saattaa tulla henkiksi muutosten syklissä"
"therefore I also grant it importance"
"Siksi minäkin pidän sitä tärkeänä"
"Thus, I would perhaps have thought in the past"
"Niinpä olisin ehkä ajatellut aiemmin"
"But today I think differently about the stone"
"Mutta tänään ajattelen kivestä eri tavalla"
"this stone is a stone, and it is also animal, god, and Buddha"
"Tämä kivi on kivi, ja se on myös eläin, jumala ja Buddha"
"I do not venerate and love it because it could turn into this or that"
"En kunnioita enkä rakasta sitä, koska se voi muuttua sellaiseksi tai tuoksi"
"I love it because it is those things"
"Rakastan sitä, koska se on niitä asioita"
"this stone is already everything"
"Tämä kivi on jo kaikki"
"it appears to me now and today as a stone"
"Se näyttää minusta nyt ja tänään kuin kivi"
"that is why I love this"

"Siksi rakastan tätä"
"that is why I see worth and purpose in each of its veins and cavities"
"Siksi näen arvokkuuden ja tarkoituksen jokaisessa sen suonissa ja onteloissa"
"I see value in its yellow, gray, and hardness"
"Näen arvoa sen keltaisessa, harmaan ja kovuudessa"
"I appreciated the sound it makes when I knock at it"
"Arvostin sen ääntä, kun koputan siihen"
"I love the dryness or wetness of its surface"
"Rakastan sen pinnan kuivuutta tai kosteutta"
"There are stones which feel like oil or soap"
"On kiviä, jotka tuntuvat öljyltä tai saippualta"
"and other stones feel like leaves or sand"
"ja muut kivet tuntuvat lehdiltä tai hiekalta"
"and every stone is special and prays the Om in its own way"
"ja jokainen kivi on erityinen ja rukoilee Omia omalla tavallaan"
"each stone is Brahman"
"Jokainen kivi on Brahman"
"but simultaneously, and just as much, it is a stone"
"mutta samalla, ja yhtä paljon, se on kivi"
"it is a stone regardless of whether it's oily or juicy"
"se on kivi riippumatta siitä onko se öljyinen vai mehukas"
"and this why I like and regard this stone"
"ja siksi pidän ja pidän tästä kivestä"
"it is wonderful and worthy of worship"
"se on upeaa ja palvonnan arvoista"
"But let me speak no more of this"
"Mutta anna minun puhua tästä enempää"
"words are not good for transmitting the secret meaning"
"sanat eivät ole hyviä välittämään salaista merkitystä"
"everything always becomes a bit different, as soon as it is put into words"
"Kaikki muuttuu aina vähän erilaiseksi, heti kun se puetaan sanoiksi"

"everything gets distorted a little by words"
"Kaikki vääristyy hieman sanoilla"
"and then the explanation becomes a bit silly"
"ja sitten selityksestä tulee vähän typerä"
"yes, and this is also very good, and I like it a lot"
"Kyllä, ja tämä on myös erittäin hyvä, ja pidän siitä paljon"
"I also very much agree with this"
"Olen myös erittäin samaa mieltä tästä"
"one man's treasure and wisdom always sounds like foolishness to another person"
"Yhden miehen aarre ja viisaus kuulostaa aina typerältä toisen mielestä"
Govinda listened silently to what Siddhartha was saying
Govinda kuunteli hiljaa, mitä Siddhartha sanoi
there was a pause and Govinda hesitantly asked a question
oli tauko ja Govinda kysyi epäröivästi kysymyksen
"Why have you told me this about the stone?"
"Miksi kerroit minulle tämän kivestä?"
"I did it without any specific intention"
"Tein sen ilman erityistä tarkoitusta"
"perhaps what I meant was, that I love this stone and the river"
"ehkä tarkoitin sitä, että rakastan tätä kiveä ja jokea"
"and I love all these things we are looking at"
"ja rakastan kaikkia näitä asioita, joita katsomme"
"and we can learn from all these things"
"ja voimme oppia kaikista näistä asioista"
"I can love a stone, Govinda"
"Voin rakastaa kiveä, Govinda"
"and I can also love a tree or a piece of bark"
"ja voin myös rakastaa puuta tai kuorenpalaa"
"These are things, and things can be loved"
"Nämä ovat asioita, ja asioita voi rakastaa"
"but I cannot love words"
"mutta en voi rakastaa sanoja"
"therefore, teachings are no good for me"

"Siksi opetukset eivät kelpaa minulle"
"teachings have no hardness, softness, colours, edges, smell, or taste"
"opetuksissa ei ole kovuutta, pehmeyttä, värejä, reunoja, hajua tai makua"
"teachings have nothing but words"
"opetuksissa ei ole muuta kuin sanat"
"perhaps it is words which keep you from finding peace"
"ehkä sanat estävät sinua löytämästä rauhaa"
"because salvation and virtue are mere words"
"koska pelastus ja hyve ovat pelkkiä sanoja"
"Sansara and Nirvana are also just mere words, Govinda"
"Sansara ja Nirvana ovat myös pelkkiä sanoja, Govinda"
"there is no thing which would be Nirvana"
"ei ole olemassa mitään, mikä olisi Nirvana"
"therefore Nirvana is just the word"
" Nirvana on siis vain sana"
Govinda objected, "Nirvana is not just a word, my friend"
Govinda vastusti: "Nirvana ei ole vain sana, ystäväni"
"Nirvana is a word, but also it is a thought"
"Nirvana on sana, mutta se on myös ajatus"
Siddhartha continued, "it might be a thought"
Siddhartha jatkoi: "Se saattaa olla ajatus"
"I must confess, I don't differentiate much between thoughts and words"
"Minun on myönnettävä, en tee paljon eroa ajatusten ja sanojen välillä"
"to be honest, I also have no high opinion of thoughts"
"Ollakseni rehellinen, minulla ei myöskään ole korkeaa mielipidettä ajatuksista"
"I have a better opinion of things than thoughts"
"Minulla on parempi mielipide asioista kuin ajatuksista"
"Here on this ferry-boat, for instance, a man has been my predecessor"
"Täällä tässä lautalla esimerkiksi mies on ollut edeltäjäni"
"he was also one of my teachers"

"hän oli myös yksi opettajistani"
"a holy man, who has for many years simply believed in the river"
"pyhä mies, joka on monta vuotta yksinkertaisesti uskonut jokeen"
"and he believed in nothing else"
"eikä hän uskonut mihinkään muuhun"
"He had noticed that the river spoke to him"
"Hän oli huomannut, että joki puhutteli häntä"
"he learned from the river"
"hän oppi joesta"
"the river educated and taught him"
"joki opetti ja opetti hänet"
"the river seemed to be a god to him"
"joki näytti olevan hänelle jumala"
"for many years he did not know that everything was as divine as the river"
"Moneen vuoteen hän ei tiennyt, että kaikki oli yhtä jumalallista kuin joki"
"the wind, every cloud, every bird, every beetle"
"tuuli, jokainen pilvi, jokainen lintu, jokainen kovakuoriainen"
"they can teach just as much as the river"
"he voivat opettaa yhtä paljon kuin joki"
"But when this holy man went into the forests, he knew everything"
"Mutta kun tämä pyhä mies meni metsiin, hän tiesi kaiken."
"he knew more than you and me, without teachers or books"
"hän tiesi enemmän kuin sinä ja minä ilman opettajia tai kirjoja"
"he knew more than us only because he had believed in the river"
"hän tiesi enemmän kuin me vain siksi, että hän oli uskonut jokeen"

Govinda still had doubts and questions
Govindalla oli edelleen epäilyksiä ja kysymyksiä

"**But is that what you call things actually something real?**"
"Mutta onko se se, mitä kutsutte asioiksi, todella jotain todellista?"
"**do these things have existence?**"
"Onko näitä asioita olemassa?"
"**Isn't it just a deception of the Maya**"
"Eikö se ole vain mayojen huijausta"
"**aren't all these things an image and illusion?**"
"Eivätkö nämä kaikki ole mielikuvitusta ja illuusiota?"
"**Your stone, your tree, your river**"
"Kivesi, puusi, joesi"
"**are they actually a reality?**"
"Ovatko ne oikeasti totta?"
"**This too,**" spoke Siddhartha, "**I do not care very much about**"
"Tästäkin", sanoi Siddhartha, "en välitä kovinkaan paljon"
"**Let the things be illusions or not**"
"Olkoon asioiden illuusioita tai ei"
"**after all, I would then also be an illusion**"
"loppujen lopuksi minä olisin silloin myös illuusio"
"**and if these things are illusions then they are like me**"
"ja jos nämä asiat ovat illuusioita, ne ovat minun kaltaisiani"
"**This is what makes them so dear and worthy of veneration for me**"
"Tämä tekee heistä niin rakkaita ja kunnioituksen arvoisia minulle"
"**these things are like me and that is how I can love them**"
"nämä asiat ovat minun kaltaisiani ja sillä tavalla voin rakastaa niitä"
"**this is a teaching you will laugh about**"
"Tämä on opetus, jolle naurat"
"**love, oh Govinda, seems to me to be the most important thing of all**"
"Rakkaus, oi Govinda, näyttää minusta olevan tärkein asia."
"**to thoroughly understand the world may be what great thinkers do**"

"Maailman perusteellinen ymmärtäminen voi olla mitä suuret ajattelijat tekevät"
"they explain the world and despise it"
"he selittävät maailmaa ja halveksivat sitä"
"But I'm only interested in being able to love the world"
"Mutta minua kiinnostaa vain mahdollisuus rakastaa maailmaa"
"I am not interested in despising the world"
"Minua ei kiinnosta halveksia maailmaa"
"I don't want to hate the world"
"En halua vihata maailmaa"
"and I don't want the world to hate me"
"enkä halua maailman vihaavan minua"
"I want to be able to look upon the world and myself with love"
"Haluan pystyä katsomaan maailmaa ja itseäni rakkaudella"
"I want to look upon all beings with admiration"
"Haluan katsoa kaikkia olentoja ihaillen"
"I want to have a great respect for everything"
"Haluan kunnioittaa kaikkea"
"This I understand," spoke Govinda
"Tämän ymmärrän", sanoi Govinda
"But this very thing was discovered by the exalted one to be a deception"
"Mutta ylevä havaitsi juuri tämän asian petokseksi"
"He commands benevolence, clemency, sympathy, tolerance"
"Hän käskee hyväntahtoisuutta, armollisuutta, myötätuntoa, suvaitsevaisuutta"
"but he does not command love"
"mutta hän ei käske rakkautta"
"he forbade us to tie our heart in love to earthly things"
"hän kielsi meitä sitomasta sydäntämme rakkaudessa maallisiin asioihin"
"I know it, Govinda," said Siddhartha, and his smile shone golden

"Tiedän sen, Govinda", sanoi Siddhartha, ja hänen hymynsä loisti kultaisena
"And behold, with this we are right in the thicket of opinions"
"Ja katso, tämän kanssa olemme oikeassa mielipiteiden joukossa"
"now we are in the dispute about words"
"Nyt kiistellään sanoista"
"For I cannot deny, my words of love are a contradiction"
"Sillä en voi kieltää, rakkauden sanani ovat ristiriidassa"
"they seem to be in contradiction with Gotama's words"
"ne näyttävät olevan ristiriidassa Gotaman sanojen kanssa"
"For this very reason, I distrust words so much"
"Juuri tästä syystä en luota sanoihin niin paljon"
"because I know this contradiction is a deception"
"koska tiedän, että tämä ristiriita on petos"
"I know that I am in agreement with Gotama"
"Tiedän, että olen samaa mieltä Gotaman kanssa"
"How could he not know love when he has discovered all elements of human existence"
"Kuinka hän ei voisi tuntea rakkautta, kun hän on löytänyt kaikki ihmisen olemassaolon elementit"
"he has discovered their transitoriness and their meaninglessness"
"hän on havainnut niiden ohimenevyyden ja merkityksettömyyden"
"and yet he loved people very much"
"ja kuitenkin hän rakasti ihmisiä kovasti"
"he used a long, laborious life only to help and teach them!"
"hän käytti pitkän, työläs elämän vain auttaakseen ja opettaakseen heitä!"
"Even with your great teacher, I prefer things over the words"
"Jopa suuren opettajasi kanssa pidän asioista enemmän kuin sanoja"

"I place more importance on his acts and life than on his speeches"
"Pidän hänen tekojaan ja elämäänsä tärkeämpänä kuin hänen puheitaan"
"I value the gestures of his hand more than his opinions"
"Arvostan hänen kätensä eleitä enemmän kuin hänen mielipiteitään"
"for me there was nothing in his speech and thoughts"
"minulle hänen puheessaan ja ajatuksissaan ei ollut mitään"
"I see his greatness only in his actions and in his life"
"Näen hänen suuruutensa vain hänen teoissaan ja hänen elämässään"

For a long time, the two old men said nothing
Pitkään aikaan nuo kaksi vanhaa miestä eivät sanoneet mitään
Then Govinda spoke, while bowing for a farewell
Sitten Govinda puhui kumartaen jäähyväiset
"I thank you, Siddhartha, for telling me some of your thoughts"
"Kiitän sinua, Siddhartha, että kerroit minulle joitain ajatuksiasi"
"These thoughts are partially strange to me"
"Nämä ajatukset ovat minulle osittain outoja"
"not all of these thoughts have been instantly understandable to me"
"Kaikki nämä ajatukset eivät ole olleet minulle heti ymmärrettäviä"
"This being as it may, I thank you"
"Niin kuin se voi olla, kiitän teitä"
"and I wish you to have calm days"
"ja toivotan teille rauhallisia päiviä"
But secretly he thought something else to himself
Mutta salaa hän ajatteli itsekseen jotain muuta
"This Siddhartha is a bizarre person"
"Tämä Siddhartha on outo henkilö"
"he expresses bizarre thoughts"

"hän ilmaisee outoja ajatuksia"
"his teachings sound foolish"
"hänen opetuksensa kuulostavat typerältä"
"the exalted one's pure teachings sound very different"
"ylennetyn puhtaat opetukset kuulostavat hyvin erilaisilta"
"those teachings are clearer, purer, more comprehensible"
"Nämä opetukset ovat selkeämpiä, puhtaampia, ymmärrettävämpiä"
"there is nothing strange, foolish, or silly in those teachings"
"Näissä opetuksissa ei ole mitään outoa, typerää tai typerää"
"But Siddhartha's hands seemed different from his thoughts"
"Mutta Siddharthan kädet näyttivät erilaisilta kuin hänen ajatuksensa"
"his feet, his eyes, his forehead, his breath"
"hänen jalkansa, hänen silmänsä, hänen otsansa, hänen hengityksensä"
"his smile, his greeting, his walk"
"hänen hymynsä, hänen tervehdyksensä, hänen kävelynsä"
"I haven't met another man like him since Gotama became one with the Nirvana"
"En ole tavannut toista hänen kaltaistaan sen jälkeen, kun Gotama tuli yhdeksi Nirvanan kanssa"
"since then I haven't felt the presence of a holy man"
"Sittemmin en ole tuntenut pyhän miehen läsnäoloa"
"I have only found Siddhartha, who is like this"
"Olen löytänyt vain Siddharthan, joka on tällainen"
"his teachings may be strange and his words may sound foolish"
"hänen opetuksensa voivat olla outoja ja hänen sanansa voivat kuulostaa typeriltä"
"but purity shines out of his gaze and hand"
"mutta puhtaus loistaa hänen katseestaan ja kädestään"
"his skin and his hair radiates purity"
"hänen ihonsa ja hiuksensa säteilevät puhtautta"
"purity shines out of every part of him"

"puhtaus loistaa hänen kaikista osistaan"
"a calmness, cheerfulness, mildness and holiness shines from him"
"hänestä loistaa tyyneys, iloisuus, lempeys ja pyhyys"
"something which I have seen in no other person"
"jotain mitä en ole nähnyt missään toisessa ihmisessä"
"I have not seen it since the final death of our exalted teacher"
"En ole nähnyt sitä korotetun opettajamme lopullisen kuoleman jälkeen"
While Govinda thought like this, there was a conflict in his heart
Kun Govinda ajatteli näin, hänen sydämessään oli ristiriita
he once again bowed to Siddhartha
hän kumarsi jälleen Siddharthalle
he felt he was drawn forward by love
hän tunsi, että rakkaus veti häntä eteenpäin
he bowed deeply to him who was calmly sitting
hän kumarsi syvästi sille, joka istui rauhallisesti
"Siddhartha," he spoke, "we have become old men"
"Siddhartha", hän sanoi, "meistä on tullut vanhoja miehiä"
"It is unlikely for one of us to see the other again in this incarnation"
"On epätodennäköistä, että toinen meistä näkee toista uudelleen tässä inkarnaatiossa"
"I see, beloved, that you have found peace"
"Näen, rakkaani, että olet löytänyt rauhan"
"I confess that I haven't found it"
"Myönnän, että en ole löytänyt sitä"
"Tell me, oh honourable one, one more word"
"Sano minulle, oi arvoisa, vielä yksi sana"
"give me something on my way which I can grasp"
"Anna minulle jotain tielleni, josta voin tarttua"
"give me something which I can understand!"
"Anna minulle jotain, jonka ymmärrän!"
"give me something I can take with me on my path"

"Anna minulle jotain, jonka voin ottaa mukaani tielleni"
"my path is often hard and dark, Siddhartha"
"Minun polkuni on usein kova ja synkkä, Siddhartha"
Siddhartha said nothing and looked at him
Siddhartha ei sanonut mitään ja katsoi häneen
he looked at him with his ever unchanged, quiet smile
hän katsoi häntä aina muuttumattomalla, hiljaisella hymyllään
Govinda stared at his face with fear
Govinda tuijotti hänen kasvojaan peloissaan
there was yearning and suffering in his eyes
hänen silmissään oli kaipuu ja kärsimys
the eternal search was visible in his look
ikuinen etsintä näkyi hänen katseessaan
you could see his eternal inability to find
voit nähdä hänen ikuisen kyvyttömyytensä löytää
Siddhartha saw it and smiled
Siddhartha näki sen ja hymyili
"Bend down to me!" he whispered quietly in Govinda's ear
"Kumartu minulle!" hän kuiskasi hiljaa Govindan korvaan
"Like this, and come even closer!"
"Näin ja tule vielä lähemmäs!"
"Kiss my forehead, Govinda!"
"Suutele otsaani, Govinda!"
Govinda was astonished, but drawn on by great love and expectation
Govinda oli hämmästynyt, mutta suuren rakkauden ja odotuksen vetämänä
he obeyed his words and bent down closely to him
hän totteli hänen sanojaan ja kumartui hänen puoleensa
and he touched his forehead with his lips
ja hän kosketti otsaansa huulillaan
when he did this, something miraculous happened to him
kun hän teki tämän, hänelle tapahtui jotain ihmeellistä
his thoughts were still dwelling on Siddhartha's wondrous words

hänen ajatuksensa pyörivät edelleen Siddharthan ihmeellisissä sanoissa
he was still reluctantly struggling to think away time
hän kamppaili edelleen vastahakoisesti ajatellakseen pois aikaa
he was still trying to imagine Nirvana and Sansara as one
hän yritti edelleen kuvitella Nirvanaa ja Sansaraa yhdeksi
there was still a certain contempt for the words of his friend
hänen ystävänsä sanoja kohtaan oli edelleen tietty halveksuntaa
those words were still fighting in him
ne sanat taistelivat hänessä edelleen
those words were still fighting against an immense love and veneration
nuo sanat taistelivat yhä valtavaa rakkautta ja kunnioitusta vastaan
and during all these thoughts, something else happened to him
ja kaikkien näiden ajatusten aikana hänelle tapahtui jotain muuta
He no longer saw the face of his friend Siddhartha
Hän ei enää nähnyt ystävänsä Siddharthan kasvoja
instead of Siddhartha's face, he saw other faces
Siddharthan kasvojen sijaan hän näki muita kasvoja
he saw a long sequence of faces
hän näki pitkän sarjan kasvoja
he saw a flowing river of faces
hän näki virtaavan kasvojen virran
hundreds and thousands of faces, which all came and disappeared
satoja ja tuhansia kasvoja, jotka kaikki tulivat ja katosivat
and yet they all seemed to be there simultaneously
ja silti he kaikki näyttivät olevan siellä yhtä aikaa
they constantly changed and renewed themselves
he muuttuivat ja uusiutuivat jatkuvasti

they were themselves and they were still all Siddhartha's face
he olivat oma itsensä ja he olivat edelleen kaikki Siddharthan kasvot
he saw the face of a fish with an infinitely painfully opened mouth
hän näki kalan kasvot äärettömän tuskallisen suulla
the face of a dying fish, with fading eyes
kuolevan kalan kasvot hiipuvilla silmillä
he saw the face of a new-born child, red and full of wrinkles
hän näki vastasyntyneen lapsen kasvot, punaiset ja täynnä ryppyjä
it was distorted from crying
se oli vääristynyt itkemisestä
he saw the face of a murderer
hän näki murhaajan kasvot
he saw him plunging a knife into the body of another person
hän näki hänen syöksyvän veitsen toisen henkilön ruumiiseen
he saw, in the same moment, this criminal in bondage
hän näki samalla hetkellä tämän rikollisen orjuudessa
he saw him kneeling before a crowd
hän näki hänen polvistuvan väkijoukon edessä
and he saw his head being chopped off by the executioner
ja hän näki, että teloittaja katkaisi hänen päänsä
he saw the bodies of men and women
hän näki miesten ja naisten ruumiit
they were naked in positions and cramps of frenzied love
he olivat alasti asemissa ja kiihkeän rakkauden krampissa
he saw corpses stretched out, motionless, cold, void
hän näki ruumiita ojennettuna, liikkumattomina, kylminä, tyhjinä
he saw the heads of animals
hän näki eläinten päät
heads of boars, of crocodiles, and of elephants
villisian, krokotiilien ja norsujen päät

he saw the heads of bulls and of birds
hän näki härkien ja lintujen päät
he saw gods; Krishna and Agni
hän näki jumalia; Krishna ja Agni
he saw all of these figures and faces in a thousand relationships with one another
hän näki kaikki nämä hahmot ja kasvot tuhannessa suhteessa toisiinsa
each figure was helping the other
jokainen hahmo auttoi toista
each figure was loving their relationship
jokainen hahmo rakasti suhdettaan
each figure was hating their relationship, destroying it
jokainen hahmo vihasi suhdettaan ja tuhosi sen
and each figure was giving re-birth to their relationship
ja jokainen hahmo synnytti uudelleen heidän suhteensa
each figure was a will to die
jokainen hahmo oli tahto kuolla
they were passionately painful confessions of transitoriness
ne olivat intohimoisen tuskallisia tunnustuksia ohimenevyydestä
and yet none of them died, each one only transformed
ja silti kukaan heistä ei kuollut, jokainen vain muuttui
they were always reborn and received more and more new faces
he syntyivät aina uudelleen ja saivat yhä enemmän uusia kasvoja
no time passed between the one face and the other
kasvojen ja toisten välillä ei kulunut aikaa
all of these figures and faces rested
kaikki nämä hahmot ja kasvot lepäävät
they flowed and generated themselves
ne virtasivat ja synnyttivät itsensä
they floated along and merged with each other
ne kelluivat ja sulautuivat toisiinsa
and they were all constantly covered by something thin

ja ne kaikki olivat jatkuvasti jonkin ohuen peitossa
they had no individuality of their own
heillä ei ollut omaa yksilöllisyyttään
but yet they were existing
mutta silti ne olivat olemassa
they were like a thin glass or ice
ne olivat kuin ohutta lasia tai jäätä
they were like a transparent skin
ne olivat kuin läpinäkyvä iho
they were like a shell or mould or mask of water
ne olivat kuin kuori tai muotti tai vesinaamio
and this mask was smiling
ja tämä naamio hymyili
and this mask was Siddhartha's smiling face
ja tämä naamio oli Siddharthan hymyilevät kasvot
the mask which Govinda was touching with his lips
naamio, jota Govinda kosketti huulillaan
And, Govinda saw it like this
Ja Govinda näki sen näin
the smile of the mask
naamion hymy
the smile of oneness above the flowing forms
ykseyden hymy virtaavien muotojen yläpuolella
the smile of simultaneousness above the thousand births and deaths
samanaikaisuuden hymy yli tuhat syntymää ja kuolemaa
the smile of Siddhartha's was precisely the same
Siddharthan hymy oli täsmälleen sama
Siddhartha's smile was the same as the quiet smile of Gotama, the Buddha
Siddharthan hymy oli sama kuin Gotaman, Buddhan, hiljainen hymy
it was delicate and impenetrable smile
se oli herkkä ja läpäisemätön hymy
perhaps it was benevolent and mocking, and wise
ehkä se oli hyväntahtoista ja pilkallista ja viisasta

the thousand-fold smile of Gotama, the Buddha
Gotaman, Buddhan, tuhatkertainen hymy
as he had seen it himself with great respect a hundred times
kuten hän oli itse nähnyt sen suurella kunnioituksella sata kertaa
Like this, Govinda knew, the perfected ones are smiling
Tällä tavalla, Govinda tiesi, täydelliset hymyilevät
he did not know anymore whether time existed
hän ei tiennyt enää, oliko aikaa olemassa
he did not know whether the vision had lasted a second or a hundred years
hän ei tiennyt, oliko näky kestänyt sekunnin vai sata vuotta
he did not know whether a Siddhartha or a Gotama existed
hän ei tiennyt oliko Siddharthaa vai Gotamaa olemassa
he did not know if a me or a you existed
hän ei tiennyt oliko minä vai sinä olemassa
he felt in his as if he had been wounded by a divine arrow
hän tunsi itsensä kuin jumalallisen nuolen haavoittamana
the arrow pierced his innermost self
nuoli lävisti hänen sisimmän itsensä
the injury of the divine arrow tasted sweet
jumalallisen nuolen vamma maistui makealta
Govinda was enchanted and dissolved in his innermost self
Govinda oli lumoutunut ja liuennut sisimpäänsä
he stood still for a little while
hän seisoi hetken paikallaan
he bent over Siddhartha's quiet face, which he had just kissed
hän kumartui Siddharthan hiljaisille kasvoille, joita hän oli juuri suudelnut
the face in which he had just seen the scene of all manifestations
kasvot, joissa hän oli juuri nähnyt kaikkien ilmentymien näyttämön
the face of all transformations and all existence
kaikkien muutosten ja kaiken olemassaolon kasvot

the face he was looking at was unchanged
kasvot, joita hän katsoi, olivat ennallaan
under its surface, the depth of the thousand folds had closed up again
sen pinnan alla tuhansien poimujen syvyys oli jälleen sulkeutunut
he smiled silently, quietly, and softly
hän hymyili hiljaa, hiljaa ja pehmeästi
perhaps he smiled very benevolently and mockingly
ehkä hän hymyili hyvin hyväntahtoisesti ja pilkallisesti
precisely this was how the exalted one smiled
juuri näin korotettu hymyili
Deeply, Govinda bowed to Siddhartha
Govinda kumarsi syvästi Siddharthalle
tears he knew nothing of ran down his old face
kyyneleet, joista hän ei tiennyt mitään, valuivat hänen vanhoille kasvoilleen
his tears burned like a fire of the most intimate love
hänen kyyneleensä paloivat kuin intiimimmän rakkauden tuli
he felt the humblest veneration in his heart
hän tunsi nöyrimmän kunnioituksen sydämessään
Deeply, he bowed, touching the ground
Hän kumartui syvästi koskettaen maata
he bowed before him who was sitting motionlessly
hän kumarsi hänen edessään, joka istui liikkumattomana
his smile reminded him of everything he had ever loved in his life
hänen hymynsä muistutti häntä kaikesta, mitä hän oli koskaan rakastanut elämässään
his smile reminded him of everything in his life that he found valuable and holy
hänen hymynsä muistutti häntä kaikesta elämässään, mitä hän piti arvokkaana ja pyhänä

www.tranzlaty.com

www.ingramcontent.com/pod-product-compliance
Lightning Source LLC
Chambersburg PA
CBHW012002090526
44590CB00026B/3836